서울 문화 순례

처음 펴낸 날 2009년 3월 4일
두 번째 펴낸 날 2011년 1월 20일

지은이 최준식
펴낸곳 소나무
펴낸이 유재현
편집한 이 이혜영 · 장만
꼴을 꾸민 이 조완철
알리는 이 박수희
인쇄 · 제본 영신사
필름출력 ING
종이 한서지업사

등록일 1987년 12월 12일 제2-403호
주소 서울시 마포구 상암동 11-9 201호
전화 02-375-5784
팩스 02-375-5789
전자우편 sonamoopub@empal.com
전자집 www.sonamoobook.co.kr

134, 162, 166, 180, 195쪽 사진 : 박찬희

값 14,000원

ISBN 978-89-7139-072-6 03910
소나무 머리 맞대어 책을 만들고 가슴 맞대고 고향을 일굽니다

서울을 알면 한국문화가 보인다

서울 문화 순례

최준식·지음

소나무

서울을 통해 한국 문화를 보자

"저기 보이는 청와대 뒷산 이름이 무엇인지 아는 사람?"

학생들과 같이 경복궁을 지날 때면 나는 늘 이 질문을 학생들에게 던지곤 했다. 그러면 나오는 대답은 꼭 정답만 피해갔다. 이때 가장 많이 나오는 답은 '인왕산'이었고, 그 다음에는 '북한산'이니 '삼각산'이니 하는 것들이었다.

"다 틀렸다. 저 산은 북악산 혹은 백악산이라고 불리는 산인데 요즘은 본명인 백악산으로 부르자는 움직임이 있지. 아니 어떻게 서울 살면서 저 산 이름도 모르냐?"

백악산은 이성계가 경복궁을 지을 때 주산으로 삼은 대단히 중요한 산이다. 그런데 거개의 학생은 이 산의 이름조차 알지 못한다. 아니 알려고도 하지 않는다. 이렇게 살면 서울에 살고 있는 우리는 이 도시의 주인이 되지 못한다.

주인과 손님의 차이는 무엇일까? 주인은 자기 집 안에 무엇이 어디에 있는지 다 아는 사람이다. 특히 귀중한 보물이 어디 있는지 모르는 주인이 있을까? 반면에 손님은 그런 정보를 전혀 모른다. 지금 서울 사람들은 대부분 손님처럼 살면서 자기 터전을 마치 남의 집 살림처럼 대하며 살고 있다.

그렇게 관심을 두지 않고 사니 우리의 귀중한 문화재인 숭례문이 급기야 화를 내고 자진自盡하고 말았다. 일 년 전쯤에 있었던 숭례문 사건이 적어도 나에게는 그렇게 보인다.

이 책의 원래 시작은 외국인을 위한 서울 문화 안내서였다. 그래서 애초에 영어로 번역할 요량으로 한글 원고를 작성했고 국제교류재단Korea Foundation에서 부분적인 재정 지원도 받았다. 따라서 비슷한 내용을 가진 영어본이 다른 출판사(허원 미디어)에서 같이 나오게 된다.

그런데 한글본을 묵힐 이유가 없어 한국 독자들을 염두에 두고 전폭적인 내용 개편에 들어갔다. 대상이 달라지니 내용이 달라지는 건 당연한 일 아니겠는가? 예를 들어 북한산이 실제로 존재하는 산이 아니라는 건 한국인에게는 중요한 사실이겠지만, 외국인이 그것까지 알 필요는 없을 것이다. 이런 사실들을 영어본에서는 언급하지 않았지만, 한글본에는 자세하게 다룬 점 등이 두 본의 차이점이라 하겠다.

한글본인 이 책의 주안점은 서울의 문화 유적을 다루되 과거의 시점이 아니라 현재의 시각에서 보려 한 것이라 할 수 있겠다. 역사가 깊은 한국에는 과거의 유적이 많은데, 우리의 입장에서 볼 때 중요한 것은 그 유물이 과연 우리에게 어떤 의미가 있느냐는 것이다. 그런데 지금까지 나온 서울의 유적과 관련된 책들은 많은 경우 국사책 같은 느낌을 지울 수 없다. 고종 몇 년에 경복궁이 건설되었다느니, 정조 몇 년에 서얼 출신 4명을 규장각 검서관으로 임명했다는 것 등이 그런 것들이다. 물론 이런 역사적 사실을 아는 것은 중요한 일이지만, 이런 이야기가 많아지면 전체적인 흐름을 파악하기가 어려워진다. 그래서 이 책에서는 그런 역사적 사실들을 대폭 생략했다. 이런 사실을 알고 싶은 독자는 그 책들을 참고하면 되겠다.

대신 이 책에서는 사람들의 살아 있는 이야기들을 담으려고 노력했다. 궁궐의 주인이 왕이라면, 그는 과연 어떻게 먹고 자고 쉬고 했을까 하는 것 등을 담으려고 했다. 예를 들어 왕은 어느 곳에서 잤고 그 중요한 성생활은 어찌 했으며 경회루나 부용정 같은 곳에서는 어떻게 쉬었는지 같은 것이 그것이다.

또 조선의 국립대학인 성균관에서는 원생들이 하루를 어떻게 보내면서 과거 준비를 했는지, 절에서 승려들의 하루 일과가 어땠는지 하는 것들에 대해 나름대로 상세하게 논하려고 했다. 문화를 이해하려 할 때 우리는 이렇게 살아 있는 모습을 보아야 한다. 그렇지 않고 연도만 거론하고 과거에 있었던 일만 이야기하면 죽은 이야기가 되고 형해形骸만 보는 것이 된다.

지금까지 국사 혹은 한국 문화 교육은 이런 식으로 진행되어온 느낌이 강하다. 필자도 이런 데에서 얼마나 벗어났는지 모르지만 나름대로 서울의 살아 있는 이야기를 쓰다 보니 마지막에는 홍대 앞까지 진출하게 되었다. 마지막 장에 나오는 홍대 앞 문화에 대한 것은 앞에 나오는 과거 문화와는 전혀 궤를 달리한다. 그러나 필자의 생각에 이 책이 너무 과거의 서울 모습만 이야기한 것 같아 살아 있는 현대의 서울도 전하고 싶었다. 그 대표적인 예로 홍대 앞이 포함된 것이다.

이 책을 내는 데 뜻을 모아준 소나무출판사의 유재현 대표와 아름다운 책으로 꾸며준 소나무 식구들께 감사드리고 싶다. 그런가 하면 이 책의 자매본이라 할 수 있는 영문판을 만든 허원 미디어에도 깊은 감사를 드린다. 영문판 작업이 한글본보다 먼저 시작되었기 때문에 사진 등을 비롯해 도움 되는 바가 적지 않았다. 특히 신영미 주간께 감사드린다.

사진이나 자료로 도와준 분들이 적지 않은데, 특히 문묘 제례의 사진을 제공해준 성균관의 최영갑 박사께 감사의 마음을 전하고 싶다. 또 〈동궐도〉와 〈수선전도〉 및 〈한양도성도〉의 사용을 쾌히 허락해준 고려대학교 박물관과 호암미술관에 감사드린다. 끝으로 고마움을 표하고 싶은 이들은 필자가 재직하고 있는 이화여대 한국학과의 석박사 과정 학생들이다. 이번 책은 이들과 시내 곳곳을 샅샅이 답사한 결과로 나온 것인데, 특히 많은 자료를 찾아준 데 큰 고마움을 느낀다.

이외에도 세세한 감사의 정을 표할 분들이 많다. 그런 분들의 높은 뜻을 이어받아 저자가 바라고 싶은 것은 아무쪼록 이 책이 서울 사람과 한국인들에게 좋은 정보 제공원이 되었으면 하는 것뿐이다. 그래야 선현들의 덕을 조금이나마 갚을 수 있을 게다.

4342(2009)년 2월 끝자락에

필자 삼가 씀

차 례

남 산
북 촌
국사당
성균관
인사동

서울
문화
순례

경복궁
창덕궁
종 묘
조계사
홍대앞

서울이 품은 이야기 속으로

우스갯소리로 가끔 우리는 한국이 하나가 아니라 두 개나 세 개의 나라로 구성되어 있다는 말을 한다. 두 개라고 할 때에는 '서울민국(또는 서울공화국)'과 '지방민국'을 말하는 것이고, 세 개라고 할 때에는 서울을 다시 '강남민국'과 '강북민국'으로 나누어 이것을 지방민국과 합해서 셋이라고 하는 것이다. 우리나라는 서울과 지방의 발전 양상이 너무 크게 차이가 나기 때문에, 이 둘을 아예 다른 나라로 보는 것이 적합할 거라는 생각에서 이런 이야기가 나왔을 것이다. 서울을 두 부분으로 나누는 것 역시 강남과 강북이 경제적인 면을 비롯해서 여러 면에서 격차가 심해 나온 발상일 것이다.

사정이 어찌됐든 서울은 한국 그 자체라고 할 수 있을 정도로 우리나라에서 차지하는 역할이 크다. 대부분의 주요 관청이나 회사의 본부가 있는 곳이 서울이고, 최고급 문화 시설이나 교육 시설이 있는 곳도 서울이다. 그래서 예부터 '자식을 성공시키려면 반드시 서울로 보내야 한다'는 말이 있지 않았을까?

　사정이 이렇다 보니 서울에는 비정상적으로 많은 사람이 살고 있다. 대략 서울시 안에는 1,100만이 조금 안 되는 사람이 살고 있는 것으로 알려져 있는데, 현재(2008년 10월) 한국의 인구가 5,000만 정도이니 약 20%가 좀 넘는 사람이 수도에 살고 있는 셈이다. 그런데 이것은 아무것도 아니다. 서울 주위에는 여러 개의 위성 도시가 있는데, 이 수도권 지역에 사는 사람들 역시 대부분 서울로 출퇴근하기 때문에 이들도 서울 시민과 다를 것이 없다. 최근의 조사에 따르면, 이른바 이 서울 메트로폴리탄 지역에 사는 사람까지 포함하면 수도권에는 전체 인구의 48%가 산다고 한다. 아마도 세계에서 수도권의 인구 집중화 현상이 이렇게 두드러지게 나타난 나라는 우리밖에 없을 것이다.

그런데 이렇게 많은 사람이 서울을 포함한 수도권에 살고 있지만 서울의 전통문화를 우리의 삶과 연관시켜 포괄적으로 소개한 책은 많지 않다. 서울은 오랫동안 우리나라의 중심이었기 때문에 많은 것이 서울에 있다. 따라서 서울의 전통문화를 제대로 이해하면 한국의 문화를, 더 나아가서 한국인인 우리의 삶을 명확하게 파악할 수 있을 것이다. 이때 말하는 전통문화는 대체로 조선조 이후에 형성된 것을 말한다. 그리고 지역적으로는 한두 개의 예를 제외하고 사대문 안에 있는 유적으로 국한할 것이다.

이 지역은 지난 조선왕조 때 물질과 정신 양면에 걸쳐 핵심적인 역할을 했기 때문에 궁을 비롯해 가장 중요한 것들이 밀집되어 있다. 그래서 이 지역을 중심으로 형성된 조선 후기의 문화는 현대 한국인에게는 가장 중요한 전통문화가 되었다. 따라서 과거든 현재든 우리 문화를 올바르게 이해하려면 반드시 이 지역에서 태동된 전통문화를 숙지하는 일이 필요하다. 이 책은 바로 그러한 목적을 달성하고자 쓴 것이다.

자, 서울의 전통 문화를 찾아 본격적으로 떠나기에 앞서 먼저 서울의 역사를 아주 간략하게 보기로 하자. 그리고 앞으로 서울의 전통문화나 유적과 관련해서 무엇을 볼 것인지도 잠시 그려보자.

한국인이나 외국인을 막론하고, 서울이 수도가 된 역사를 조선조 600년 정도에 그치는 것으로 알고 있는 경우가 많다. 그런 사람에게 수도 서울의 역사가 2000년이 넘는다고 하면 믿지 못하겠다는 표정을 짓는다. 그러나 이것은 엄연한 역사적 사실이다(물론 신석기시대까지 포함하면 서울의 역사는 그보다 훨씬 더 올라갈 것이다!). 서울의 시작은 일단 기원 전후로 고대 왕국이었던 백제가 현재의 서울을 수도로 정하면서 시작된다.

한국 고대사에 대한 자세한 서술은 삼가겠지만, 백제의 첫 번째 왕이 되는 온조는 만주 지역에서 남하하여 여러 우여곡절 끝에 한강 유역에 도읍을 정한다. 그 이후 백제 정부는 이 지역에 두 개의 성을 쌓았는데 하나는 현재 올림픽공원으로 조성되어 있는 몽촌토성이고, 다른 하나는 그 옆에 있는 풍납토성이다. 이 가운데 후자인 풍납토성이 백제의 최초 도읍지였다는 사실이 최근에 밝혀지고 있다. 이른바 하남 위례성이 그것이다. 풍납토성은 지하철 5호선을 타고 가면(천호역) 쉽게 갈 수 있는데, 한강 변에 자리하여 있고 그 주변(암사동)에는 세계적으로도 유명한 선사 유적지가 널리 퍼져 있다. 만일 우리 고대사에 관심 있는 사람이라면 꼭 이 지역을 답사해야 할 것이다.

이 두 성에 얽힌 이야기도 많다. 개로왕이 장수왕의 공격을 받고 잡혀 죽은 것도 이 성, 정확하게는 풍납토성 시절이었다거나, 지금 그 지역에 가면 성내동(지하철역 이름도 성내역이다)이 있는데 이게 이 두 성과 관련된 지명이라는 것 등이 그것이다. 사실 성내동은 이름 그대로 풀면 성안 동네이니, 아마도 이 성들의 안쪽 지역을 가리키는 이름일 것이다. 그러나 이런 방담은 우리의 주제와 꼭 부합하지 않을 뿐만 아니라, 앞으로 갈 길도 머니 그런 이야기들은 예서 멈추기로 하자.

백제는 이곳을 수도로 삼고 400년도 넘게 있었다. 우리는 백제 하면 부여나 공주를 연상하지만, 사실 햇수로만 따지면 이곳을 수도로 삼았던 기간이 훨씬 더 길다. 그러나 사정이 어찌됐든 백제가 고구려의 압박으로 5세기 무렵 수도를 공주로 옮기면서 서울 시대는 일단 마감된다. 그 뒤로 서울이 다시 왕국의 수도가 되기까지는 14세기 말의 조선을 기다려야 했다. 하지만 그 이전에도 이곳을 수도로 삼으려는 시도가 없었던 것은 아니다. 비록 서울이 백제 이후부터 조선 이전까지는 다시 수도가 된 적이 없지만 항상 중요한 도시로 간주되었다. 고려의 숙종 같은 이는 아예 수도를 개경에서 서울로 옮기려고 서울에 궁을 짓는 등 작업을 시도한 적도 있다. 이때 궁을 지은 곳이 지금의 청와대 자리라는 것은 아는 사람은 다 안다. 어떻든 그만큼 서울은 여러 면에서 우리 역사에서 중요한 위치를 차지하고 있는데, 서울이 역사의 전면에 부상한 것은 역시 조선왕조의 건국과 함께이다.

서울이 우리의 역사에서 얼마나 중요한가를 보기 전에, 서울이라는 이름이 어떤 과정을 거쳐 생겼는지를 알아보자. 서울은 시대마다 각기 다른 이름을 갖고 있었다. 가깝게 조선 이후만 보면, 당시에 서울이 한양漢陽이라는 이름으로 불렸다는 것을 모르는 사람은 없을 것이다. 이 이름은 한강과 관계되는 것으로 한강의 북쪽을 뜻한다고 보면 되겠다. 그 다음으로 일제강점기에는 경성京城이라는 이름으로 불렸는데, 한양이든 경성이든 모두 한자 단어다.

1945년에 해방을 맞이한 신생 한국은 수도의 이름을 짓는 문제에 봉착했다. 새로운 나라가 섰는데 수도의 이름만큼은 과거의 유습에서 벗어나 순 한글로 짓고 싶었던 게 당시 사람들의 생각이었다. 그래서 찾아낸 게 서울인데, 이것은 원래 신라의 수도 이름이다. 신라의 수도는 경주慶州라 불렸고 지금도 그렇게 불리고 있지만, 원래는 우리말로 새로운 땅이라는 뜻의 '새벌(한자로는 서라벌徐羅伐)'이라는 이름으로 불렸다. 서울은 바로 이 새벌이라는 단어가 변해서 생겨난 것이다. 따라서 '서울'이란 말 그대로 '새로운 땅'이라는 뜻이다. 이외에 서울을 소도에서 유래한 것으로 보고 솟은 벌, 즉 솟아오른 신성한 땅이라고 푸는 견해도 있다(전우용, 『서울은 깊다』).

어찌됐든 서울은 14세기 말 조선의 건국과 함께 한국사 전면에 떠올랐다. 그리고 그 뒤 우리나라에서 발생하는 모든 것의 중심이 되었다. 다시 말해 서울은 그 이후로 우리나라의 정치 · 경제 · 교육 · 문화 등 모든 분야에서 중심이 된 것이다. 그래서 서울을 알면 한국이 보인다고 한 것이다. 그런 맥락에서 이 책에서는 서울을 서울답게 만드는 전통 유적을 중심으로 보려고 한다. 이 유적들은 서울이 아니면 발견할 수 없는 것이기에, 서울을 이해하려 할 때 매우 중요한 것이다. 그러나 과거의 것에만 한정짓고 싶지는 않다. 책의 말미에는 서울의 독특한 문화가 숨 쉬는 젊은이들의 밤 문화에 대해서도 보려고 한다.

서울에는 유네스코에 등재된 유산이 많이 산재되어 있다. 조선의 두 번째 궁이었던 창덕궁이 그러하고, 그 옆에 있는 국가 사당인 종묘가 그러하다. 첫 번째 궁이었던 경복궁은 조선조 때 가장 중요한 궁이었으나 일제 식민 지배와 한국전쟁을 겪는 동안 너무 큰 피해를 본 탓에 유네스코에는 등재되지 못했다. 그리고 북촌北村이라 불리는 경복궁과 창덕궁 사이의 지역도 우리의 호기심을 끈다. 이 지역은 조선조 때 관리로 지내던 사람들이 기거하던 곳인데, 그 덕택에 이곳은 전국적으로 한옥이 가장 잘 보존되어 있는 지역으로 유명하다.

창덕궁 옆에는 창경궁이라는 궁이 또 하나 있는데, 이곳은 주로 왕실의 여성을 위해 건설된 곳이었다. 우리는 이 책에서 이 궁까지는 보지 않지만, 이 궁에 붙어 있는 성균관이라는 기관은 살펴볼 예정이다. 성균관은 한마디로 조선 정부가 운영하는 국립대학이었다. 이곳에서는 유학 경전을 가르쳐 장차 관리가 될 사람을 뽑았다. 그런데 조선에 유학만 있었던 것은 아니다. 불교와 샤머니즘 역시 국민의 마음을 사로잡고 있었다. 우리는 이러한 종교와 관계된 기관도 방문할 것이다.

지금까지 말한 기관 또는 장소는 옛 서울의 중심에 있는데, 이곳을 한눈에 볼 수 있는 좋은 곳이 있다. 그곳은 바로 남산이다. 이 산은 200m가 넘는 크지도 않고 작지도 않은 산으로, 서울의 중심부에 있다. 이곳에 올라가면 서울의 자연 입지 조건을 볼 수 있고, 각 궁이나 주요 기관과 주택들이 어떤 원리로 조성되어 있는가를 금세 알아차릴 수 있다. 이뿐만 아니라 일본과 얽힌 서울의 근대사도 하릴없이 알게 된다.

남산 하면 주로 서울 타워에 올라 서울 시내를 굽어보는 걸 떠올리는

데, 이 산은 그보다 훨씬 더 많은 이야깃거리를 지니고 있다. 이제 우리는 남산부터 올라가서 서울을 볼 것이다. 그리고 난 다음 유적별이나 테마별로 서울을 거닐도록 하자.

서울에 깃든 한국 문화, 한국인의 삶

역사와 풍수

남산

바람을 다스리고 물을 거느린 땅

서울을 통해서 한국의 문화를 이해하려 할 때 가장 먼저 보아야 할 것은, 서울이라는 도시가 어떤 원리에 따라 건설되었는지 하는가이다. 동서양을 막론하고 한 나라의 수도는 교통이 편리한 곳에 위치해야 하겠지만, 조선은 수도를 정할 때 철칙으로 삼은 원리가 있었다. 그것은 말할 것도 없이 풍수설이다.

중국과 한국은 이 원리에 의존해 궁궐을 건설했는데, 두 나라 가운데 굳이 이 원리에 더 충실했던 국가를 꼽으라면 우리나라라고 할 수밖에 없을 것이다. 이것은 조선의 정궁인 경복궁과 청의 정궁인 자금성을 비교하면 금세 알 수 있다. 자세한 설명은 뒤에 가서 할 터이니, 여기서는 서울과 그 중심인 경복궁이 풍수설에 입각해 오랜 토의 끝에 위치가 선정되었다는 것만 밝혀둔다.

풍수설이란 인간에게 가장 중요하다고 할 수 있는 집터(양택 풍수)와 무덤 자리(음택 풍수)를 정하는 기준이 되는 원리다. 이것은 인간의 삶과 죽음에 관계되는 가장 중요한 장소를 선정하는 데 동원되는 원리이니 매우 중요한 원리임에 틀림없다. 이 원리를 설명하는 이론은 매우 복잡한데, 그럼에도 불구하고 이 원리에 깔려 있는 기본적인 세계관은 '자연은 죽은 것이 아니라 살아 있다'는 아주 간단하면서도 심오한 생각이다.

이 이론에 따르면, 자연에는 우리의 몸처럼 일정한 기운이 흐르고 있다. 이것은 한의학에 기초한 설로서, 우리 몸에는 '기'라고 하는 생명의 기운이 일정한 길(경락)을 따라 흐르고 있다고 한다. 그런데 이 기운이 모이는 지점이 있어 이곳을 보통 혈이라 부른다. 굳이 비유한다면, 기찻길이 경락에 해당한다면 혈은 역이 되는 셈이다. 한의학에서는 사람의 병을 경락에 흐르는 기가 잘 통하지 못해 생기는 부정적인 현상이라 보기 때문에, 사람이 병에 걸리면 이 혈을 침과 같은 것으로 찔러 기의 순환을 돕는다. 그러면 병이 낫는다. 그러니까 이 혈은 경락에서 가장 중요한 자리라고 할 수 있다.

이것은 자연에도 그대로 적용이 된다. 이게 바로 풍수설이다. 풍수설에 따르면 자연에도 인체의 경락에 해당하는 지맥地脈이 있고, 이 맥을 따라 기가 흐른다. 그리고 이 기가 모이는 곳이 있는데, 그곳이 바로 명당이다. 풍수가는 바로 이곳에 집을 짓거나 선조의 무덤을 쓰면 그곳에 모이는 좋은 기운을 자신이나 자기 집안의 것으로 할 수 있다고 주장한다.

이 설은 현대 과학의 입장에서 보면 매우 비과학적이고 주술적으로 들린다. 그래서 이제는 이런 설을 신봉하는 사람이 없는 것처럼 보일 수도 있다. 그러나 아직도 이 이론의 신봉자가 꽤 있어, 그동안 무덤 자리를 정하는 일과 관련해 웃지못할 일이 많았다. 가장 대표적인 예가 대통령을 했거나 하려는 사람 가운데 상당수가 자기 조상의 무덤을 옮긴 경험이 있다는 점이다. 이런 현상은 우리가 머리로는 풍수설을 허무맹랑하게 생각하지만 무의식적으로는 동감하고 있다는 사실을 반증한다.

나는 뼈밖에 남지 않은 죽은 조상이 무덤 안에서 자기 자손을 대통령까지 시켜줄 수 있다는 사실을 믿지 않지만, 그렇다고 이 이론을 무조건 허무맹랑한 미신으로 돌리는 것도 반대한다. 그것은 이 이론이 무덤 자리를 선정할 때에는 문제가 있지만, 집터를 잡는 데에는 매우 유용한 면이 있기 때문이다.

바 람 과 물 의 조 화

이 이론에 따르면, 집터를 선정할 때 가장 중요한 것 가운데 하나가 집터를 든든하게 버텨줄 뒷산이 있어야 한다는 것이다. 그리고 앞에는 물이 흘러야 한다. 이것을 전문적인 용어로는 장풍득수藏風得水라고 하는데, "바람(의 기운)을 갈무리하고 (앞에는) 물이 흐르게 해야 한다"는 뜻으로 해석한다. 우리나라의 집은 많은 경우 남향으로 되어 있다. 이것은 물론 혹독하게 추운 겨울에 북서쪽에 위치한 시베리아에서 불어오는 찬바람을 막고 따뜻한 햇볕을 받기 위함이다(요즘은 온난화 현상 때문에 겨울이 아주 춥지만은 않다!).

그런데 여기서 주의할 점은 북쪽에서 불어오는 바람을 무조건 막는 것이 아니라 그것을 저장한다는 것이다. 무조건 막는 것은 기의 소통을 막는 것이니, 이는 바람직하지 않다. 따라서 북서쪽의 찬 기운을 완전히 막지는 말고, 받아들이되 부분적으로 받아들여 그것을 잘 저장해야 된다는 것이다. 그러면 남북으로 기가 흐르게 된다. 이와 같이 북쪽의 기운을 저장하면서 남쪽으로는 앞쪽으로 시원하게 열려야 한다. 이것을 풍수학에서는 배산임수背山臨水라 풀고, 해석하면 "뒤로는 산을 등지고 앞으로는 강에 연沿하게 한다"는 정도가 될 것이다.

앞에 강을 두는 데에도 여러 이유가 있다. 그 가운데 사람이 살아가는 데 물은 없어서는 안 될 존재이니, 그러한 물을 가깝게 두고자 하는 실용적인 이유가 가장 유력할 것이다. 반면 풍수적인 해석에 따르면, 이 강이 명당의 기운이 다른 곳으로 새어나가는 것을 막아주는 역할을 한다고 한다. 이렇게 형성된 명당에서 사람은 뒷산과 강이라는 자연물의 보호를 받으면서 편안히 살 수 있게 된다.

이 원리에 충실하게 도읍지를 정한 게 바로 서울이다. 이 원리는 앞에서 말한 대로 매우 주술적으로 들린다. 그러나 확실한 것은 이 원리대로 거주지를 잡으면, 경치가 매우 훌륭한 동시에 그곳에 사는 사람이 아주 편안하다는 것이다. 그래서 나는 이 풍수설이 갖는 과학적 타당성보다 그 유용성에 더 관심을 갖기로 했다. 풍수설은 인간의 삶에 도움이 되기 때문에 유용한 것이다!

먼저 서울의 경치를 보자. 서울은 이렇게 마구 개발이 되지 않았다면 아마도 세계에서 유례를 찾아볼 수 없는 매우 아름다운 수도가 될 뻔했다. 서울이 얼마나 정신없이 개발이 됐는가는 이제 곧 알게 된다. 남산에 올라가 보면 되기 때문이다. 서울이 아름다운 것은 아름다운 산과 장대한 강이 함께 있기 때문이다. 전 세계에서 수도이면서 이런 두 가지 훌륭한 자연조건을 갖춘 도시는 별로 없을 것이다.

경복궁과 대통령의 거처인 청와대를 받치고 있는 백악산은 아주 단정한 산이다(그런데 이 산의 이름을 아는 서울 시민은 얼마 되지 않는다. 북악산으로 부르다 최근에야 백악산이란 옛이름을 되찾은 것도 이유가 될지 모른다). 그것은 그 생김새만 보아도 알 수 있다. 반듯한 삼각형으로 생겨 기품을 느끼게 해준다. 이 산이 매우 아름다운 산임에는 틀림없지만 불행하게도 최근까지 일반인에게는 공개되지 않았다. 그것은 1968년 겨울, 31명의 북한 게릴라가 당시 대통령이던 박정희를 암살하고자 이 산의 기슭까지 침투했기 때문이다. 남한의 경찰과 군대가 간신히 그들을 격퇴했지만, 그 이후 이 산은 일반인에게는 통행금지 구역이 된다.

그러나 요즈음 문민화 정책에 힘입어 개방이 됐는데, 산을 마음대로 휘젓고 다닐 수 있는 것은 아니고 성곽을 따라서만 갈 수 있다. 성곽을 따라 오르는 길은 세 갈래가 있는데, 나는 청운동에 있는 창의문(자하문) 쪽에서 올라가 보았다. 이 길은 꽤 가팔라서 노약자에게는 추천하지 않는다. 어느 길로 가든 서울의 북대문인 숙정문을 만나는데, 성벽에서 밑으로 내려다보이는 서울의 모습이 장관이라 서울을 알고 싶은 사람은 반드시 답사해야 할 지역이다. 성벽을 오른 날 성북동 쪽 성곽에 있는 허름한 식당에서 먹은 삼계탕도 쉽게 잊을 수 없다.

이 산은 그렇다 치지만, 이 산 뒤로 펼쳐져 있는 북한산 줄기는 참으로 장대한 산의 행렬이다. 북한산은 특정한 산을 지칭하는 것은 아니다. 이곳에는 문수봉이다 비봉이다 하는 봉우리가 40여 개 있을 뿐, 북한산이라는 이름의 특정한 봉우리가 있지는 않다. 북한산이라는 이름은 일제 때부터 생겨난 것이라고 하는데, 그전에는 삼각산으로 불렸다.

사실 삼각산이라는 말은 고려에서 조선을 거쳐 1000년을 넘게 애용한 아주 친숙한 이름이다. 특히 우리에게는 학교에서 배운 "가노라 삼각산아 다시 보자 한강수야"하는 김상헌의 유명한 시조를 연상하게 한다. 이렇듯 이전에는 삼각산이 북한산이라는 이름보다 친숙했다. 그러던 것이 일제 때, 정확하게는 1916년 경성제국대학(현재의 서울대학)의 이마니시 류今西龍라는 일본 교수가 총독부에 "경기도 고양군 북한산 유적 조사 보고서"를 제출하면서 이렇게 이름이 바뀌었다고 한다. 이마니시는 아마 '한양의 북쪽에 있는 산'이라는 의미에서 북한산이라는 이름을 쓴 것 같다.

그러면 삼각산은 무엇을 지칭하는 것일까? 삼각산은 40여 개가 되는 봉우리 가운데 가장 높은 세 봉우리인 백운대(836m)와 인수봉(810m), 만경대(800m)를 말한다. 이 세 봉우리가 뿔(삼각三角)처럼 우뚝 솟았다고 해서 삼각산이라 부른 것이다. 그런데 1983년 정부에서 이 세 봉우리를 포함해서 삼각산 지역과 도봉산 지역을 '북한산 국립공원'이라고 지정한 이후 북한산이라는 이름이 굳어졌는데, 그 때문에 여기서도 이 관행을 따랐다.

북한산은 국토의 70%가 산으로 되어 있는 우리나라의 명산 가운데 하나로 꼽히는 대단한 산이다. 그만큼 좋은 산이기 때문이다. 그런데 신기한 것은 옛 서울의 중심인 광화문 네거리에서 약 15분 정도만 차로 가면

인왕산

백

이 북한산 입구(구기동)에 도착하고, 그곳에서 약 10분 정도만 걸어 들어가면 숲이 울창하고 맑은 물이 흐르는 산골짜기가 나타난다는 것이다. 이 것은 내가 이곳에 갈 때마다 항상 기이하게 느끼는 점이다. 아니 어떻게 도심에서 잠깐 벗어났는데 심산유곡에 와 있는 느낌을 가질 수 있을까.

　이런 지세 덕택에 서울 사람은 도시 생활에 지치면 멀리 갈 것도 없이 언제든지 지척에 있는 자연 속으로 쉽게 들어갈 수 있다. 과연 이렇게 만들어진 수도가 다른 나라에도 있을까 생각해 보는데, 해외에 많이 다녀본 사람 역시 서울 같은 수도를 가진 나라는 흔하지 않다고 한다. 나는 서울을 이렇게 만든 게 풍수설이 가진 훌륭한 점이라고 생각한다. 자연 안에서 인간에게 최적의 장소를 골라줘 인간은 그 자리에서 인간의 일을 완수하고, 언제든지 인간이 원할 때 자연으로 회귀할 수 있도록 해주는 것이다. 인간 사회에 있되 더 크게는 자연 안에 있게 하는 것이다.

　서울에는 이런 산들이 더 있다. 앞으로 설명할 남산이 그것이고, 경복

북한산

궁을 바라보면 왼쪽에 있는 인왕산이 그것이다. 이 산들은 북한산에는 미치지 못하지만 여전히 시민들이 자연을 가까이 할 수 있는 기회를 주고 있다. 이 점은 나중에 남산에 올라갔을 때 더 자세히 보자.

서 울 을   감 싸 고   있 는   산 들

　북한산 말이 나온 김에 이 지역을 간편하게 즐길 수 있는 짧은 코스를 설명하고 지나가야겠다. 구기동에서 승가사로 올라가는 길이 그것이다. 아까 말한 대로 세종로나 경복궁역 근처에서 버스를 타면 북한산 국립공원 입구까지 간다. 버스에서 내려 산으로 들어가면 승가사까지 걸어서 약 30~40분 정도밖에 걸리지 않는다. 그런데 그 정도 거리만 올라간 것치고는 관망할 수 있는 경치가 매우 뛰어나다. 절로 가면서 우리는 울창한 숲과 맑은 물이 흐르는 시내와 계곡을 모두 경험할 수 있다. 그렇게 해서 절에 도착하면 우선은 다소 실망할 수 있는 광경을 목도할 수 있다.

북한산 승가사 마애불

최근 절 안에 탑을 세우고 그 주위를 가꾼 모습이 절과 어울리지 않기 때문이다.

그런 것은 무시하고 절 안으로 들어가면 두개의 보물을 만날 수 있다. 보물이란 국가가 지정한 것으로 매우 귀중한 것이다. 이 가운데 특히 주목해서 볼 것은 돌에 새긴 불상, 곧 마애불이다. 이 마애불까지 가려면 많은 계단을 올라가야 하는데, 마애불에 도달하면 마애불은 물론이고 그곳에서 보는 경치가 실로 장관이다. 건물로 빼곡하게 차 있는 서울 시내가 보이는데, 이 경치가 아주 멀리 떨어져 보여 실제로 존재하기보다는 화면에 비친 모습처럼 보인다. 이 마애불은 고려 초기인 약 1,000년 전쯤에 새겼다고 하는데, 조각 솜씨가 수준급이다. 불교가 융성하던 시절의 작품이라 이 정도의 수준이 나온 듯하다.

밑으로 다시 내려오면 작은 굴에 불상이 하나 있는데, 이것 역시 보물로 지정되어 있다. 승가대사라는 주로 중국에서 활동한 인도 스님을 조상으로 만들어 놓은 것인데, 조각 솜씨가 아주 뛰어나지는 않아 보이지만 전문가가 보면 다른 의견이 나올 수도 있겠다. 이 불상들이 보물로 지정된 이유는 예술성을 인정받은 바도 있겠지만, 아마도 오래전의 것이라 그러리라 추측해본다. 아무튼 이 코스는 서울이 지니고 있는 뛰어난 자연 경광景光을 비롯해 과거의 훌륭한 유물을 동시에 감상할 수 있는 코스라 한번 소개해 보았다.

서울 주변에는 이렇듯 산이 많아 우리는 시시때때로 산을 찾는다. 아마 우리 한국인처럼 산을 많이 찾는 사람도 많지 않을 것이다. 주말이면 서울 근교의 산에는 사람으로 북새통을 이룬다. 서울에 사는 사람이 이렇게 자연을 쉽게 즐길 수 있는 것은 풍수설 덕이라 보아야 한다.

그런데 앞에서 말한 것처럼 풍수설에 의거하면 산만 있으면 안 된다. 강도 있어야 하는데, 물론 서울에는 장대한 한강이 있다. 강은 여러 모로 인간에게 유익하다. 인간에게 가장 필요한 물을 제공할 뿐만 아니라, 배를 이용해 사람이나 물자를 운송할 수 있어 좋다. 그런 의미에서 과거에는 좋은 도시라면 반드시 강이 있어야 했다(물론 지금은 강이 그때만큼 운송에 큰 역할을 하지는 못한다).

한강은 개발되기 전에는 지금보다 훨씬 더 수려했다. 우리는 한강의 아름다움은 고려하지 않고 마구 개발을 시도해, 지금은 한강이 그저 큰 물이 흐르는 수로 역할밖에는 하지 못한다. 특히 5공화국 때 한강 주변을 정리한다고 시멘트로 인공 안岸을 만들어 놓은 것은 치명적이다. 나는 그 시멘트 안을 볼 때마다 '저게 철거되는 날이 한강이 살아나는 날일 거다'라며 되뇌곤 하는데, 아마 이제 한강을 총체적으로 재개발하면서 걷어낼 모양이다.

이런 시행착오는 우리만 겪는 게 아니라 유럽에서도 흔한 일이다. 도시를 개발한다고 인공물을 많이 설치했다가 결국은 자연으로 돌리는 일은 인간이 자연을 더 깊이 알아가면서 자연스럽게 하는 일이다. 한강변도 흙을 그대로 놓아두어야 강물과 교감하면서 정화가 되고 강이 숨을 쉴 수 있다. 지금까지는 둔치에 뛰는 길 같은 편의 시설을 개발해 인간을 위하는 일을 했다면 이제부터는 강을 위하는 일을 해야 할 것이다.

원래 한강에는 많은 아름다운 정자와 나루, 그리고 사대부들의 별장이 한껏 어우러져 아주 아름다웠는데, 이제 그런 것은 모두 없어지고 아파트만 있어 옛 모습을 찾을 길이 없다. 그나마 다행인 것은 한강의 옛 모습을 알 수 있는 좋은 그림이 남아 있다는 사실이다. 그것도 단원과 더불어 조선 화단을 이끌었던 천재 화가 겸재 정선이 그린 그림이니 더 뿌듯하다.

겸재는 18세기 중반에 양천 현감을 지냈는데, 양천은 지금의 양천구 일대로서 가양동과 등촌동 인근을 가리킨다. 그는 이곳에 있으면서 지우知友 이병연李秉淵과 약조하기를, 이병연의 시와 자신의 그림을 바꾸어 보자고 제안했다. 당연히 겸재는 화가인 만큼 그림을 그렸는데, 그렇게 해서 나온 게 양천팔경楊川八景이다. 이 그림은 이 지역의 한강에 있던 나루터나 정자, 절과 산 등을 그린 것으로, 그 그림을 보면 '이게 정말 한강인가' 하는 의구심이 들 정도로 매우 아름답게 묘사되어 있다. 우리는 이 8장의 그림을 통해 한강 하류의 빼어난 모습을 접할 수 있다.

그런가 하면 겸재는 또 이 시기에 한강과 남한강 일대의 주요 지점들을 그림으로 남겼는데, 이것이 바로 경교명승첩京郊名勝帖이다. 그는 직접 배를 타고 양수리 부근까지 올라가 그 지역뿐만 아니라 송파진이나 동작진, 압구정, 남산 등지의 수려한 절경을 유려한 그림으로 남겼다. 압구정을 그린 그림을 보면 지금의 현대아파트 자리도 보일 듯하고, '남산 위의 소나무'도 보이는 등 지금의 모습과 중첩되어 재미있다.

그런데 지금과 다른 점은, 당시는 경치가 대단히 아름다웠던 것에 비해 지금은 사람 살기에는 편해졌는지 몰라도 아름다움과는 아무 관계가 없다는 것이다. 이런 과거로 되돌아갈 수는 없지만 앞으로 한강 르네상스 계획에 따라 한강을 개발할 때 과거의 전통을 살렸으면 좋겠다는 바람을 가져 본다. 하지만 들려오는 이야기는 그리 심상尋常한 것이 아니라 걱정이 된다. 서울이든 지방이든 답사를 갈 때마다 느끼는 것이지만, 옛 것은 장하건만 우리 후손들이 손을 대는 순간 망치는 꼴을 부지기수로 본 터라 우려가 된다.

우선 이미 한강 주변을 점령한 아파트를 어떻게 처리할지 적이 궁금하다. 어떤 외국인은 한국에 오기 전 한국은 국토의 70%가 산이라고 들었는데 실제로 와보니 산은 안 보이고 아파트만 있더라는 의미심장한 말을 남겼다. 한강도 예외는 아닌데, 들리는 말에는 한강변에 수십 층짜리 고층 아파트까지 허가하겠다고 하는 것 같아 그러면 한강 르네상스 프로젝트는 시작부터 삐끗하는 건 아닌지 모르겠다.

이제 한강에서 눈을 돌려 다시 시내로 들어가 보자. 풍수설에 따르면, 한강 같은 도시 밖 물뿐만이 아니라 도시 안에도 물이 있어야 한다. 밖이 양이면 안은 음이라, 음양의 조화에 따라 안팎이 대등해야 하기 때문이다. 이 경우에는 외수外水와 내수內水가 그에 해당한다. 그래서 서울에는 외수인 한강이 있는 것처럼 내수라 불리는 것이 있는데, 청계천이 바로 그것이다.

청 계 천 의   역 할 은 ?

청계천은 한강처럼 원래부터 그 지역에 있던 것은 아니고 풍수설에 맞추려고 다소 인위적으로 만들었다. 이 하천은 약 600년 전에 서울의 중심가인 종로 바로 옆에 파놓은 것인데, 40여 년 전에 복개하여 한동안 그 자취를 찾을 길이 없었다. 내를 덮어 차도를 만든 것이다. 경제개발이 한창일 때 개발에만 눈이 벌건 위정자들은 도심 한가운데 하천이 흐르는 걸 가만히 보고 있지 못했을 것이다. 그런 하천은 어서 복개 공사를 해 자동차가 다닐 수 있게 만들어야 직성이 풀렸을 것이다. 그리고 그들은 그렇게 복개한 도로 위에 고가도로를 만들어 교통이나 운송의 편의를 극대화시켰다. 당시의 위정자나 국민은 이것을 산업화의 업적으로 한껏 추켜올렸다.

그러나 수십 년이 지나 산업화에 성공하고 어느 정도 여유가 생기자 이 건설물을 창피하게 생각하기 시작했다. 삶의 질을 생각하기 시작한 것이다. 그래서 그들은 서울의 도심이 너무 삭막하다고 생각해 이 하천을 옛 모습으로 복원하면 좋겠다고 결정했다. 그 결과 서울시는 불과 3년 남짓한 세월에 도시의 흉물을 도심 하천으로 변모시켰다.

이 복원 공사를 할 때 많은 해외의 건축가들이 견학했는데, 이런 공사는 다른 나라에서는 좀처럼 보기 힘든 것이라 공사가 끝나기 전에 보러 온 것이다. 수 킬로미터에 달하는 이 하천의 양쪽에는 많은 가게가 있었는데, 이 가게들을 다 정리해서 다른 곳으로 보내고 여기에다 하천과 녹지를 만드는 게 정녕 신기했을 것이다. 게다가 불과 3년 남짓한 세월에 끝내버렸으니 이 또한 세계기록 감이었을 것이다. 들리는 후문에 어떤 독일 건축가는 이런 공사를 독일에서 한다면 수십 년이 걸릴 텐데 이렇게 빨리 완공한 한국인의 화끈함을 믿기 어려웠다고 실토했다는 이야기가 전한다.

그러나 청계천 복원에 대해 긍정적인 이야기만 있는 것은 아니다. 최근(2008)에 서울을 다녀간 어떤 프랑스 언론인은, 복원된 청계천을 보고 자신은 이곳에서 도심의 인공 하천 이상의 의미를 찾을 수 없다고 항변했다고 한다. 사실 청계천의 이전 모습을 보지 않았다면 이런 말이 충분히 나올 수 있다. 우리는 이전의 지저분한 꼴을 많이 보아서 그런 모습이 사라지고 산뜻해진 청계천에 열광하는 것이지, 그 모습을 보지 못한 사람은 이 언론인처럼 반응할지도 모른다.

기실 이 언론인의 이야기를 빌리지 않더라도 역사적 입장에서 보면 청계천 복원에는 많은 문제가 발견된다. 가장 아쉬운 부분은 복원되면서 전통이 대거 빠져버렸다는 것이다. 이 하천은 600년의 역사를 가지고 있는데, 지금 복원된 것에서는 그런 전통을 잘 느낄 수가 없다. 이것은 뼈아픈 실책이 아닐 수 없다. 나는 이전 것을 헐고 새로운 것을 지을 때 역

새로 태어난 청계천

사를 무시하고 건설하는 우리의 모습을 자주 보았기에 청계천에서도 같은 감정이 든다. 그런가 하면 청계천 입구에 있는 소라를 거꾸로 세워 놓은 것 같은 현대적인 조각물도 이상하기는 마찬가지다. 이것 또한 이 하천의 유구한 역사와는 어울리지 않는다. 그곳에는 이 하천의 역사나 우리 문화와 관계된 것을 갖다 놓았어야 도시도 살고 청계천도 살 수 있었을 것이다.

풍수적인 의미에서 볼 때, 청계천의 기능은 도시 안에 있는 나쁜 기운을 모아 밖으로 빼내는 것이라고 한다. 나쁜 기운이 무엇인지는 어느 누구도 확실하게 이야기하지 않지만, 청계천은 도심을 흐르면서 도시에서 생긴 많은 오폐수를 날라 한강으로 가져간 것은 확실하다. 옛날에 경제 규모가 작았다고 하더라도, 도시란 사람이 모여 사는 곳이니 여러 쓰레기가 나오기 마련이다. 청계천은 이 쓰레기 가운데 더러운 물을 치우는 역할을 한 것이다. 이렇게 보면 풍수설은 관념적인 세계에만 그치는 것이 아니라 실용적으로도 분명 가치가 있는 이론이라 생각한다.

이 정도 설명이면 서울에서 볼 수 있는 자연의 대강은 본 셈이다. 이를 제대로 보려면 남산에 올라가야 한다. 남산은 서울을 볼 때 빠트릴 수 없는 중요한 곳이다. 남산은 서울 시민에게 중요한 휴식처를 제공할 뿐만 아니라 역사적으로도 많은 이야기를 담고 있다. 특히 근세에 한국을 식민지로 삼은 일본과 많이 얽혀 있는 곳이 바로 남산이다. 이제 우리는 남산을 오르는 것으로 서울 순례를 시작할 것이다.

남산 위에서 서울을 굽어보다

남산은 원래 조선의 수도인 한양에서는 경계를 이루고 있던 산이었다. 지금도 남산에 올라가면 산성의 흔적이 남아 있는데 바로 여기까지가 수도의 내부였던 것이다. 그러나 지금은 전체 서울의 입장에서 보면 남산은 북쪽으로 치우쳐 있다. 한강을 넘어 남쪽으로 서울이 엄청나게 확장되었기 때문이다.

남산 기슭에 얽힌 이야기들이 많지만 다 생략하고 남산 위로 올라가 보자. 남산을 올라가는 방법은 걸어가는 것 말고는 신라호텔 앞에서 버스를 타고 가는 방법밖에 없다. 물론 케이블카를 타는 방법도 있지만 꽤 비싸기 때문에 별로 권하고 싶지 않다. 그런데 버스를 타면 소나무 군락지 같이 꼭 보아야 할 것을 놓칠 수 있기 때문에 나는 걸어 올라가는 것을 권하고 싶다. 산이라고는 하지만 그리 높지 않아(243m) 기슭에서 천천히 걸어도 30분이면 충분히 정상에 이를 수 있다.

남산에는 산책을 위해 중턱에 순환도로가 나 있다. 이것은 원래 30여 년 전쯤 차가 다니게끔 아스팔트를 깐 도로인데, 차량 통행이 산을 오염 시킨다는 결론이 나와 산책로로 바꾸었다. 그 뒤 이 길은 서울 도심지에서 매우 아름다운 길 가운데 하나가 되었다. 봄이면 벚꽃이 장관이고, 가을이면 단풍 역시 아주 좋다.

남산의 벚꽃은 서울의 어느 벚꽃보다 낫다. 왜냐하면 아직 많이 알려지지 않은 탓인지 사람이 몰리지 않기 때문이다. 여의도의 윤중로 같은 곳은 사람이 하도 많이 몰려오는 바람에 구경을 망친다고 하지 않는가? 이 남산 산책로는 요즈음 조깅을 전문으로 할 수 있는 길을 깔아 더 좋아졌다.

이런 남산을 올라가면서 우리가 꼭 보아야 하는 것은 '남산 위의 저 소나무'다. 남산 소나무는 한반도에서도 아름답기로 유명하다. 소나무는 종종 한국을 상징하는 나무로 꼽히기도 하는데, 우리는 좀 별난 소나무를 좋아한다. 우리가 가장 높이 치는 소나무는 곧게 자란 것이 아니라 몇 번이고 꺾이고 틀어진 것이다. 꺾이는 부분이 많을수록 더 운치가 있고, 그에 따라 가격도 높아진다. 이런 조건을 잘 갖춘 소나무를 보면 확실히 남다른 구석이 있다. 조선의 화가들은 이런 소나무를 높이 평가해 자기 그림의 소재로 많이 사용했다.

이 소나무를 보려면 버스가 가는 길로 약 20분 정도 걸어 올라가야 한다. 이곳에는 약 2~3차례에 걸쳐서 소나무 숲이 나타나는데, 관망할 수 있는 시설도 있어 감상하기에 불편하지 않다. 그런가 하면 소나무 숲 사

남산 소나무

이를 걸을 수도 있는데, 이것은 산 밑으로 내려가는 길이기 때문에 다시 올라와야 한다는 수고가 번거롭다.

어떻든 굽이굽이 휘어지는 소나무들의 모습이 아주 보기 좋다. 버스를 타고 올라가도 차창 너머로 소나무를 볼 수 있지만 너무 빨리 지나가기 때문에 제대로 감상할 수 없다. 남산에 와서 이 소나무를 그냥 지나치는 것은 한국의 상징 가운데 하나를 놓치는 것이니, 조금 힘들더라도 걸어 올라가면서 발아래 펼쳐지는 한강과 함께 이 소나무를 감상하면 좋은 구경거리가 될 것이 틀림없다(소나무 숲은 이곳 말고 중턱에 있는 장충체육회 옆에도 있는데 걸어서 가기는 그곳이 더 편하다).

소나무를 보느라고 잠깐 지체했으니 꼭대기까지 내처 올라가자. 중간에 서울 성곽을 볼 수도 있는데, 이 성곽은 제대로 복원하지 않은 것이라 그다지 소개하고 싶지 않다. 14세기 말에 쌓은 것을 1970년대 중반에 엉성하게 복원해 놓은 것으로서, 시멘트로 마구잡이로 공사해 놓아 오히려 경치를 망친다. 우리는 그동안 이룩한 경제 개발을 통해 자신감을 회복하고 많은 유물을 복원했는데, 아직 남산 성곽을 복원할 생각까지는 못한 모양이다(앞으로 남산 성곽을 복원할 계획이 있다는 서울시청 직원의 이야기를 들은 적이 있지만, 그게 언제일지는 잘 모르겠다). 남산에는 적지 않은 외국인이 오는데 그들에게 이렇게 엉성하게 복원한 유적을 보여줘도 괜찮다고 생각하는 모양이다. 우리는 어떤 때는 우리 문화에 자부심이 강한 것 같은데, 또 어떤 때는 정반대의 모습을 보이기도 한다.

어떻든 정상까지 단숨에 올라가자. 꼭대기에 올라가면 밑에서부터 보이던 이른바 N타워라 불리는 서울타워가 나타난다. 이 타워에 올라가면 굉장히 먼 곳(인천)까지 보이기 때문에 이 광경을 보고 싶은 사람은 많은 돈을 지불하고 올라가면 된다. 그리고 그 꼭대기에는 전망대도 있고 아주 천천히 돌아가는 식당이 있어 서울을 다 볼 수 있는데, 이 식당의 음식 값이 만만치 않다. 그런 곳은 애인과 함께 데이트할 때나 가는 곳이지 우리처럼 문화를 공부하려는 사람에게는 그리 적절한 장소가 아니다. 그리고 서울의 풍수는 그곳에 올라가지 않고 남산 정상에서 보아도 충분하다.

서 울 을   지 키 는   청 룡 · 백 호 · 주 작 · 현 무

원래 내가 학생들과 남산에 갈 때 서울의 풍수를 보는 지점으로 택하는 곳은 봉수대 위다. 지금 있는 봉수대는 원래 자리는 아니지만 시민들이 접근하기 좋은 자리에 재현해 놓은 것이다. 봉수대란 조선조 때 국경 지대의 상황을 불이나 연기로 전하려고 만든 것이다. 요즘으로 하면 무선 연락 체계라고 할 수 있다. 봉수대에서는 맑을 때는 불로, 비나 눈이 올 때에는 연기로 상황을 전한다. 전국의 끝자락에 위치한 다섯 군데에서 날마다 보고를 받아 그것을 새벽에 병조兵曹를 통해 왕에게 보고한다.

원래 이 장소는 개방되어 있어서, 봉화대에 올라가면 서울의 전체 모습이 아주 잘 보이기 때문에 나는 학생들과 서울의 풍수를 공부할 때마다 이곳에 올랐던 것이다. 그런데 어느 날인가부터 이곳이 봉쇄되었다. 그 연유를 들어보니 이곳을 찾은 사람들이 낙서를 너무나 많이 해서 어쩔 수 없이 고육지책으로 폐쇄했다는 것이다. 웬만한 낙서는 그래도 참을 만한데 스프레이로 뿌리는 데에는 어쩔 방법이 없었던 모양이다. 이곳에서는 서울을 볼 수 없으니 N타워 옆에 있는 루프 테라스나 산꼭대기에서 조금 내려와 'Photo Island'라 불리는 관망대에서 보는 방법을 택할 수밖에 없다. 그러나 이왕 정상에 올라갔으니 정상에서 보는 게 낫다.

서울은 잘 알려진 것처럼 조선의 수도였다. 수도의 중심은 궁궐이다. 궁궐을 어떻게 짓느냐에 따라 도시의 모습이 결정된다. 조선의 정궁은 경복궁이다. 나중에 다시 설명하겠지만 경복궁은 현재 한국을 찾는 외국인들이 가장 많이 가는 곳이다. 경복궁이 비록 절반도 복원이 안 되었지만, 그래도 많은 사람이 이곳을 찾는 것은 경복궁이 조선의 중심 궁전이었기 때문일 것이다.

14세기 말 이 궁을 지을 때 조선의 정치인들은 중국의 예를 따라 지으려고 했는데, 전적으로 중국식을 따르지는 않았다. 중국의 것을 따르지 않은 예 가운데 대표적인 것은 궁궐의 위치다. 중국은 수도에 정궁을 지을 때 북경에 있는 자금성의 경우처럼 수도 한가운데에 궁궐을 짓는다. 황제가 중심에 있어야 하기 때문이다. 그런데 조선은 그 예를 따르지 않고 풍수설에 입각해서 서북쪽으로 치우쳐서 경복궁을 지었다. 이것은 산기슭에 궁궐을 지으려는 의도 때문이다. 우리 조상들은 마을을 만들 때에도 평지 한가운데 보다는 산기슭에 터전을 잡길 좋아했다. 그래서 조선의 위정자들도 궁궐의 터를 잡을 때 굳이 중국의 예를 따르지 않고 이 방법을 택한 것이다.

궁궐을 세우려면 우선 명당을 찾아야 한다. 풍수설에서 말하는 명당에는 우선 건물을 받쳐주는 주산主山이 있어야 한다. 이 산은 건물 바로 뒤에 있는 산을 말한다. 경복궁의 경우에는 백악산(342m)이 그 산이다. 그런데 이상한 것은 서울에 사는 사람 가운데 이 산의 이름을 아는 사람이 많지 않다는 것이다. 주변 사람들에게 이 산의 이름을 아냐고 물으면 가장 많이 나오는 대답은 인왕산이었다. 인왕산은 곧 보겠지만 우백호에 해당하는 산으로, 백악산을 쳐다보고 왼쪽에 있는 산이다. 이 백악산은 산에 바위가 많다고 해서 붙여진 이름이라고 하는데, 정궁인 경복궁의 주산이니 한양에서 가장 중요한 산이라 할 수 있다.

풍수설에서는 이 산이 북쪽을 담당하는 현무를 상징한다고 하는데, 현무란 동물로 치면 거북이와 뱀이 엉켜 있는 모습을 이미지화 한 것이다. 사신四神 가운데 현무만이 동물 이름으로 호칭을 정하지 않았는데, '왜 거북이와 뱀이냐'는 것에 대해서는 여러 설이 있다. '현'은 검은색을 뜻하니 북쪽을 상징할 테고, '무'는 거북이의 딱딱한 등과 뱀의 날카로운 이빨을 의미한다는 설이 있는가 하면, 전체적으로는 암컷 거북과 수컷 뱀을 교합해 조화를 상징한다는 설도 있다. 그 설이 어떻든 거북이는 예부터 장수의 동물로 여겨졌으니, 이처럼 신성한 동물로 대접받는 것이 전혀 문제되지 않는다.

그런데 이 백악산은 왕궁을 수호하는 역할을 담당하기 때문에 그 모습이 범상해서는 안 된다. 그래서 그런지 이 산은 정삼각형의 모습을 하고 있어 매우 준수한 자태를 갖고 있다(삼각형처럼 생겼다고 해서 이 산을 삼각산으로 잘못 아는 사람도 있다!). 실제로 날마다 저렇게 잘생긴 산을 보며 생활한 왕들의 마음도 저 산처럼 반듯하게 되지 않았을까 하는 생각이 든다.

이 주산은 홀로 존재하는 것이 아니라 양쪽에서 보좌해주는 산이 있어야 한다. 그래야 기운이 안으로 모인다. 그래서 왼쪽에는 가상의 동물이지만 청룡을 상징하는 산이, 오른쪽에는 백호를 상징하는 산이 있어야 한다. 남산 위에서 보면 경복궁을 마주보고 왼쪽에 꽤 큰 산이 하나 있는 것을 알 수 있다. 이 산이 백호로 상징되는 인왕산이다.

주산인 백악산은 규제가 있어 자유롭게 오르기가 쉽지 않지만, 인왕산은 비교적 쉽게 오를 수 있다. 특정한 날을 빼고는 다 올라갈 수 있다. 그런데 서울에 살아도 이 인왕산에 올라가 본 사람이 많지 않다. 이 산에는 대통령의 집무실이자 관저인 청와대를 보호해야 한다는 명목으로 경찰이 주둔하고 있어 아무래도 접근이 쉽지 않아 그런 것 같다. 그런데 이곳에 오르면 정말로 멋있는 경치가 펼쳐진다. 그래서 나는 외국인뿐만 아니라 한국인에게도 이곳에 오르도록 강권한다.

이 산은 높이가 338m밖에 안 되니 그리 높은 산은 아니다. 그러나 이 산에 오르면 경치가 대단하다. 우선 경복궁이 바로 아래로 한눈에 들어와 좋다. 그러나 가장 좋은 경치는 방금 전에 본 백악산과 그 뒷산인 북한산이 동시에 보이는 것이다. 서울 도심에서 이런 경치를 본다는 게 정녕 믿기지 않을 정도로 경치가 좋다. 다시 한 번 풍수설의 위력을 느낀다.

여기서 잠깐 풍수설을 다시 보아야 한다. 풍수설에 따르면 주산만으로 터를 잡는 것은 아직 부족하다. 이 주산을 지탱해주는 산이 필요하기 때문이다. 이것을 조산祖山이라고 하는데, 직역하면 할아버지(조상) 산이 된

인왕산에서 바라본 경복궁(정전 영역)

다. 이것은 터의 바로 뒤쪽에 있는 주산이 아버지 역할을 한다면, 그 뒤에 있는 산은 할아버지 역할을 할 것이라는 생각에서 나온 발상이다. 이 터에서 조산은 앞에서 본 것처럼 북한산이라 불리는 산들이다.

이렇게 보면 명당은 여러 켜의 보호 장치가 되어 있는 것을 알 수 있는데, 이것은 궁궐 자리의 기운을 보호하려는 의도에서 그 주위를 산으로 겹겹이 싼 것이라 생각된다. 좋은 기운이 혹여 새어나갈까 근심한 나머지 핵심인 궁궐을 싸고 또 싼 것이리라. 여기서 우리는 이런 질문을 던질 수 있다. 북한산이 할아버지 산이라면 계속 그 족보를 따라 올라가 마지막에 나오는 산은 무엇일까? 조선의 풍수가들에 따르면, 우리나라에 있는 모든 산의 어버이가 되는 산은 백두산이다. 백두산은 잘 알려진 것처럼 2750m의 높이로 한반도에서 가장 높은 산이다.

풍수가들은 한반도의 거의 모든 산이 그렇듯 경복궁의 뒷산들도 백두

산과 연결되어 있다고 생각하는데, 이것을 전혀 거짓이라고 할 수는 없다. 그렇게 생각하는 이유는 1968년 박정희를 암살하려고 북한에서 침투한 게릴라들이 평지를 거치지 않고 산만 타서 청와대 뒷산인 백악산에 이르렀다는 설이 있기 때문이다. 우리나라에는 이렇듯 산이 많다. 그리고 첨언할 것은 주산을 좌우에서 보좌하는 산이 있듯이 조산인 북한산도 옆에서 보좌하는 산이 있는데, 이것까지 설명하면 너무 번쇄해져 이에 관한 해설은 여기서 마치고 다시 우리의 주제로 돌아가겠다.

백호에 해당하는 인왕산은 나중에 샤머니즘을 말하면서 다시 거론할 텐데, 그것은 이 산에 유명한 굿당이 있기 때문이다. 이래저래 이 인왕산은 한 번 올라갈 만한 산이다. 그런데 문제는 왼쪽에 있는 청룡에 해당하는 산이다. 남산에서 보면 좌청룡에 해당하는 산이 잘 보이지 않는다. 그러나 자세히 보면 대학로 뒤편에 낙산駱山이라는 산이 보인다. 이 산이 서울 풍수의 좌청룡에 해당하는 산으로서, 높이가 100m밖에 안 되는 작은 산이다. 자신의 짝인 인왕산에 비해 규모가 너무 작다.

여기에 서울 풍수의 약점이 있다. 왼쪽의 기운이 너무 달리는 것이다. 이것을 보완하려고 조선의 위정자들은 그 근처(전 동대문운동장 자리)에 가짜 산을 만들거나 동쪽 문인 동대문을 크게 건설하는 등 여러 방법을 동원했는데, 그 성공 여부는 잘 모르겠다. 동대문이 서울의 대 · 소문 가운데 옹성을 가진 유일한 문이고, 문의 이름도 다른 문처럼 세 글자인 '흥인문' 이라 하지 않고 네 글자인 '흥인지문' 으로 한 것은 모두 좌청룡인 낙산의 기운이 달려 그것을 북돋고자 함이라고 알려져 있다.

이 낙산 지역은 원래 달동네 같았는데, 1990년대에 대대적으로 정비하여 지금은 아주 좋은 공원 지대가 되었다. 특히 동대문 쪽에서 서울 성벽을 따라 올라가는 탐방로는 가볼 만하다. 이 탐방로는 이화여대병원 입구 바로 옆에서 시작하는데, 성벽과 함께 잘 정돈되어 산이라는 부담 없이 가볍게 갈 수 있어 좋다. 이 길을 따라 낙산에 오르면 서울의 동부에서 바라보는 시내의 광경이 아주 새롭다. 인왕산에서 볼 때와는 완전 반대 방향에서 서울을 바라보기 때문이다.

이 지역은 서울에 사는 사람도 잘 모르는 곳으로, 서울을 진정으로 알고자 하는 사람에게는 아주 좋은 답사지가 될 것이다. 게다가 대학로 쪽으로 내려오면 1948년 대한민국이 건국될 때 초대 대통령으로 취임한 이승만의 옛집이 있어 답사 길을 풍요롭게 한다. 이 집은 낮에는 항상 개방되어 있고, 이 대통령과 관련된 많은 유품과 사진이 전시되어 있어 한국 현대사에 관심 있는 사람에게는 필수 코스이다.

지금까지 우리는 풍수에서 중요한 역할을 하는 세 방향에 위치한 산과 그것을 상징하는 동물에 대해서 살펴보았다. 그런데 아직 남쪽은 거론하지 않았다. 남쪽에 해당하는 산은 어떤 것일까? 말할 것도 없이 관악산이 그 주인공이다. 관악산은 서울의 남쪽에 있는 산 가운데 가장 높은 산(632m)일 뿐만 아니라, 그 꼭대기에는 군사시설이 있어 알아보기 쉽다.

풍수설에 따르면 이 산은 주작朱雀으로 상징되는데, 이 새는 용과 같은 상상의 동물로서 매우 상서로운 동물로 알려져 있다. 이 새는 여러 가지 모습으로 형상화되는데, 사진에서 보이는 백제 금동향로의 맨 윗부분에 있는 새가 바로 주작이다. 이 새는 닭의 머리에 독수리의 발 등 여러 새에서 각기 다른 부분을 따와 상상으로 조합한 모습이다. 서울의 풍수와 관악산이 얽힌 이야기도 적지 않지만, 여기서는 서울이라는 입지를 고를 때 이렇게 멀리에 있는 산까지 고려했다는 것만 기억하면 될 것이다.

맥제 금동 대향로

이렇게 보면 서울을 선정한 사람은 배포가 매우 큰 사람이었음에 틀림없다. 이렇게 넓게 보고 서울 땅을 선택했으니 말이다. 앞에서 풍수설이란 꽤 실용적인 면이 있다고 했는데, 이번에도 같은 말을 할 수 있겠다. 원래는 풍수설에 입각해서 남산과 백악산 사이에 있는 좁은 지역에 수도를 세웠지만, 남 주작 역할을 하는 관악산 덕에 서울이 지금처럼 한강을 넘어 남쪽으로 계속 뻗어 나가도 문제가 되지 않기 때문이다. 물론 서울을 디자인한 풍수가가 서울이 이렇게 팽창할 것이라고 미리 알고 서울의 위치를 정했는지는 잘 알 수 없지만 말이다.

그 다음에 던질 수 있는 질문은 우리가 올라와 있는 남산에 관한 것이다. 남산은 풍수론에 따르면 어떤 의미의 산일까? 백악산이나 인왕산 같은 주요 산들은 서울을 둘러싸고 있는 데 반해, 남산은 그 한복판에 있으니 별다른 의미가 있을 것 같다. 남산은 풍수적으로 매우 중요한 의의를 갖는데, 우리는 남산의 예를 통해서도 풍수설이 매우 유용하다는 것을 알 수 있다.

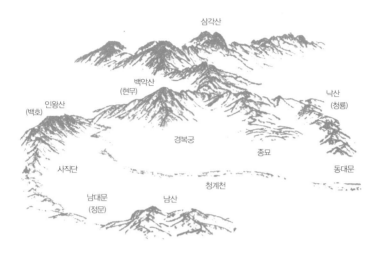

삼각산

백악산
(현무)

인왕산
(백호)

낙산
(청룡)

경복궁

종묘

사직단

동대문

청계천

남대문
(정문)

남산

북서울을 둘러싼 산들

　풍수설에 따라 궁궐의 터를 잡을 때 북쪽과 남쪽에 각각 큰 산을 염두에 두었다는 것은 앞에서 말한 대로다. 그런데 풍수설은 이 두 산 사이에 작은 산이 하나 있어야 한다고 주장한다. 이 작은 산은 남북의 큰 산 사이에서 그 둘을 중재하는 역할을 한다. 조금 전문적으로 보면, 북쪽 산인 백악산이 주인이라면 남쪽 산인 관악산은 손님이 되는데 그럴 때 이 둘 사이에 탁자가 있어야 서로 대화하는 형국이 된다. 바로 탁자 역할을 하는 게 남산이다. 그런데 남북의 큰 산들은 이 사이의 공간에 사는 사람이 가까이 하기 힘든 엄격함이 있지만, 탁자에 해당하는 남산은 아무 때나 쉬러 갈 수 있는 휴식처 역할을 한다. 이 공간에 사는 사람에게는 이런 쉼터가 필요한 것이다.

　이런 생각은 현대에 와서는 공원 개념으로 발전해, 실제로 남산은 서울 시민에게 없어서는 안 될 중요한 휴식처일 뿐만 아니라 도시의 공기를 맑게 해주는 폐와 같은 역할을 한다. 남산 덕분에 서울 시민은 자연이 필요할 때 언제든지 손쉽게 자연을 느낄 수 있고, 그 안에서 비교적 맑은 공기를 마실 수 있다. 이런 맥락에서 서울 시내 중심부에 남산이 없는 모습은 생각할 수도 없는 일이다.

우리는 지난 몇 십 년 동안 경제개발에 열을 올리면서 서울의 녹지를 마구 없애버렸다. 그 결과 서울은 매우 삭막한 도시가 되었고, 온 세계의 수도 가운데에서도 녹지가 부족한 도시로 분류되었다. 남산을 빼면 서울은 세계의 수도 가운데 녹지화 비율이 하위권이라고 한다. 그러나 남산이 들어가면 상위권으로 뛰어오른다. 남산 덕분에 서울이 친환경 도시가되는 것이다. 우리는 여기서 우리 인간으로 하여금 인간답게 살 수 있도록 해준 풍수설에 감사해야 한다. 그래서 풍수설을 탁월한 자연관이라고하는 것이다.

이 정도면 남산에서 보아야 할 건 다 본 것이다. 그러나 내려가기 전에 잠깐 훑어볼 곳이 있는데, 정상에 있는 팔각정이 그것이다. 이 건물은 그자체로는 별로 볼 것이 없다. 대신 그곳에 조선조 때에 남산의 산신을 모신 사당이 있었다는 사실만 유념하면 되겠다. '국사당'이라고 불리는 이사당은 이성계의 명령으로 건립되는데, 그 뒤 조선조 내내 서울에서 가장 중요한 사당 역할을 했다. 특히 무당들에게 인기가 있어 이곳에서 많은 굿이 벌어졌다고 한다. 이 사당은 1925년 당시 조선을 강점한 일본 정부에 의해 앞에서 본 인왕산으로 강제로 이전되는데, 그 이유는 이제 곧볼 것이다.

지금 이곳에는 사당이 있었다는 안내판만 있을 뿐이다. 나는 만일 우

국사당 자리에 세워진 남산 팔각정

리가 진정으로 우리의 과거 전통에 자부심이 있다면 이 사당을 복원해야
된다고 생각하는데, 이 생각은 실현될 가능성이 거의 없어 보인다. 그것
은 우리가 우리 자신과 가장 가까운 종교인 샤머니즘을 미신으로 생각해
내세우길 부끄러워하기 때문이다. 게다가 이 사당을 복원한다고 하면 일
부 기독교인이 가만있을 것 같지 않다.

　그러나 바로 이웃나라인 일본에서는 그네들의 종교인 신도神道를 자랑
스럽게 생각한다는 사실을 잊어서는 안 된다. 교리적으로 볼 때 한국의
샤머니즘이나 일본의 신도는 고등 종교라기보다는 '원시종교' 쪽에 가
까운데, 이를 대하는 두 나라 국민의 태도가 사뭇 달라 이채롭다. 가까운
장래에 이곳에 예전의 사당이 다시 설 수는 없겠지만, 지금도 이곳에서
일 년에 몇 번씩 큰 굿판이 벌어져 좋은 구경거리를 제공한다. 그때가 되

면 수십 명의 무당이 참가하여 아주 성대하게 굿을 한다. 무당들은 자신들의 성소聖所를 복원하지는 못하지만 그 성스러운 장소에서 굿이라도 벌여 과거의 영광을 잠깐이나마 재현하려는 것 같다.

그런 상념을 뒤에 남겨 놓은 채 산을 내려오자. 내려오는 것은 계단을 따라가면 되니까 어려울 게 없다. 조금만 내려오면 앞에서 말한 사진 찍는 곳Photo Island이 나온다. 이곳에서 보는 시내 경치도 괜찮긴 한데, 서울의 주요 유적지인 경복궁이나 창덕궁 등이 고층건물들 때문에 잘 보이지 않는다. 이곳에서 시내를 보면 참으로 가관이다. 건물들의 위치에서 도무지 질서를 느낄 수 없기 때문이다. 도대체가 정돈된 맛이 없다. 옆 건물과의 조화를 생각하지 않고 그저 마구 지어 놓았다.

물론 건물 하나하나로는 세계적인 건축가가 설계한 것이라 좋은 것이 많다. 대표적인 게 종로 타워인데, 이것은 세계적으로 유명한 라파엘 비놀리Rafael Vinoly라는 건축가가 설계한 것이다. 이 건물은 그 자체로는 좋은 건물인 것은 같은데, 문제는 옆 건물과 전혀 어울리지 않는다는 점이다. 내 속단인지는 모르지만 북서울 지역은 무분별한 건설 때문에 도시 계획적으로 볼 때 망친 대표적인 사례로 생각된다.

이 지역을 볼 때마다 나는 현대 한국인의 강점이자 단점인 '무질서에 대한 동경'을 보는 것 같아 안타깝다. 건물들이 아무 질서 없이 마구 들어서 있기 때문이다. 그런데 일전에 만난 어떤 건축가는 이렇게 무질서한 건물 배열이 나중에 나름대로 질서를 찾을지도 모른다는 조심스런 예측을 내놓았다. 한국인이 자랑하는 미적 감각에는 '무질서 속의 질서'와 같은 개념이 있는데, 이 오묘한 감각이 도시 디자인에서도 실현될지 모른다는 게 그의 생각인 듯하다. 그러나 그것은 더 두고 봐야 할 일이다.

이 전망대에서는 보아야 할 것이 몇 개 더 있다. 왼쪽으로 보면 한강이 아스라이 멀리 보이는데 그 경치도 괜찮다. 그런가 하면 오른쪽 아래로는 아담하고 작은 한옥이 수풀 사이로 보이는데, 이것은 제갈량이나 유비 같은 중국의 전설적인 인물을 모신 와룡묘라 불리는 사당이다(중국의 신령만 모신 게 아니라 단군이나 산신령 같은 우리의 신령도 있고 붓다 같은 인도의 신령도 있다). 이곳은 서울의 민속신앙을 말할 때 항상 거론되는데 이 주제에 관심 있는 사람은 가볼 만한 곳이다. 이 사당은 남산 산책로에 있는데, 아침 7시부터 오후 3시까지만 개방하니 유념해야 할 것이다.

다시 고개를 들어 서울 바로 위의 상공을 보면 도시 전역에 걸쳐 까만 띠가 형성되어 있는 것을 관찰할 수 있다. 이것은 말할 것도 없이 스모그가 뭉쳐 있는 것이다. 워낙 많은 자동차가 다니기 때문에 거기서 나온 매연이 하늘에 모여 있는 것이다. 이 매연이 서울에만 덮여 있는 게 아니라 북쪽으로는 청평 상공까지 걸쳐 있다고 하니, 공해 문제가 가볍지 않은 것 같다.

일제가 세운 조선 신궁

그런 상념을 뒤로 하고 어서 산을 내려오자. 계단을 다 내려오면 왼쪽으로 움푹 파여 있는 터가 있고, 그곳에 많은 나무가 자라고 있는 것을 발견할 수 있다. 여기에는 아무 설명이 없지만 과거 일제강점기에는 가장 성스러운 장소였다. 물론 일제강점기 전에는 이곳 역시 산중턱일 뿐이었다.

남산 중턱에 있던 조선 신궁(1930년대)

같은 지점에서 찍은 조선 신궁 터. 현재는 식물원도 철거되었다.

1910년 조선을 병탄倂呑한 일본은 우리의 정신세계마저 일본화시키려고 온갖 노력을 아끼지 않았다. 그때 가장 좋은 방법은 자신의 종교를 우리에게 전도하는 것이었다(이는 미국인이 조선에 올 때 가장 먼저 기독교 선교사를 보낸 것과 그리 다르지 않다). 일본인에게 가장 일본적인 종교는 말할 것도 없이 그네의 토착 종교인 신도神道이다. 이 신도는 일본 정신의 뿌리와 같다고 할 수 있다. 동경의 땅값이 아무리 비싸도 신도 사원, 곧 신사가 없는 곳이 없다. 아니 일본 전역은 신사로 뒤덮여 있다고 해도 과언이 아니다.

이 신도에서 가장 중요한 신은 일본 열도를 창조했다고 믿어지는 아마데라스 오오미카미天照大神라는 여신이다. 이 신을 모시는 사원은 일반 신도 사원보다 격이 높다. 그래서 일반 사원은 신사라고 부르지만 이 신을 모시는 사원은 신궁神宮이라 부른다. 이 신을 모신 일본의 대표적인 신궁은 이세伊勢라는 도시에 있다. 그런데 이 신궁의 넓이는 놀랍게도 600만

평에 달한다고 하니, 이것만 봐도 이 신이 일본에서 얼마나 중요한 위치인지 알 수 있다.

일제는 이렇게 중요한 신을 남산의 이곳에 모시고는 그 이름마저 조선신궁이라 지었다. 한마디로 이 신궁은 당시 한반도 전역에 있던 일본 신사의 본부 같은 역할을 했다고 할 수 있다. 일제 당국은 이 신궁을 지으려고 남산을 중턱부터 까뭉개기 시작했다. 지금 남산 중턱까지 자동차가 올라갈 수 있는 길이 생긴 건 다 그때의 일이다. 바로 지금 우리가 서 있는 곳에 그네의 성스러운 사당을 짓고 기슭부터 올라오는 길을 만들었다. 사진에서 보는 바와 같이 384개의 계단을 만들었는데, 이 계단이 시작되는 지점은 남산 중턱에 있는 힐튼호텔 근처다. 일제는 당시 조선인을 세뇌시키고자 자신들의 성소를 이렇듯 장엄하게 꾸민 것이다.

당시 일본인의 논리는 일본인과 조선인은 아마데라스 오오미카미라는 신에서 나온 같은 민족이라는 것이었다. 그러니 공연히 독립하려 하지 말고 영원토록 자신들과 하나가 되어 살라는 것이었다. 그들이 이 장소에 얼마나 신경을 썼는가 하면, 시내에서 전차가 이 신궁 밑을 지날 때면 승객들을 모두 일어서게 하고 이 신궁을 향해 묵념하도록 했다고 한다. 그렇게 일본인은 조선을 일본화시키려고 발광을 했다.

이 신궁은 1920년대 중반에 건립되었는데, 그때 남산 정상에 있던 국사당이 철거되었다는 것은 앞에서 말한 대로다. 일본의 최고 신 위에 다른 신이 있는 것을 용납하지 않은 것이다. 더군다나 식민지 백성이 섬기던 신이 자신들의 신보다 위에 있으니 도저히 묵과할 수 없었을 게다.

해방 후 이 신궁이 철거된 다음 한국인은 이 자리에 난데없이 식물원

신궁으로 올라가는 384계단. 현재는 부분만 남아 있다.

을 세웠다. 왜 식물원을 만들었는지는 알 수 없지만, 식물원은 2007년에
헐렸고 지금은 나무를 심어 놓았다. 그런데 내 개인적으로는 이런 장소
는 이렇게 놓아두지 말고 적절한 설명과 사진을 첨부해 역사를 교육하는
장소로 삼았으면 좋겠다는 생각이다. 자라나는 아이들에게 다시는 이런
일이 있어서는 안 되겠다는 교훈을 줄 수 있는 좋은 곳인데 우리는 별로
활용할 의지가 없는 것 같다. 그런가 하면 그 앞에는 광장을 조성하고 뜬
금없이 분수대를 설치해 놓았다. 그것도 꽤 오래된 일인데 디자인 감각
이 한참 떨어져 촌스럽기 짝이 없다. 이런 역사적인 장소에 저런 분수대
나 설치하는 정신 상태는 어떤 것인지 잘 모르겠다.

　그런데 이곳에는 한 사람의 영웅을 기리는 건물이 있어 우리의 주목을
끈다. 광장을 둘러보면 동상을 발견할 수 있는데, 이 사람은 근세 일본의

최고 정치가였던 이토 히로부미를 사살한 안중근 의사다. 이토는 한때 일본 지폐에 초상화가 실릴 정도로 숭앙받는 정치가였다. 그런데 그가 20세기 초 조선을 병탄하는 데에 앞장서자 안중근이라는 걸출한 영웅이 나타나 1909년 그를 사살했다. 이 사건은 당시 동북아시아에서 커다란 사건이었는데, 그런 노력에도 불구하고 조선은 5년 뒤에 일본의 식민지로 전락하고 만다. 안 의사의 동상 옆에는 그를 위한 기념관이 있고, 그 앞에는 안 의사가 쓴 문장을 돌에 새겨 놓았다.

우리가 일제의 지배를 받던 약 40년 동안(1905~1945) 유력한 일본 정치가를 사살하려는 적지 않은 시도가 있었다. 그러나 성공한 것은 안 의사뿐이었다. 그런 의미에서 안 의사는 우리에게는 진정한 영웅인데, 그런 인물을 기리는 건물치고는 기념관이 너무 초라하다는 인상을 지울 수 없다. 그리고 그 앞에 있는 돌들도 그다지 아름답게 배열되어 있지 않다.

그뿐만 아니라 이 기념관은 예산에 쪼들리는 것으로 알려져 있는데, 만약 그것이 사실이라면 우리는 아직도 일제강점기를 제대로 청산하지 못한 것이다. 자국의 축구팀이 일본팀과 붙으면 무조건 이기기를 바라는 사람들이 이런 역사적인 장소에는 왜 관심을 두지 않는지 궁금하다. 아무튼 이곳은 꼬여 있는 한국과 일본의 근대사를 직접 느낄 수 있는 장소라 관심이 간다. 한 나라에서는 대정치가로 숭앙받고 있는 사람이 그 이웃나라에서는 침략의 원흉으로 낙인찍혀 있으니 말이다. 그런가 하면 한 나라에서는 영웅으로 추앙받는 사람이 그 이웃나라에서는 극악한 테러리스트로 간주되고 있으니, 한국과 일본은 언제가 되어야 이런 관계를 청산할 수 있을지 모를 일이다.

이렇게 보면 남산은 대강 다 본 셈이다. 여기서 우리는 처절한 한국 근대사를 경험할 수 있었다. 서울 시내에서 가장 중요한 자연 환경인 남산이 유린당했기 때문이다. 그러나 이런 일제의 흔적은 서울에 산재되어 있다. 그것들은 그때 다시 보기로 하고, 이제 근대를 떠나 과거로 돌아가 보자. 과거라 하지만 서울은 조선과 직결되어 있는 도시이니 조선으로 돌아가 보자. 우리가 먼저 갈 곳은 조선의 정궁이었던 경복궁이다.

안중근 의사 동상

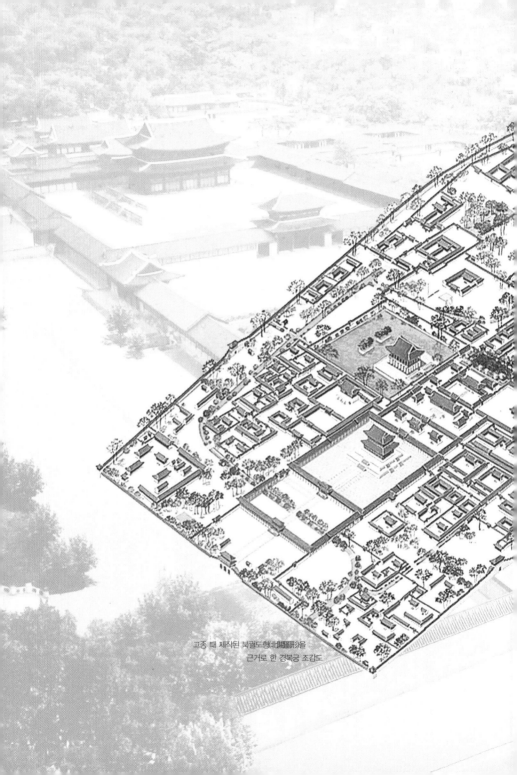

고종 때 제작된 북궐도형(北闕圖形)을
근거로 한 경복궁 조감도

조선의 심장을 찾아서

경복궁

북　촌

창덕궁

01
경복궁

왕의 하루를 따라 왕실 문화를 읽다

앞에서 말한 대로 경복궁은 조선의 정궁으로서, 핵심 건물이었던 관계로 많은 시련을 당했다. 경복궁에 가면 알 수 있지만 내부는 왕궁답지 않게 항상 시끄럽다. 그 이유는 건물을 짓는 공사가 항시 진행되고 있기 때문이다. 이런 모습을 우리는 궁의 입구부터 발견할 수 있다. 2007년 현재 경복궁의 정문인 광화문을 공사하고 있기 때문이다. 이 문도 그 신세가 기구하다.

그것은 광화문뿐만이 아니다. 경복궁 전체는 16세기 후반 일본이 일으킨 전쟁에서 전소된다. 이것이 첫 번째 수난이다. 그 뒤 이 궁은 19세기 중반까지 복구되지 않은 채 폐허로 남게 된다. 조선의 위정자들이 이 궁을 복구하지 않은 까닭은 제2의 궁인 창덕궁이 있었기 때문이다. 창덕궁은 다음에 곧 보겠지만 유네스코에 세계문화유산으로 등재될 정도로 아름다운 궁궐이다. 그 때문인지 조선의 왕들은 정궁인 경복궁보다 창덕궁에서 사는 것을 더 좋아했다고 한다. 아마도 이런 생각이 경복궁 재건을 연기시켰을지도 모른다. 또 다른 이유로는 권력 쟁탈을 둘러싸고 왕실에서 일어난 수많은 골육상전骨肉相戰 때문에 경복궁을 기피했다는 것도 들수 있다. 어쨌든 이런 이유로 인해 조선 왕실은 경복궁보다 창덕궁을 먼저 재건하여 이곳을 거처로 삼았다.

경복궁은 그렇게 폐허로 있다가 19세기 중엽 조선의 마지막 왕이자 첫번째 황제였던 고종에 의해 재건된다. 정확히 말하면 고종이 아니라 그의 아버지인 대원군이 공사를 시작했는데, 이때 고종은 나이가 어려 그 아버지가 대신 정치를 하고 있었다. 이렇게 해서 어렵게 경복궁을 재건했건만 20세기 초에 일본이 조선을 병탄하면서 경복궁은 또다시 수난의 길을 걷는다. 당시 일본은 조선의 중심인 경복궁을 유린함으로써 조선인의 마음을 꺾으려고 한 것 같다. 조선인들이 임금이 사는 신성한 곳으로 여겼던 경복궁을 분쇄하면 구심점이 사라지리라 믿었던 것은 아닐까?

그를 위해 일본 정부는 소소하게 경복궁에 있는 많은 건물을 부수고 옮겼는데, 가장 큰 유린은 역시 조선을 악랄하게 통치하는 기관이었던 총독부 건물을 궁 안에 짓는 것이었다. 이 건물은 지금은 철거되어 없지만, 얼마 전까지도 궁 안에 버티고 있으면서 경복궁의 핵심 건물인 근정전을 완전히 가로막고 있었다. 이는 일제가 계획적으로 건축한 것으로, 광화문 바로 뒤쪽에 총독부를 지어 그 뒤에 있는 경복궁이 보이지 않도록 원천적으로 차단한 것이다. 일제의 의도는 아마 '이제 너희 조선인에게 조선은 결코 부활하지 않을 것이다'라는 점을 각인시키려는 것이었을 것이다.

경복궁의 두 번째 문 흥례문

일제는 총독부를 지을 때 경복궁의 정문인 광화문이 총독부를 가린다는 이유로 없애버리려고 했다. 그러나 이러한 생각은 조선뿐만 아니라 일본에서도 반대 여론에 부딪혀 실행에 옮기지 못하고, 광화문을 현재 민속박물관 정문이 있는 쪽으로 이전하는 데 그쳤다. 하지만 이것으로 광화문의 수모는 끝나지 않았다. 이번엔 한국전쟁이 그 주인공으로, 시가전이 벌어지면서 광화문은 돌로 만든 기단만 남기고 모두 불타 버린다. 그러다 60년대에 들어와 다시 제자리로 돌아왔는데, 이때 기단 위의 건물을 목재로 짓지 않고 시멘트를 쓰는 우를 범한다. 그런 까닭에 그동안 이 문을 정식으로 복원해야 한다는 의견이 꾸준히 제기되다가 2007년 현재 복원에 들어갔다. 경복궁은 일제강점기에 이어 다시 정문이 없는 시기를 맞이한 것이다.

경복궁은 일제 때부터 손상을 입어 본모습이 많이 훼손되었는데, 얼마 남지 않은 부분도 한국전쟁 때 거의 파괴되었다. 이때의 경복궁은 가장 주요한 건물 몇 채만 남기고 전소된다. 이것을 본격적으로 복원하기 시작한 것은 1990년대에 이르러서다. 한국인들은 1960년대부터 시작한 경제개발에 힘입어 전통에 자신감을 회복하기 시작했다. 경복궁 복원도 그 추세에 따라 시작되었다.

그러나 워낙 많이 파괴되어 완전히 복원하는 데에는 앞으로도 수십 년의 세월이 필요할 것이라는 소문이다. 지금도 재건하고 있지만 아직 부분적으로밖에는 복원하지 못했다. 그런데 아무리 복원한다 하더라도 100%를 다 복원하지는 못할 게다. 거의 철거할 수 없는 시설이나 건물이 궁 안에 몇 채 있기 때문이다. 예를 들어 궁 안에 만들어 놓은 주차장이

나 고궁 박물관, 국립민속박물관 등을 철거하는 일은 결코 쉽지 않을 것이다.

경 복 궁 과   자 금 성 의   배 포

우리는 경복궁을 청나라의 정궁이었던 자금성과 비교해서 말하는 경우가 많다. 특히 많은 중국 관광객이 경복궁을 방문하고 있기 때문에 이런 일이 노상 벌어진다. 이때 가장 먼저 나오는 반응은 '경복궁은 자금성의 행랑채에 불과하다!' 와 같은 발언이다. 쉽게 말해 규모에서 너무 차이가 난다는 것이다. 사진에서 보는 것처럼 자금성의 핵심 건물(정전)인 태화전은 기단만 3층이고, 건물의 규모도 경복궁의 근정전과는 비교도 안되게 크다는 것이 일차적인 반응이다. 그리고 궁궐 전체의 넓이도 경복궁은 자금성에 비견될 수 없다는 것이 그들의 의견이다.

사실 누구나 자금성을 방문했다가 경복궁에 오면 그런 느낌을 받는다. 그런데 실제 넓이를 비교하면 경복궁도 결코 좁지 않다. 정확히 계산하면 경복궁은 자금성의 반쯤의 넓이다. 반이나 되니 결코 좁은 것이 아니다. 그런데 왜 우리에게는 경복궁이 작아 보일까? 가장 큰 이유는 경복궁에 원래 있어야 할 건물들이 조금밖에 없기 때문이다. 궁궐 곳곳이 '휑'하니 비어 잔디만 덮여 있다. 잔디만 있는 곳은 원래 건물이 있던 자리라 건물의 무덤이라고도 불린다. 건물이 없으니 작게 보일 수밖에 없는 것이다. 그 다음 이유는 경복궁의 건물들이 작다는 데에서 찾을 수 있다. 조선은 중국의 제후국이었던 터라 중국보다 크게 건물을 지을 수 없었다. 모든 건물을 한 단계 낮게 지어야만 했다. 태화전의 기단이 3층이라

북경 자금성의 태화전

면 근정전은 2층이고, 건물의 크기도 줄여야만 했다. 그러니 경복궁이 자금성보다 작아 보일 수밖에 없다.

그러나 건물 낱낱의 크기만 중요한 것이 아니다. 생각해 보건대 중국은 나라가 크기 때문에 그만큼 건물을 크게 지은 것이고, 조선은 면적이 크지 않기 때문에 중국보다 작게 지은 것이다. 만일 중국이 경복궁 크기로 궁을 지었다면 매우 궁색했을 것이다. 반대로 조선이 자금성 크기로 궁을 지었다면 그건 자만이고 과장이다. 이것은 사람이 배포가 커서 큰 건물을 짓고 그렇지 않아서 작은 건물을 짓는 것이 아니라, 그들이 사는 땅에 알맞게 지은 것이란 말이다.

그런데 나라의 면적에 궁궐 크기를 대비하면 외려 조선이 더 큰 궁궐을 가진 셈이다. 중국은 조선보다 수십 배나 큰 나라인데 조선 궁궐은 그 크기가 중국의 반이나 되니 그렇다는 것이다. 비교 대상을 바꾸어서 창

근정전

덕궁 영역과 자금성을 비교하면 이야기는 또 달라진다. 창덕궁 자체도
작지 않은 궁궐이지만 옆에 있는 창경궁과 앞에 있는 종묘까지 합하면
―여기다 성균관(문묘)까지 합할 수 있다― 이 영역의 넓이는 분명 자금성
을 능가할 것이다. 그러면 중국인과 한국인 가운데 누가 '배포'가 더 큰
지 헷갈리게 된다. 이렇듯 사람의 일은 비교해서 보아야지 겉으로 드러
난 모습만 보면 잘못될 때가 많다.

경복궁이 규모가 작아진 데에는 조선의 위정자들이 신봉했던 주자학
의 영향도 무시할 수 없다. 주자학은 그 특징을 여러 가지로 묘사할 수
있는데, 그 가운데 하나는 겉모양이 사치스럽게 보이는 것보다 자신의
마음을 닦는 데에 집중한다는 것이다. 그런 까닭에 조선은 건축 같은 외
양을 강조하는 문화에는 그다지 신경을 쓰지 않았다. 그 결과 조선은 그
이전 왕조인 고려에 비해 그다지 건축이 발전하지 않았다.

이런 정신에 입각해 14세기에 이념적인 면에서 조선을 세우다시피 한 정도전이라는 정치인이 행한 발언은 우리의 주목을 끈다. 그는 "궁궐을 사치하게 지으면 백성이 힘들고 나라의 재정을 손상시키며, 누추하면 조정의 위엄을 보여줄 수 없다. 따라서 검소하면서도 누추하지 않고 화려하면서도 사치하지 않게 짓는 것이 가장 아름다운 것이다"라고 했다. 이는 궁궐을 크게 지을 수 있는 가능성을 원천적으로 봉쇄하는 발언이다. 그 결과인지 몰라도 경복궁은 중국의 자금성에 비해 훨씬 더 인간적인 척도human scale에 가깝다는 생각이 든다. 반대로 자금성은 작은 인간이 살기에는 너무 큰 것 아닌가 하는 생각도 든다.

이 정도면 경복궁에 대한 서론적인 설명은 대체로 되었는데, 경복궁 안으로 들어가 주인공인 왕과 그 친척들이 어떻게 살았는지 보기 전에 한 가지 언급하고 싶은 것이 있다. 경복궁을 어떻게 보아야 궁궐을 지은 사람의 의도대로 관망할 수 있느냐는 것이다. 앞에서 말한 대로 이 궁은 뒤에 있는 산을 배경으로 해서 지었다. 한국의 전통 건축은 대부분 이러한 원리에 따라 지었기 때문에 건물 하나만 보아서는 제대로 감상할 수가 없다. 자연 속에서 볼 때 비로소 인간의 건축이 의미를 갖추는 것이다.

그렇다면 경복궁을 뒷산과 함께 감상할 수 있는 곳은 어디일까? 이것은 사람들이 잘 모르는 알려진 비밀open secret이다. 이 지점은 대체로 광화문 네거리 지역에 해당한다. 내가 시험해본 바로는 광화문 네거리의 횡단보도를 동쪽에서 서쪽으로 건너가면서 보면 꽤 괜찮은 경광이 눈에 들어온다. 그러니까 교보 빌딩 앞이나 일민미술관(옛 동아일보 사옥) 앞에서

서쪽으로 횡단보도를 조금 걸어가면 광화문과 백악산이 어우러진 아주 멋진 모습이 나온다. 경복궁을 이렇게 보아야 제 그림이 나온다는 것을 아는 사람이 몇이나 될까? 그러니까 경복궁 답사는 광화문 네거리부터 해야 제격이다. 그런데 현재 광화문이 공사 중인 관계로 좋은 그림이 나오지 않아 안타깝다.

이제 우리의 시선을 광화문 앞 양쪽 거리로 돌려보자. 이 거리에 조선조의 주요 관청들이 있었다는 것은 잘 알려진 사실이다. 그 영향 때문인지 지금도 이곳에는 정부의 일부 부서가 있는 건물들이 있다. 그러니까 이곳은 행정적으로 우리나라의 중심이 되는 곳이라 할 수 있다. 그런데 그런 곳에 어울리지 않는 건물이 하나 있다. 문화부 청사 옆에 있는 미국 대사관이 그것이다. 한국인들은 이곳에 미국 대사관이 있다는 사실을 그다지 이상하게 생각하는 것 같지 않다. 그러나 한 번만 다시 생각해보아도 이것은 있을 수 없는 일이라는 것을 알 수 있다. 아니 어떻게 한 나라 수도의 중심에 다른 나라의 대사관이 있을 수 있는가? 이런 나라가 또 있는지는 내가 과문해서 확실히 모르겠지만, 그다지 흔한 경우는 아닐 게다. 이것은 말할 것도 없이 미국이 한국에 얼마나 큰 영향력을 갖고 있는가를 보여주는 단적인 증거다. 그렇지 않고서야 서울에서 가장 중요한 거리에 미국 대사관이 들어설 수는 없을 게다.

조선 최고의 건축물을 감상하는 법

이제 경복궁 안으로 들어가 보자. 궁궐이란 한마디로 말해 왕이 살면서 일하는 공간이다. 왕은 이곳에서 지내다 죽음을 맞이하면 몸은 도성

외곽에 있는 능에 묻히고 영혼은 경복궁 왼편에 있는 왕실 사당, 곧 종묘에 모셔진다. 그러니까 궁은 왕이 살아 있는 동안 배정되어 있는 공간이라 할 수 있다. 우리는 이제 경복궁을 몇 구역으로 나누어서 살펴보려고 하는데, 크게 나누면 왕이 일하는 곳과 자는 곳, 쉬는 곳으로 나눌 수 있지 않을까 싶다. 이 지역들은 경복궁을 들어가면 순차적으로 펼쳐지기 때문에 동선을 따라가면 자연스럽게 만날 수 있다.

우리는 이제 왕이 일하는 공간으로 들어간다. 그러려면 문을 몇 개 지나야 한다. 경복궁의 원래 정문은 광화문인데 그곳은 바로 차도와 연해 있어 출입구로는 쓰지 않기 때문에, 우리는 두 번째 문인 흥례문을 이용해서 들어가자. 이 문이야말로 일제에 의해 피해를 본 장본인인데, 일제가 이 문을 헐어버리고 이 지역에 총독부 건물을 지었기 때문이다. 이 문과 그 주위를 두고도 할 말이 많지만 뒤의 설명을 위해 모두 생략하고 앞으로 나아가자.

문을 들어서서 바로 보이는 것은 금천이라는 작은 시내다. 인공적으로 만든 이 시내는 궁궐로 들어오는 좋지 않은 기운을 막으려고 만들었다고 하는데 그 효과는 미지수이다. 이 인공 시내와 관련해서 우리의 주목을 끄는 것은 다리 옆에 있는 상상 속의 네 마리 동물이다. 이 동물들은 이 시내를 지키고 있다고 믿어지는데, 그 가운데 한 마리의 모습이 가관이다. 사진에서 보이는 것처럼 혀를 쭉 빼놓고 있어 마치 보는 사람을 향해 '용용 죽겠지' 하면서 헤죽거리는 인상이다. 이곳이 왕이 거주하는 궁궐임에도 불구하고 이렇게 익살을 부린 것은 우리가 가진 해학 정신 때문일 것이다.

　이제 마지막 문인 근정문이다. 이 문은 세 번째 문인데, 중국 자금성의 경우 주主 정전인 태화전으로 가려면 아홉 개의 문을 지나야 하는 것과 비교하면 소략하기 짝이 없다. 그러나 제후국인 조선이 중국에서 만든 법도를 무시할 수 없었을 것이다. 이 문을 들어서면 바로 앞에 큰 건물 하나가 '쩌렁' 거리는 소리를 내는 것처럼 우뚝 서 있는 걸 볼 수 있다. 이 건물이 근정전이라는 것은 누구나 아는 사실인데, 조선에서 가장 잘 지었을 뿐만 아니라 가장 큰 건물이다. 조선 최고의 건물답게 어딜 보아도 흠이 없는 최고의 건축이다. 그래서 당연히 국보로 지정되어 있다. 전국 어디를 가든 이 근정전보다 훌륭한 건물을 발견하기가 쉽지 않다.

　우리의 전통 건축은 보통 중국의 당나라나 송나라 때의 건축물로부터 영향을 많이 받았다. 중국 당·송 때의 궁궐이나 절 건축이 우리나라에 전해져 그것이 조금 변형되어 한국적인 건축이 생겨난 것이다. 물론 동북아 건축에 익숙하지 않은 외국인의 눈에는 중국이나 한국, 일본의 전통 건축이 다 똑같이 보이겠지만, 삼국의 건축은 엄연한 차이가 있다. 우리는 동북아 삼국의 건축 가운데 우리의 건축이 가장 친자연적이라고 주

45도 각도에서 보아야 가장 아름다운 근정전

장하는데, 이것은 앞에서 본 것처럼 풍수설에 입각했기 때문이라 생각된다.

근정전 영역으로 들어오면 사람들은 곧장 건물 쪽으로 다가간다. 우리도 그쪽으로 가겠지만 그 전에 가야 할 곳이 있다. 이 건물을 가장 아름답게 볼 수 있는 곳으로 가야 하기 때문이다. 중국이나 일본의 건축도 사정은 비슷하겠지만, 우리의 건축은 정면보다 45도 각도에서 보는 것이 가장 아름답다. 이렇게 보려면 앞마당의 양쪽 끝으로 가야 하는데, 우리의 건축은 누누이 말한 대로 뒷산과 함께 보아야 아름답기 때문에 오른쪽으로 가서 보는 게 더 좋다.

지금 보이는 사진은 바로 그곳에서 찍은 사진이다. 건물 자체도 아름답지만 뒷산과 겹쳐서 보는 게 좋다. 게다가 사진에 나타난 것처럼 행랑채의 지붕을 틀frame로 삼아서 사진을 찍으면 더 멋있게 나온다. 경복궁에 와서 이런 사진을 담아가면 큰 기념이 될 게다. 그런데 경복궁에 올 때마다 보면 이곳에서 건물을 보는 사람은 거의 없다. 관리소에서 이 지점을 사진 찍는 곳photo point으로 만들어서 적극 홍보하면 좋겠다는 생각이다.

이제 정전으로 가자. 그런데 뜰에 깔려 있는 돌이 매우 거친 것을 알수 있다. 이것을 보고 성의가 없다고 하지 말자. 이곳은 왕의 공간이라 이곳을 다니는 사람들이 고개를 들지 못하게 만든 건축적 장치이기 때문이다. 돌이 울퉁불퉁하니 넘어지지 않으려면 조심해야 할 것이다. 그리고 이 뜰에는 품계석이라고 해서 관리들이 설 자리를 표시해 놓은 돌이 있다. 오른쪽은 문관의 자리이고, 왼쪽은 무관이 서는 자리이다. 이 뜰은

한 달에 두세 번 있는 정기 회의나 외국 사신이 왔을 때, 또는 왕실에 큰 잔치가 있을 때에만 쓰고 보통 때는 잘 쓰지 않는다. 나는 이곳에 올 때마다 여기서 회의할 경우 앰프 시설 하나 없는 옛날에는 어떻게 왕의 말씀이 밑에 있는 관리들에게 전달됐는지 궁금해 하는데 아직 답을 찾지 못했다(아마 계속 전달하는 식이었을 거라는 추측은 된다).

이제 건물 가까이로 가자. 이 건물은 겉에서는 2층으로 보이지만 안을 보면 툭 터져 있어 1층으로 되어 있다. 그 높이를 받치고 있는 긴 기둥들을 주목해서 보아야 한다. 여기에 쓴 나무는 한반도에서 가장 좋은 것을 가져온다. 강원도나 안면도에 있는 왕실 전용 숲에서 채벌한 나무를 가져다 쓴다.

건물 안의 공간에서 가장 주의 깊게 보아야 할 부분은 역시 왕이 앉아 있는 곳이다. 이를 용상龍床이라 부르는데, 이는 왕을 용이라는 최고의 동물로 상징화했기 때문이다. 왕을 상징하는 용은 천장에도 있다. 잘 보이지는 않지만 천장 가운데에는 아주 힘차게 조각되어 있는 두 마리의 황룡이 있다. 이 용들을 보려면 근정전 옆문으로 가서 보아야 한다. 황색은 오행에서 가운데를 뜻하는데, 나머지 네 방위의 동물들은 건물 밖의 난간에 동서남북에 맞추어 조각되어 있다. 이 난간에는 이 네 동물 말고도 시간을 상징하는 12마리의 동물이 조각되어 있다. 이렇게 보면 왕의 자리는 세상 모든 것의 중심이 되게끔 만들어진 것을 알 수 있다.

왕의 자리 뒤에는 단순한 형태의 그림이 있는 것을 발견할 수 있다. 이것 역시 왕실만이 간직할 수 있는 그림이다. 이름 하여 일월오악도日月五嶽圖라고 하는데, 제목이 말하는 것처럼 우선 해와 달이 보이고 우리나라의 주요한 5개의 산(백두, 금강, 삼각, 지리, 묘향)을 아주 단순하게 그려 놓았다. 산 밑에는 파도치는 바다를 그려 놓았는데, 이 그림은 하늘과 땅, 물이라는 우주 모든 것의 한가운데에 왕이 있다는 것을 상징적으로 표현한 것이다. 이러한 상징성 때문에 왕이 있는 곳에는 반드시 이 그림이 놓였다.

그런데 이 그림에는 재미있는 점이 한 가지 있다. 이것은 거개의 사람들이 잘 모르는 것으로서, 그림을 자세히 보면 문과 같은 것이 있음을 알 수 있다. 문이야 사람이 드나들려고 만들었을 테지만, 중요한 점은 이 문은 왕만이 지나다닐 수 있다는 것이다. 왜 이 문을 만들었을까? 왕이란 지존의 존재이다. 그런 존재는 쉽사리 범인의 눈에 띄어서는 안 된다. 이 건물에서 행사가 있을 때 왕이 신하들 눈에 띄지 않고 신비롭게 들어오는 방법은 뒤쪽에서 들어오는 수밖에 없을 것이다. 건물 앞으로 걸어 들어오면 너무 눈에 잘 띄기 때문이다. 이 건물 뒷면 한가운데에도 문이 하나 있는데, 왕은 이 문을 통해 건물 안으로 들어와 그림 한가운데에 있는

일월오악도

문을 열고 쥐도 새도 모르게 용
상에 가서 앉는 것이다.

이제 이 건물을 떠날 때가 되었
는데, 우리의 전통 건축을 멋있게 보
는 또 하나의 방법은 밑에서 지붕 모
서리를 보는 것이다. 그러면 사진에서
보는 것처럼 아주 날렵한 지붕 끝이 보
인다. 정말로 날아갈 것 같은 지붕의 모
습이다. 이 지붕의 밑에서 보이는 바와
같이 궁전 같은 최고의 건축에는 그 처
마에 단청이라고 하는 아주 다양한 색을
입힌다. 이것은 벽사의 의미도 있고, 위
엄이나 권위를 나타내는 수단이기도 하다.

제비가 물을 차고 나르는 듯한 근정전 처마

단청을 칠하는 데에는 건축비만큼이나 많은 돈이 든다고 하는데, 그 때
문에 단청을 한다는 것 자체가 엄청난 권위를 나타낼 수 있게 된다.

처마를 자세히 보면 그물 같은 것이 덮여 있는 것을 알 수 있다. 이것
은 '부시'라고 부르는 것으로, 아주 실용적인 이유에서 설치한 것이다.
새들이 처마 밑에 집을 지어 단청을 망치는 걸 막으려는 것이다. 단청 값
이 비싸니 이렇게 해서라도 보호하는 것은 당연한 일이리라. 근정전을
내려오는 계단 옆으로 보면 '드므'라고 하는 물통이 있는 것을 알 수 있
다. 이것은 잘 알려진 대로 화마火魔가 제 얼굴이 비치는 걸 보고 놀라 달
아나게 하려는 의도로 설치했다고 한다. 그런데 그렇다면 이곳이 아니라

근정전 바로 앞에 놓는 게 더 좋지 않을까. 주술적인 의도로 설치했겠지만, 유사시에는 그 물을 이용해 불을 끄는 데에 쓸 수도 있겠다는 생각이 든다.

세 계 　 기 록 　 유 산 의 　 탄 생

근정전 건물은 특별한 경우에만 쓰고, 보통 때 왕은 이 건물 뒤에 있는 훨씬 작은 건물에서 신하들과 정무를 보았다. 우리도 동선을 그렇게 해서 뒤로 가보자. 바로 뒤에 있는 건물의 이름은 '사정전'이라 하는데, 여기가 왕이 국무회의를 주관하던 곳이다. 이 건물은 그 자체로는 별 볼 것이 없다. 그저 한 나라의 정무를 보던 공간으로는 작다는 느낌이 들고, 바닥이 마루라 추운 겨울에는 이에 맞는 난방법이 있지 않았을까 하는 생각이 들었다.

의자 생활에 익숙한 서양인이 보면 바닥에 앉아서 회의하는 모습이 영 이상해 보일 수도 있다. 그러나 우리의 난방법은 바닥을 데우는 온돌 방식이라 어쩔 수 없다. 이 건물에서 우리가 볼 것은 그런 외관적인 모습이 아니라 그 안에서 행해진 일이다. 조선은 인류 역사에 존재했던 다른 어떤 나라보다도 역사 기록에 힘쓴 나라이다. 이 작은 방에서 세계적인 기록 유산이 두 개나 작성되었다고 하면 믿을 사람이 몇이나 될까? 이제 그에 얽힌 이야기를 보자.

조선은 역사 기록에 많은 신경을 썼다. 특히 왕들의 언행을 공정하게 적는 데에 관심이 많았다. 이것은 왕만 바로잡으면 만백성이 편안해진다는 유교의 가르침에 연유한 것이다. 그래서 조선의 위정자들은 미래의 왕을 세자 시절부터 하루에 세 번씩 가르쳤다. 이때의 스승은 당대 최고의 학자로서, 왕이 된 이후에도 공부 모임은 계속되었다. 이렇게 보면 조선의 왕은 인류 역사에서 가장 유식한 왕이었을지도 모른다. 이런 식으로 왕을 공부시켰을 뿐만 아니라, 사관에게는 그의 언행을 기록으로 남기는 임무를 주어 후대에 모범이 되게 했다. 그런데 이러한 제도는 사실 왕을 견제하는 장치였을 것이다. 자기가 하는 말이 모두 적혀서 후대에 전해진다면 그 누가 마음대로 말과 행동을 할 수 있을까? 조선의 왕은 결코 자유로운 존재가 아니었다. 그들은 아침에 일어나 잠잘 때까지 왕실의 기록자를 대동하지 않고서는 그 누구와도 만날 수 없었다. 그들의 사생활은 모조리 공개되었다.

우리가 서 있는 이런 건물 등지에서 국무회의를 할 때에는 두 사람의 기록자가 참여해야 했다. 첫 번째 사람은 사관史官이라 불리는 사람으로 정부의 공식적인 기록자 역할을 했고, 주서注書라 불리는 두 번째 사람은 왕의 비서실인 승정원의 공식적인 기록자였다. 이 사람들이 기록한 "조선왕조실록(이하 실록)"과 "승정원일기(이하 일기)"는 유네스코에서 세계기록유산으로 지정했다.

이 두 책은 세계적인 유산인 만큼 많은 설명이 필요하지만, 다른 책에서 이미 자세히 설명했으니 예서는 간략하게만 하자. 먼저 실록을 한마디로 규정한다면 '세계 최장 단일 왕조의 역사서'라 할 수 있다. 472년 동안의 기록을 담아 세계에서도 이와 같은 유례를 찾아볼 수가 없다. 그래서 양도 엄청나다. 글자 수만 따지면 5천만 자가 넘는다. 게다가 이 책은 사람이 쓰지 않고 단 4부를 만들면서도 아름다운 활자를 찍어 인쇄했

조선왕조실록 1권

다. 그래서 대단하다는 것이다.

　그러나 이 역사 기록이 유네스코에게 인정받은 것은 다른 점에 있다. 그 중에 하나는 조선이 전제 왕권 사회였음에도 불구하고 사관이 쓴 기록을 왕이 볼 수 없었다는 점이다. 처음부터 왕은 이 기록물을 볼 수는 없게끔 법령을 만들어 놓았기 때문에, 어떤 왕도 내용이 궁금하다고 볼 수 없었다. 따라서 사관은 비교적 객관적으로 왕의 언행을 적을 수 있었다. 이때 객관적이라 하는 것은, 유교적인 입장에서 왕이 백성과 신하들에게 얼마나 왕 노릇을 잘하는가를 평가하는 것을 말한다. 이른바 춘추필법春秋筆法이다. 이러하니 왕은 자신의 언동에 조심하지 않을 수 없었다. 자신의 모든 언동이 기록되는데 그에 개의치 않고 제멋대로 할 사람은 별로 없을 것이다. 실록이 대단한 점은 봉건시대의 역사 기록물임에도 이처럼 왕을 견제하는 역할을 했다는 데에 있다.

　이 점에서 중국의 왕조 기록물은 확실히 우리와 다르다. 사실 왕의 모든 언동을 적는 이런 역사 기록 관습은 중국의 유교 전통에서 유래한 것이다. 따라서 중국의 왕조에서도 같은 기록을 남겼고, 당연히 명나라나 청나라에도 그들의 역사 기록이 있었다. 그런데 중국의 이 기록은 유네스코에 등재되지 못했다. 사정이 이렇게 된 데에는 몇 가지 이유가 있는데, 먼저 객관성에서 중국은 조선보다 뒤떨어진다. 중국은 황제의 권력이 너무도 강한 나머지 종종 이 기록물을 열람하는 일이 있었다. 그리곤 자신의 마음에 들지 않는 부분이 있으면 그것을 지우게 한 적도 있다고 한다. 게다가 어떤 황제는 자기가 말하는 것을 노상 적기만 하는 사관을 심히 못마땅하게 생각한 나머지 그 자리를 아예 없애기도 했다.

또한 조선의 실록은 앞에서 말한 것처럼 단 4부를 만들면서도 아름다운 활자로 인쇄한 데에 비해 중국의 실록은 그냥 손으로 썼다. 그런 까닭에 해독이 안 되는 부분도 있다고 한다. 이렇게 보면 과연 조선과 중국 가운데 어떤 나라가 진정으로 문화국이었나 하는 생각이 든다. 궁궐을

승정원 일기

엄청나게 크게 짓는 것보다 역사 기록에 힘쓴 조선이 더 문화국이라고 하면 과장일까?

실록에 비해 일기는 한술 더 뜬다. 일기가 가진 가장 큰 특징은 '세계 최대의 역사서'라는 점이다. 일기는 승정원이라 불렸던 왕의 비서실에서 왕의 개인적인 동향을 기록한 역사물이다. 세계 최대의 역사서라고 한 것은, 전체 글자 수가 2억 4천만 자 남짓 되기 때문이다. 글자 수로만 따지면 실록의 6배. 그런데 이것도 약 반밖에 남아 있지 않기 때문에 이 정도에 그친 것이지, 만일 전체가 다 남아 있었다면 이 두 배는 되었을 것이다. 이 기록이 반밖에 남지 않은 것은 16세기 후반에 일본이 침략했을 때 불타 없어졌기 때문이다. 그래서 472년의 역사를 적은 실록과 달리 이 일기는 288년 동안의 기록만을 갖고 있다. 이 기록은 실록처럼 활자로 인쇄한 것이 아니라 초서체로 직접 썼다. 그래서 이렇게 양이 많아진 것이다.

이 기록이 세계기록유산으로 등재될 수 있었던 데에는 여러 이유가 있지만, 치밀한 기록 정신이 가장 중요한 요인으로 작용했다. 그 가운데 날씨나 강우량, 또는 별의 움직임과 같은 기상과 천문 현상을 아주 자세히 적은 것이 높이 평가되었다. 날씨도 날마다 100여 가지의 표현법을 써서 상세하게 적고, 비나 눈이 오면 정확하게 그 양을 재서 기록했다. 천문에 대한 관심도 남달라서, 날마다 밤하늘을 관찰하여 유성 같은 것이 떨어지면 그 상세한 모습을 적었다. 이런 것을 수백 년 동안 상세하게 적은 기록은 세계 어느 곳에서도 찾아보기 힘들다. 조선왕조가 인문학에 쏟은 열정은 가히 세계 최고일 것이다. 조선에는 위에서 본 것 말고도 더 많은 기록물이 있었는데, 이것은 19세기 말 강화도를 침입한 프랑스군의 장교가 남긴 말을 들어보면 쉽게 알 수 있다. 그는 조선의 집집마다 책이 있는 모습에 열등의식을 느꼈다고 하는데, 여기에서 우리는 극도로 발달한 조선의 기록 문화를 엿볼 수 있다.

왕 의   하 루

왕의 집무실인 사정전 바로 뒤에는 왕의 개인 침실이 있다. 이 두 구역은 담 하나를 놓고 분리되어 있어 일터와 침실이 너무 붙어 있다는 느낌을 주기에 충분하다. 이 때문인지 몰라도 조선의 왕들은 항상 운동 부족에 시달렸다. 따라서 수명도 그리 길지 못했다. 게다가 왕은 언제나 격무에 시달릴 수밖에 없었다. 해뜨기 전에 일어나고 밤에는 11시가 넘어서야 잘 수 있었으니 하루에 해야 할 일이 너무도 많았다. 왕은 아침 네다섯 시면 일어나야 했다. 가장 먼저 해야 할 일은 연장자를 중요시하는 유교 국가답게 왕실의 어른들께 아침 문안을 드리러 가는 것이다. 그리곤 밥을 먹고 아침 공부를 시작하는데 이 역시 유교에서 매우 중시되는 전통이다.

유교의 정치사상은 어찌 보면 아주 간단하다. 왕은 모든 국민의 어버이고 지존이기 때문에, 그만 교육시켜 최고의 철인으로 만들면 그 덕이 모든 사람에게 미쳐 온 나라가 화평해진다는 논리다. 그래서 왕은 세자가 됐을 때부터 하루에 세 번씩 과외를 받았다. 그것도 당대 최고의 학자에게서 참다운 왕이 되는 길에 대해 교수를 받았다. 왕이 된 뒤에도 이러한 개인 과외를 쉬지 않았는데, 이때에는 공부만 한 것은 아니고 신하들과 더불어 정치적인 현안을 논의했다고 하니 회의의 성격이 더 짙었던 것 같다.

편안하게 쉬는 건물이라는 뜻으로 강녕전康寧殿이라 불리는 이 왕의 침소를 직접 들어가 보면 재미있는 것을 많이 발견할 수 있다. 이 건물을 보기에 앞서 주지하고 싶은 것은 이 건물이 아주 새것이라는 점이다. 일제는 이 건물과 왕비의 침소인 교태전交泰殿을 뜯어다 전소된 창덕궁의 희정당熙政堂 등을 재건할 때 썼기 때문에 최근까지도 이 영역은 제대로 복원되지 못했다(경복궁은 이렇게 일본에게 유린당했다!). 그러다 1990년대 중반에 이르러 강녕전과 교태전이 복원되었으니 이 건물들이 아주 새것임을 알 수 있다. 이 건물들에는 용마루가 없다느니 하는 이야기는 문화 해설사가 절대로 지나치지 않는 단골 메뉴다.

이 점을 알고 우선 왕이 자는 방을 보자. 이 방은 보통 아홉 칸인데, 왕은 가운데 방에서 잤다. 그리고 그 방을 둘러싼 나머지 8개의 방에는 궁녀들이 밤새 숙직을 선다. 밤에 혹시라도 왕에게 무슨 변고가 생길까 대비한 것이다. 이 방을 보면 다시금 조선의 왕이 매우 검약하게 생활한 것을 알 수 있다. 자는 방의 규모가 그리 크지 않기 때문이다.

또 이 건물에는 수라상이 재현되어 있는데 이 역시 매우 간소함을 알 수 있다. 수라상에는 전골 같은 탕을 빼고 12개의 반찬만 놓이는데, 이 반찬의 가짓수는 조선인이 밥상에 놓을 수 있는 최대 개수였다. 그래서 그런지 일국의 군주가 먹는 것치고 밥상이 아주 작게 보인다. 왕은 만백성의 본보기가 되어야 하기 때문에 음식을 먹는 일에서조차 사치를 할 수 없었다. 이 정도는 별 것 아니다. 만일 나라에 가뭄이나 홍수와 같은

조선 왕의 밥상은 이토록 검소했다.

천재지변이 생기면 왕은 반찬의 가짓수를 줄이라고 명했다. 이것을 감선 減膳이라고 하는데, 자신이 부덕해서 백성이 고통을 당한다고 생각해 자 신의 욕망을 자제한 것이다. 이런 것을 통해 우리는 조선의 왕이 자기 몸 가짐에 얼마나 조심했는지 알 수 있다.

물론 왕이 자신의 침실에서 혼자만 잔 것은 아니다. 왕자(나 공주)의 출 산을 위해 간택된 궁녀가 가끔씩 왕의 침전에 들었기 때문이다. 이때 여 성은 목욕한 뒤 나체 상태에서 덮개로 몸을 가리고 왕의 방으로 들어갔 다. 나체로 만든 것은 무기를 소지하지 못하게 하기 위함이라고 전한다. 이 여성은 왕실 담당 궁녀에게 많은 주의를 받는데, 특히 어떤 경우라도 왕의 몸을 상하게 해서는 안 된다는 강한 경고를 받는다. 실제로 어떤 궁 녀가 왕과 성관계를 하는 동안 너무 격렬했던 나머지 왕의 몸에 상처를 낸 적이 있었는데, 그 때문에 이 궁녀는 엄한 벌을 받았다고 한다.

물론 왕은 가능한 한 왕비에게서 왕자를 얻으려고 노력했다. 이때에는 왕비가 왕의 방으로 오는 것이 아니라 왕이 왕비의 방으로 가는데, 교태전이라 불리는 왕비의 침소는 왕의 방 바로 뒤에 있다. 음양오행 같은 이론 등을 이용하여 합방하는 날이 결정되면 왕이 왕비의 처소로 가는데, 이때에는 왕비의 침실을 지키는 궁녀들 가운데 두세 명만 남기고 나머지는 퇴거시킨다고 한다. 지엄한 분들이 사적이고 성스러운 일을 하는데 구경꾼이 많으면 좋지 않다는 생각에 따른 배려일 게다.

우리는 왕비의 침실에도 들어가 볼 수 있는데 왕비의 침실 역시 매우 작은 것을 알 수 있다. 방이 작을 뿐만 아니라 왕비의 침상 역시 아주 낮고 작다. 다른 나라 같으면 일반 귀족보다도 못한 데에서 잤다. 조선인의 배포가 작아서인지 아니면 욕망을 절제하는 능력이 뛰어나서인지 그것은 잘 모르겠지만, 이렇게 질박하게 사는 것 역시 인간의 욕망을 초인적인 인내로 누르라고 가르친 유교의 영향으로 생각한다.

왕비의 침실에서는 한 가지 볼 게 더 있다. 이 건물의 뒷마당에 있는 정원이 그것이다. 조선의 집에서는 뒷마당에 정원을 만든다. 앞마당은 일이나 놀이를 위한 공간이기 때문에 비워 놓고, 뒷마당에 정원을 만드는 것이다. 그리고 집 안에서만 지내는 주부를 위해서 그들의 공간인 안채 뒤에 정원을 만들었다. 정원이라 하지만 그 설계콘셉트는 매우 간소하다. 양반의 집에 있는 정원은 사진에서 보는 것처럼 계단으로 이루어져 있다. 그 위에는 꽃을 심어 놓기에 이 계단은 화계라 불린다. 그리고 산을 의미하는 기괴하게 생긴 돌을 가져다 놓고, 이와 더불어 연못을 나타내고자 돌에 물을 담아 놓는다. 이것은 비록 장소는 넓지 않지만 자연의 모든 것을 다 갖추려는 심산에서 나온 발상이다.

교태전의 후원, 아미산의 아름다운 굴뚝

　이 정원은 지금보다 훨씬 더 아름다울 수 있었는데 옛 모습대로 복원
하지는 않은 것 같다. 꽃이나 나무를 제대로 골라 심은 것 같지 않고, 특
히 쇠로 만든 울타리가 있어 정원의 감상을 막는다. 그래도 위안이 되는
것은 보물로 지정되어 있는 굴뚝이다. 조선 사람은 굴뚝마저 탐미 대상
으로 생각해 아름답게 꾸몄다. 이 굴뚝은 왕비 방의 온돌 바닥부터 연결
된 것이니까 뒷마당의 밑을 지나간 것이다. 이렇게 멀리 굴뚝을 뽑은 것
은 굴뚝이 길수록 연기가 잘 빠져나가기 때문이다. 이 굴뚝의 겉면에는
꽃을 비롯해서 동식물 가운데 오래 산다고 믿어지는 것들을 새겨 놓았다.
그 가운데 우리의 주목을 끄는 것은 굴뚝의 아랫부분에 조각되어 있는
이상한 동물이다. 이 동물은 불가사리라고 하는데, 주된 일은 불을 먹는
일이다. 주술적인 사고라고 생각하지만 혹시라도 불이 날 때를 대비해

이 동물을 조각해 놓은 것이리라.

 이 작은 정원을 제대로 감상하려면 감상하는 지점을 찾아야 하는데, 이때 가장 중요한 점은 왕비의 눈높이에서 보아야 한다는 것이다. 이 정원은 왕비가 방 안에서 볼 때 가장 아름답게 설계되어 있다. 따라서 왕비의 침소에서 앉아서 이 정원을 감상해야 한다. 그렇지 않고 정원의 바닥에서 보면 일하는 궁녀들의 시점이라 정원을 감상하는 데에는 별로 도움이 되지 않는다. 이 교태전 안에도 들어갈 수 있으니 후원이 가장 아름답게 보이는 지점을 찾아야 하는데, 정작 왕비의 방에는 들어갈 수 없어 그것을 찾는 일이 쉽지 않다. 그보다는 아예 후원으로 가서 마루로 들어가는 계단 위에 있는 쪽마루에 걸터앉아 보는 게 낫다.

 굴뚝 이야기가 나와서 말인데 경복궁에는 유명한 굴뚝이 또 하나 있다. 왕비의 침소에서 뒤로 나가면 앞에 아름다운 꽃담이 보이는데 이 담도 매우 유명하다. 이 담 너머에 있는 집은 자경전慈慶殿으로서, 이 궁궐에서 가장 큰 어른인 왕의 어머니가 살던 곳이었다. 여성의 공간이었던 만큼 아기자기하고 아름답게 꾸미려고 담에도 여러 가지 꽃으로 예쁘게 장식했다. 그냥 보면 별것 아닌 것처럼 보이지만, 여기에 조각되어 있는 꽃은 사실 조각한 것이 아니라 흙으로 도안한 다음 따로 구워서 퍼즐처럼 끼워 맞춘 것이다. 그래서 귀하다고 하는 것인데 이렇게 만들면 가격도 꽤 비싸다고 한다. 따라서 왕실이 아니면 만들 수 없었다. 그런데 관광객들은 이 꽃담을 보지 않고 그냥 지나치는 경우가 많다. 귀한 것인지 모르기 때문이다.

 이런 정교한 퍼즐식 조각 그림은 이 집의 뒷마당에서도 발견된다. 비

자경전 꽃담

각조 높은 자경전 굴뚝

숫한 것이 뒷마당에 있는 굴뚝에서도 보인다. 이 굴뚝은 굴뚝이라기보다 담처럼 생겼는데 이 역시 보물이다. 굴뚝 위에 새집처럼 생긴 연기의 출구가 많기 때문에 그렇게 보이는 것이리라. 그래서 안내판이 없으면 굴뚝인지 모를 수도 있다. 이 굴뚝 역시 앞에서 본 퍼즐식 그림으로 장식되어 있는데, 사진에서 보는 바와 같이 그 넓이가 앞의 꽃담과는 비교도 안 되게 넓다. 가장 큰 어른이 사는 공간이라 그만큼 많은 경비를 지출한 것이라 생각한다. 이 그림의 내용은 자연에서 가장 오래 산다고 믿어지는 것이나 건강과 다산을 상징하는 것들이다. 왕실의 큰 어른이 오래 살기를 바라는 것이리라. 그런데 이 뒷마당에서 이해되지 않는 것은 정원이 없다는 것이다. 돈을 그렇게 많이 들여서 만든 뒷마당에 정원을 만들지 않은 이유를 나로서는 아직 알 수 없다.

왕 의   여 흥

이 정도면 왕이 일하는 모습과 일상생활을 대충 보았다. 그런데 왕이 일하고 자는 이 영역 옆에는 큰 연못이 있고 경회루慶會樓라는 아름다운 건물이 있다. 이곳은 무엇을 하는 곳일까? 사람들은 보통 이 질문에 정확하게 대답하지 못하는데, 이곳은 왕의 공식적인 연회 장소다. 그러니까 외국에서 온 사신처럼 매우 귀한 손님이 왔을 때 왕이 잔치를 여는 곳이다. 따라서 이곳은 왕과 그의 최측근에게만 공개되는 아주 은밀한 곳이다. 그런데 지금 가보면 은밀한 맛은 없고 노천에 그대로 공개되어 있다. 그래서 사람들은 이곳이 원래 이렇게 개방되어 있는 곳이라 생각하기 쉬운데, 사실은 네 면이 모두 담으로 막혀 있었다. 따라서 이곳은 특별한

물위의 선경 경회루

경우에 왕과 그 측근에게만 공개되는 비밀 공간이었다. 웬만한 관리들조차 여기에는 들어갈 수 없었는데, 어떤 하급관리가 밤에 몰래 들어갔다가 발각됐다는 이야기는 이런 사정을 말해준다. 여기가 왕이 공적인 잔치를 열었던 곳이라면 왕이 사적으로 쉴 수 있던 곳은 어디일까? 그곳은 궁궐 뒤쪽에 있는데 잠시 뒤 그곳에 도달할 터이니 그때 가서 보기로 하자.

이 경회루 지역은 경치가 아주 빼어난 왕실 정원으로 손꼽힌다. 실제로 이곳을 방문한 외국 사신들이 경회루나 그 근처의 경치가 뛰어나다고 찬탄한 기록이 남아 있다. 이 건물은 그 수려함 때문에 보물보다 한 단계 높은 국보로 지정되어 있다. 조선의 엘리트들은 중국의 영향을 받아, 정원에는 당연히 연못이 있어야 하고 그 연못을 바라보면서 쉴 수 있는 아름다운 집, 곧 정자가 있어야 한다고 생각했다.

그런데 실제 도안으로 들어가면 조선은 중국과 다른 모습을 고안해냈다. 조선의 사대부는 연못을 직사각형으로 파고, 그 안에 둥근 섬을 만들기를 좋아했다. 이것은 중국의 유명한 정원인 소주의 졸정원抽政園과는 분명 다른 모습이다. 중국에는 다양한 양식의 정원이 있지만 적어도 경회루 양식의 정원은 보이지 않고, 조선의 정원보다 훨씬 복잡한 모습이 눈에 띈다. 그럼 조선식 정원에서는 왜 직사각형과 원과 같은 도형이 나타날까? 전통적인 해석에 따르면 직사각형은 땅을 뜻하고, 원은 하늘을 뜻한다고 한다. 이를 통해 우리는 조선인이 정원에 세상의 모든 것을 표현하려고 했던 것을 알 수 있다.

이 건물과 연못은 어떻게 감상하는 것이 좋을까? 건물을 평가할 때 가

경회루 안에서 바라본 백악산

장 중요한 것은 그 건물이 누구를 위해서 지었는가 하는 점이다. 이 건물은 쉬는 공간이기 때문에 그 주인공의 자리에서 보았을 때 가장 좋은 경치가 보이도록 지어졌다는 것을 잊어서는 안 된다. 이 건물의 주인공은 말할 것도 없이 왕이다. 외국 사신도 중요한 존재이긴 하지만, 손님이기 때문에 그들을 위해 이 건물을 지은 것은 아니다.

그럼 왕의 자리는 어디일까? 말할 것도 없이 이층 공간이다. 이 공간은 3단으로 나뉘어 있는데, 중심부가 가장 높고 바깥으로 갈수록 한 단씩 낮아진다. 이 중심부의 가장 높은 곳이 바로 왕이 자리다. 이곳에서 보면 백악산이 그림처럼 아름답게 테두리에 들어올 것이다(유감스럽게도 나는 아직 경회루 이층에 올라가지 못하고 사진으로만 바깥 경광을 보았다). 이처럼 경회루의 기둥들이 그림틀 역할을 하는 것이다. 자연 경광은 그냥 보는 것보다 이렇게 사진 액자 속에 넣는 것처럼 해서 볼 때 더 아름다운 것 같다. 이 건물은 그런 것까지 생각해서 지은 것이다. 이곳은 원래 개방하지 않다가 얼마 전부터 정해진 날과 시간에만 공개하고 있는데, 이곳에 올라가려면 따로 요금을 더 내야 한다. 그러나 그곳에 올라갔다 온 사람들은 이 돈이 비싸다고 생각하지 않는다니 꼭 가보라고 권하고 싶다.

중국의 정원도 그렇지만 우리의 정원에서는 경치를 감상할 때 다른 경치를 빌려오는 수법을 쓰는 경우가 많다. 이것을 차경借境 기법이라고 하는데, 우리의 기법은 중국과 다르다. 항상 그런 것은 아니지만 중국의 정원에서는 밖의 자연과 차단하여 정원을 조성하는 경우가 많기 때문에 밖의 자연물들이 잘 보이지 않는다. 반면 한국의 정원은 가능한 한 밖과 소통하며 밖에 있는 자연을 정원 안으로 끌어 들이려고 한다.

밖에 있는 산이나 하늘과 같은 자연을 어떻게 정원 안으로 끌어올 수 있을까? 이것을 실현시키기 위해 우리는 아주 야무진 생각을 했다. 그 큰 자연을 연못에 담기로 한 것이다. 연못은 그리 크지는 않지만 신기하게 큰 산이나 하늘을 안에 담는다. 경회루에 올라가서 연못을 보면 인왕산 (그리고 백악산)과 하늘이 잔잔하게 비친다. 이렇게 되면 하늘과 산과 물과 같은 자연의 모든 것이 한 자리에서 재현되는 셈이다. 얼마 안 되는 인공적인 공간에서 자연이 되살아나 집 안에 앉아서 인공적으로 치환된 자연을 조용히 감상할 수 있게 된다.

경회루는 이층에 올라가서 보는 게 최선이지만 밖에서 건물을 바라보는 것도 썩 괜찮다. 그것도 연못 주변을 돌아다니며 보면 그때그때 좋은 장면이 연출된다. 백악산을 배경으로 보아도 좋고, 근정전 쪽을 배경으로 보아도 좋다. 그래서 경회루를 가면 한쪽에서만 보다 싱겁게 떠나지 말고 연못을 따라 돌면서 경광을 감상하라고 권하고 싶다. 끝으로 덧붙일 말은, 이 연못은 이렇게 보기만 하려고 만든 것이 아니라 실제로 배를 타고 다니기도 했다. 경회루 건물 밑을 보면 물로 내려갈 수 있는 계단이 있어 옛날에는 그곳에서 배를 탔음을 알 수 있다.

한 글 의   탄 생 — 수 정 전 修 政 殿

경회루를 다 보고 그냥 가는 사람이 많은데 경회루에 버금가게 중요한 건물이 바로 그 앞에 있다. 이 건물의 중요성을 우리는 잘 모른다. 이 건물은 수정전이라고 하는데, 이곳은 유네스코에 세계기록유산으로 등재되어 있는 『훈민정음』(해례본)을 만든 곳이라 그냥 지나쳐서는 안 된다. 『훈민정음』은 우리가 세계에 자랑해 마지않는 문자인 한글을 설명한 책이다. 이 책은 조선 최고의 명군이었던 세종(재위 1418~1450)이 한글을 만들고 그것을 자세하게 설명한 책이다.

한글은 여러 면에서 주목 받는 문자다. 세계의 문자 가운데 창제자와 반포일을 알며 심지어는 창제 원리까지 아는 유일한 문자가 바로 한글이다. 그리고 장구한 세월을 지나 발달한 여타 문자와는 달리 갑자기 세종이라는 천재에 의해 팝업pop-up된 신비한 문자다. 세종은 학문이 뛰어났던 군주답게 자신의 두뇌집단 노릇을 할 연구소를 만들었는데, 그 연구소, 곧 집현전이 있던 건물이 바로 이 수정전이다.

세종은 이 연구소에 많은 투자를 했는데, 이는 당시 이 건물이 최고의 난방 시스템을 갖추었다는 데서도 알 수 있다. 당시 조선에 가장 흔한 난

한글 탄생처, 수정전

방 시스템은 말할 것도 없이 온돌인데, 이 건물에는 온돌을 설치한 다음 그 위에 다시 나무로 만든 마루를 깔았다. 이것은 온돌이 갖고 있는 약점을 보완하려는 시도인데, 온돌은 많은 장점에도 불구하고 바닥에서 불기운이 직접 가는 쪽(아랫목)만 따뜻해지는 약점이 있다. 수정전은 이것을 보완하려고 온돌 위를 마루로 덮어 전체적으로 따뜻한 기운이 골고루 퍼지도록 만든 것이다. 이렇게 하려면 훨씬 더 많은 비용이 드는데, 세종은 자신이 총애하는 학자들에게 연구하기 좋은 환경을 만들어 주고자 투자를 아끼지 않았던 것이다.

이렇게 해서 탄생한 한글은 보통 로마자보다 한걸음 더 진보한 문자라는 평을 받는다. 우리는 종종 한글이야말로 세계에서 가장 과학적인 문자라고 자랑한다. 그 근거로 대학 교육 정도를 받은 외국인이면 누구라도 한글을 한 시간만 배우면 자기 이름을 한글로 쓸 수 있다는 점을 든다. 그만큼 과학적으로 만들어져 배우기 쉽다는 것이다. 실제로 한글의 자음은 발성 기관의 모습을 모방해 만들었기 때문에 외우기가 아주 쉽다. 그리고 같은 군에 속한 자음의 형태를 비슷하게 만들어 글자의 모양과 발음의 상관관계가 높다. 이 때문에 한글은 소리바탕 문자feature-based writing system로 분류하기도 한다.

아주 간단한 예를 들어보자. 같은 혓소리 군에 속하는 ㄴ이나 ㅌ이나 ㄹ을 로마자에서 비슷한 음가를 가진 글자를 찾아보면 각각 N, T, L이나 R이다. 그런데 이 알파벳 문자들은 그 생김새에서 아무런 연관성도 발견되지 않는다. 그러나 한글의 경우는 기본 글자인 ㄴ에 획을 더하는 식으로 해서 글자를 만들었다. 그래서 기본 글자인 ㄴ만 알면 나머지 글자는

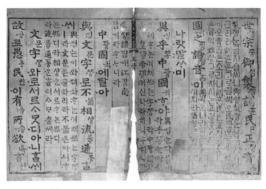
훈민정음 해례본

별다른 노력을 하지 않아도 알 수 있다. 한글의 자음을 빨리 외울 수 있는 것은 바로 이러한 원리 때문에 가능하다.

자음도 외우기 쉽지만 모음은 한술 더 뜬다. 모음은 점 하나(ㆍ) 와 작대기 두 개(ㅡ, ㅣ)로 끝내버렸기 때문이다. 이때 점은 하늘을 뜻하고 작대기는 각각 땅과 인간을 뜻하는데, 이 세 요소로 우주에서 가장 중요한 것들을 모두 담았다. 그래서 한글이 과학적이며 철학적인 문자라고 하는 것이다. 한글은 이 세 가지 요소를 적절히 배합함으로써 다른 어떤 문자보다도 많은 모음을 적을 수 있다.

이 짧은 지면에서 한글의 원리를 다 볼 수는 없다. 한글에는 이밖에도 수없이 다양하고 복잡한 언어학 원리가 숨어 있다. 유네스코에서는 한글의 이러한 점을 인정해, 세계에서 문맹을 퇴치하려고 노력한 사람에게 주는 상의 이름을 세종대왕상이라고 했다. 그러나 그렇다고 해서 한글이 완벽한 문자라고 하는 것은 아니다. 한글은 태어난 지 550년 정도밖에 안 된 어린 문자라 아직도 발전할 가능성이 많다.

그리고 우리는 그동안 영어나 중국어에만 신경 쓴 나머지 우리의 문자를 발전시키는 데에 전력을 기울이지 못했다. 그래서 외국인들에게 요즈음 한국인은 겉으로만 자신의 문자인 한글의 우수성을 자랑하고 실생활에서는 영어를 많이 쓰는 것처럼 보일 수 있다. 우리가 실제로는 우리의 문자에 그다지 관심이 없다고 생각할 만한 게, 한글을 창제한 수정전에 가보면 한글에 대한 설명이 전혀 없는 데에서도 그 단초를 찾을 수 있다. 남에게 그토록 자랑하는 문자가 만들어진 건물에 그 문자가 만들어진 배경에 대해 적어 놓은 안내판 하나 정도는 있어야 하지 않겠는가? 그러면 이곳을 찾는 외국인에게 아주 쉽게 한글을 알릴 수 있을 텐데 왜 그런 생각을 못하는지 잘 모르겠다.

경복궁을 뒤흔든 격동의 근대사

경회루를 뒤로 하고 궁의 뒤쪽으로 가보자. 사실 뒤쪽으로 가기 전에 방금 본 수정전 말고도 설명할 것이 좀 더 있는데 이야기의 흐름을 위해 과감히 생략했다. 예를 들어 태자가 살았던 동궁東宮이 그렇다. 이 건물의 영역이 동쪽에 있다고 해서 동궁이라 불렀는데 딱히 주목할 만한 것이 있는 것은 아니다. 단, 이 지역에는 옛날 화장실이 복원되어 있는 것이 특이하다. 궁에는 수천 명이 살았기 때문에 화장실도 많아야 했는데, 그 가운데 하나만을 복원한 것이다. 혹시 옛날 화장실을 보고픈 사람은 이곳에 잠깐 들르는 것도 좋으리라.

이제 우리는 궁의 북쪽으로 올라간다. 잠깐만 가면 곧 연못 하나를 볼 수 있다. 향원지香遠池라 불리는 이 연못은 직사각형으로 되어 있는데, 경회루처럼 완전 사각형은 아니고 훨씬 부드러운 직선으로 형성되어 있다. 그리고 연못 가운데에는 하늘을 상징하는 원형의 섬이 있는데, 이 섬은 꽤 커서 예쁜 정자 향원정香遠亭을 그 안에 지어 놓았다. 그리고 그 섬으로 건너갈 수 있는 다리도 놓여 있다. 이 영역은 무엇일까? 이곳은 왕실의 사적인 정원이다. 앞에서 본 경회루 일원이 왕실의 공적 정원이었다면, 이곳은 왕이나 그 가까운 가족만 쉴 수 있는 곳이다. 그래서 궁의 맨 뒤에 있는 것이다.

이 연못 정원은 그 자체로 아름답기 때문에 더 이상의 설명이 필요하지 않다. 보는 각도에 따라 그 배경이 달라지기 때문에 각각 색다르게 보인다. 특히 뒤에 있는 백악산과 같이 보면 훨씬 아름다운 정자를 볼 수 있다. 이 연못 정원을 가장 잘 감상할 수 있는 곳은 경회루와 마찬가지로 왕의 자리인 향원정의 이층이다. 그런데 이곳은 아직 개방되지 않아 안타깝게도 올라가 볼 수 없다.

이 연못은 다른 의미에서 중요한 역사를 갖고 있다. 이곳은 바로 우리 역사상 최초로 전기가 발전發電된 곳이다. 고종은 1883년부터 미국의 발명왕 에디슨에게 부탁해, 1887년 드디어 이 지역에 전구를 밝혔다. 이곳을 택한 이유는 왕실의 거처가 가깝고 발전기를 돌리려면 물이 필요했기 때문이다. 발전기의 수입은 조선의 경복궁이 중국의 자금성보다 2년 빠르다고 하는데, 왜 고종은 중국보다 서둘러서 발전기를 수입하려고 했을까? 조선은 말기가 되면서 많은 쿠데타가 일어났는데, 무대의 대부분은 궁이고 발생 시간은 주로 밤이었다. 이런 한밤의 변고에 시달리던 고종

백악산에 인겨 있는 경회정

은 전기 소식을 듣고 발전기를 수입하기로 작심한 것이다. 이것은 밤이 밝으면 두려움이 적어진다고 생각했기 때문일 것이다.

이 정원의 뒤쪽에는 양반의 집 같은 것이 복원되어 있는데, 이곳은 건청궁乾淸宮이라는 곳으로 고종과 그의 아내 명성황후가 살던 곳이다. 그들은 여러 가지 이유로 위에서 본 강녕전이나 교태전 같은 왕과 왕비의 정식 거처에서 살지 않고 이곳으로 와서 살았는데, 이곳에서 조선 역사상 가장 비극적인 일이 벌어진다(사실 이들은 경복궁보다는 창덕궁에서 더 오랜 세월을 살았다). 1895년 이곳에 살던 명성황후가 일본 자객들에게 암살되었기 때문이다.

당시는 제국주의가 발흥하던 때라 동서양 각국은 조선을 먹으려고 혈안이 되어 있었다. 특히 일본의 야욕이 가장 강했는데, 이를 눈치 챈 명성황후는 러시아 세력을 끌어들여 일본을 견제하려 했다. 이에 명성황후를 제거하지 않으면 안 되겠다고 생각한 일본은 비밀리에 자객을 보내 그녀를 죽인다. 건청궁에 침입해 고종을 칼로 위협하고 황태자는 칼등으로 내리쳐 기절시킨 다음 명성황후를 찾아내 칼로 즉사시킨다. 그 다음 시신을 불태워서 버렸다. 세계의 역사에서 이렇게 참혹하게 죽은 황후는 흔하지 않을 것이다. 그런 까닭에 이 가련한 황후를 소재로 한 뮤지컬이 만들어져 해외로 수출되기도 했다. 이런 참변을 당한 뒤 고종은 더욱더 밤을 무서워하게 되었다고 한다. 일본 낭인들이 궁을 난입해 자신의 아내를 죽인 게 밤에 일어난 일이기 때문이다. 이 지역을 불로 환하게 밝힌 데에는 이런 이유도 있을 것이다.

여기까지 보면 경복궁은 대충 훑은 셈이다. 우리는 여기에서 두 군데
로 나갈 수 있다. 하나는 건청궁 옆에 있는 건물로서, 왕의 서재였던 집
옥재集玉齋라는 건물을 잠깐 보고 경복궁의 북문으로 나가는 것이다. 집
옥재는 요즘 복원된 것으로, 흘깃 보아도 지금까지 우리가 보았던 건물
과는 다름을 알 수 있다. 그 다름을 꼬집어서 말하기는 어렵지만 보통은
이 건물에서 중국 냄새가 난다고 생각할 것이다. 내부 공간도 이국적이
라 한번 둘러봐도 좋다.

이 건물 바로 뒤에는 경복궁의 북문이 있다. 이곳으로 나가면 대통령
의 집무실과 관저 일원인 청와대 지역이 나온다. 사실 청와대 역시 방문
할 만한 곳이다. 청와대 때문이 아니라, 청와대를 가면 다 둘러보고 나가
는 길에 조선조 때 만든 왕실 사당인 칠궁七宮을 덤으로 보여주기 때문이
다. 이 칠궁은 조선조 때 왕을 낳고도 왕비가 되지 못한 후궁들의 혼을
모신 곳인데(영조의 어머니인 숙빈 최씨나 경종의 어머니인 장희빈 등이 모두 여기에 모
셔져 있다) 경내에 있는 정원은 서울에서 거의 유일하게 왕실의 사적인 정
원 양식을 띠기에 많은 주목을 받는다(왕실의 공적인 정원 양식은 우리가 이미 본
경회루나 향원정 같은 것이다).

그런가 하면 지금 우리가 만나는 청와대 앞길도 대단히 운치가 있다.
특히 가을에 은행나무에 '단풍'이 들면 아주 예쁜 길이 되어 서울의 아름
다운 길 가운데 하나로 손꼽힌다. 그리고 조금만 더 가면 삼청동 지역이
나오는데, 이곳에는 선물 가게가 많아 장신구를 비롯해 많은 문화물을
살 수 있고 화랑도 많아 요즘 서울에서 새롭게 떠오르는 문화의 거리로

중국 무술영화 세트 같은 민속박물관

각광받고 있다.

우리는 그 뒷문으로 나가지 말고 국립민속박물관 쪽의 문으로 나가기
로 하자. 그쪽으로 가야 북촌을 거쳐 창덕궁으로 갈 수 있기 때문이다.
국립민속박물관도 들를 만한 곳이니 시간이 허락하는 사람은 그곳을 방
문하기로 하고 우리는 북촌으로 가자. 그런데 이 민속박물관은 다른 건
몰라도 건물이 문제다. 우선 궁 안에 저렇게 큰 건물을 지은 것 자체부터
문제다. 과거에 자신의 문화유산에 대한 이해가 부족했을 때 우리가 저
지른 처사다. 한쪽에서는 궁의 복원을 외치면서 다른 한쪽에서는 계속해
서 궁을 파괴한 것이다.

그런데 더 가관인 것은 박물관의 건물들이다. 큰 규모의 건물을 3채나

세워 놓았는데, 왜 저런 모습을 하고 있는지 아는 사람이 많지 않을 게다. 그 건물들은 우리의 대표적인 고건축, 그 가운데 절을 흉내 내어 지은 것이다. 구체적으로 보면 화엄사의 각황전과 금산사의 미륵전, 법주사의 팔상전을 흉내 내서 지은 것으로서, 앞부분에는 불국사의 청운교와 백운교를 '뻥튀기' 해서 중국 무협 영화의 촬영장처럼 만들어 놓았다.

그러한 건물들은 제자리에 있을 때나 아름다운 법이지, 이렇게 규모를 키워서 전혀 다른 땅에 한꺼번에 모아 놓으면 흉물인 법이다. 이것은 과거에 디자인이 무엇인지 잘 모를 때 우리가 자행한 일인데, 문제는 이런 일은 저지르기는 쉬워도 나중에 고치기는 어렵다는 점이다. 어떻게 저 건물들을 다 철거하고 제대로 된 박물관을 지을 수 있겠는가? 그런데 이 민속박물관을 옮기자는 소리가 계속해서 나오고 있으니 사태의 추이를 관망해 봐야겠다.

02

북촌

조선의 관리들은 어떻게 살았을까?

　'북촌'이란 말 그대로 북쪽의 마을을 말한다. 어디의 북쪽이라는 것일까? 이것은 청계천을 기점으로 그 북쪽에 있는 지역을 말한다. 그리고 동서로 하면 경복궁과 창덕궁 사이가 된다. 그러니까 북촌은 경복궁과 창덕궁 사이에 있는 집단 주거지로 조선조 때 관리들이 살던 곳을 말한다.

　북촌이 있으면 남촌이 있는 법인데, 청계천 남쪽에 있던 마을이 남촌이었다. 이곳에는 양반이지만 관리가 되지 못한 사람들이 살던 곳이었다고 한다. 그러니까 북촌이 여당 또는 기득권자가 살던 곳이었다면, 남촌은 야당 또는 반대파가 살던 곳이었다고 할 수 있겠다. 그래서 예부터 전하는 말이 남촌 양반은 스스로 벼슬에 오르지 못하지만 다른 사람은 관직에서 낙마시킬 수 있었다고 한다. 어떤 특정 관리를 두고 계속해서 부정적인 상소를 올리고 트집을 잡으면 그를 관직에서 내쫓을 수 있다는 것이다.

남촌은 놔두고 우리의 주제인 북촌으로 돌아가자. 북촌은 조선조 때 가장 부자 동네였을 터인데, 권력을 가진 사람은 돈도 많이 가질 수 있기에 그럴 수밖에 없었을 것이다.

세 월   속 의   북 촌

북촌은 한반도 전역에서 좋은 한옥이 가장 많았던 곳이고 지금도 그렇다. 지금도 이곳을 거닐면 옛 양반의 생활 문화를 엿볼 수 있어 좋다. 그런데 서울 사람이라도 이곳에 대해 잘못 알고 있는 것이 있는데, 그것은 지금 여기에 있는 한옥들을 옛날 것으로 생각하는 것이다. 이 북촌 지역에는 900여 채의 한옥이 있다고 하는데, 여기서 조선의 양반이 직접 살던 집은 얼마 남아 있지 않다. 이런 양반집들은 원래 아주 크기 마련인데 현재 북촌에 있는 집은 그리 크지 않다. 그다지 크지 않은 집들이 다닥다닥 붙어 있는데 이런 집들은 그리 오래되지 않은 것이다. 이 집들이 생긴 게 1930년대니까 한 80년밖에 안 되었다.

이러한 집을 지은 것은 양반이 아니라 당시의 건축업자였다. 조선은 일제강점기를 지나면서 양반 문화가 무참히 파괴되고 그 전승이 거의 끊어졌다. 이 때문에 북촌의 양반가들도 대다수가 헐리고, 대신 그 자리에 집 장사꾼이 지은 작은 한옥들이 들어서게 된다. 이것은 요즘에 건축업자가 아파트를 지어 분양하는 것과 같은 것이라 할 수 있다.

이런 생각을 갖고 경복궁을 나와 북촌으로 들어가면, 곳곳에서 새로 지은 한옥을 많이 발견할 수 있다. 이것들은 아주 최근에 보수한 것으로 대부분 서울시에서 보조를 받은 것이다. 한옥을 개축하는 데에 서울시가

아래쪽에서 바라 본 북촌 골목길

도움을 준 이유는, 그렇게 하지 않으면 20세기 말의 집 장사꾼들에 의해 이 집들이 헐릴 수 있기 때문이다. 1930년대 집 장사꾼들이 옛 양반가 집터에 여러 채의 작은 집을 지어 팔았듯이, 1980~1990년대의 집 장사꾼들은 이 작은 한옥들을 헐고 4~5층의 다가구 주택을 지어 팔기 시작했다. 모두 경제 논리에 따라 움직인 것이다! 다시 말해 돈의 흐름을 탄 것이다. 이런 다가구 주택이 들어서면서 옛집들이 헐리자 뜻있는 인사들이 한옥 지키기 운동을 시작했고, 서울시는 재정적으로 이를 지원한 것이다. 그렇게 몇 년을 하자 이번에는 이곳의 땅값과 집값이 치솟아 굉장히 부자 동네가 되었다(그러나 이전에는 모두가 기피하는 지역이었다!). 게다가 많은 문화계 인사들이 이곳에 들어와 터전을 잡는 바람에 이제는 공간마저 포화 상태가 되어 버렸다.

한 옥 의 참 맛 은 ?

이곳에 오면 한국의 고건축을 제대로 체험해야 한다. 이 지역에서 가장 좋은 한옥은 두 번째로 대통령을 지낸 윤보선 씨의 집이지만, 그 집은 윤 대통령의 후손(장남)이 살고 있는 관계로 특별한 기회가 아니면 들어갈 수 없다. 따라서 이 집은 여기 나와 있는 사진으로 대신하자.

우리는 이 집보다 훨씬 작지만 일반에게 공개되는 집으로 가자. 이 집은 윤보선 가와 담을 맞대고 있는데 우리 문화 가운데 고건축을 보존하는 일을 주 업무로 하는 민간단체가 사무실로 쓰고 있다. 이 단체는 '아름지기'라 하는데, 이 건물은 북촌 지역에서 가장 정통에 충실하게 복원되었다는 평을 받고 있다. 이 집은 오전 9시부터 5시까지 개방되어 있으

윤보선 고택의 산정(山庭채/별채)

니 아무 때나 가면 된다.

　이 집에 들어가면 금세 알겠지만 앞마당이 아주 작다. 그런데 그렇게 작은 뜰이지만 서 있어도 전혀 작다는 느낌이 들지 않는다. 그것은 지붕이 뚫려 있어 하늘이 보이기 때문이다. 20세기 중반만 해도 우리는 그런 작은 집에서 3대가 살았다. 우리의 옛 집이 갖는 가장 큰 특징은 북방에서 도래한 난방 시스템인 온돌과 남방에서 도래한 (대청)마루가 동시에 존재한다는 것이다. 이런 구성은 같은 문화권에 속한 중국이나 일본의 건축에서는 발견되지 않는다.

　사실 이 두 요소는 함께 갈 수 없는 것이다. 온돌 구조에서는 불이 중요한 역할을 하는데, 불은 나무로 만든 마루에 치명적이기 때문이다. 온돌과 나무는 상극의 요소라 할 수 있는데 그런 두 요소가 한 공간에 있으니 특이하다는 것이다. 우리는 잠은 온돌방에서 자고 식사나 이야기는 주로 마루에서 하는데, 겨울이 되면 모든 것을 온돌방에서 하게 된다. 마루란 지금으로 하면 거실 정도겠다. 그러나 한옥에서 마루는 신성한 공간이기도 하다. 이 마루의 대들보에는 집의 가장을 보호하는 성주신이 살고 있고, 집안의 가장 중요한 종교 행사인 제사가 벌어지는 장소이기 때문이다. 반면 일상생활은 주로 안방에서 한다. 그곳은 일상생활뿐만 아니라 아이를 낳아 키우는 곳이기도 하다. 따라서 방은 마루에 비해 속된 공간으로 간주된다.

온돌은 여러 모로 특징적인 난방법이다. 우선 바닥을 데우는 법이라는 점이 매우 독특하다. 온돌에는 구들이라 불리는 돌을 까는데, 이 돌을 데워 방을 따뜻하게 한다. 구들은 돌이라서 한 번 데우면 며칠 동안 그 열이 지속된다. 따라서 날마다 불을 때지 않아도 되기에 매우 경제적인 난방법이라는 장점이 있다. 무엇보다 온돌의 장점은 바닥을 데움으로써 방 전체를 따뜻하게 할 수 있다는 데에 있다. 상식적으로 찬 공기는 뜨거운 공기보다 무겁기 때문에 밑에 깔린다. 온돌은 바닥을 따뜻하게 하니 바닥의 찬 공기를 따뜻하게 해서 위로 보낼 수 있어 좋다는 것이다.

반면에 벽난로를 쓰는 따위의 난방법은 바닥에 깔린 찬 공기를 데울 수 없다는 약점이 있다. 그래서 온돌이 아닌 난방법을 쓰는 민족은 집에 와도 신발을 벗을 수 없다. 바닥이 차기 때문이다. 그러나 발의 입장에서 볼 때에는 적어도 집에서는 신발에서 해방되는 편이 훨씬 좋을 것이다. 게다가 사람이 건강하려면 보통 손발은 따뜻하게 하고 머리는 차갑게 해야 한다고 하는데, 온돌은 그렇게 할 수 있어 좋은 난방법이라는 것이다. 온돌방은 바닥은 따뜻한 반면 방 윗부분의 공기는 차서, 발을 따뜻하게 하고 머리를 차게 해서 좋다.

우리는 현대에 와서 우리의 전통적인 주거 문화를 다 버리고 서양의 것을 전적으로 받아들였다. 그래서 거개의 사람들이 아파트에 살고 있다. 우리 아파트의 내부는 대부분 서양식을 따르고 있지만, 그럼에도 불구하고 굳건하게 전통적인 요소를 고수하는 것이 하나 있다. 이는 말할 것도 없이 온돌 난방법이다. 우리는 주거지를 만들 때 아파트이든 서양식 단독 주택이든 온돌 난방법을 쓰지 않는 경우가 거의 없다.

예전에 우리는 바닥에 앉아서 밥을 먹고 잠도 잤지만, 지금은 서양식으로 식탁에서 밥을 먹고 침대에서 잠을 잔다. 그러나 아무리 그렇게 서양식을 따랐어도 온돌까지 서양식으로 바꾸고 신발을 신고 다니지는 않는다. 우리가 이렇게 굳이 옛것을 고집하는 이유는 분명 온돌 난방법에 장점이 많기 때문일 것이다. 그렇지 않고서야 다른 건 다 서양식으로 바꾸면서 온돌만 고집할 리가 없다. 온돌은 뜨거운 바닥에 몸을 지지기 좋아하는 우리에게는, 그래서 찜질방 문화를 세계에서 가장 발달시킨 우리에게는 좋은 난방법이다.

그렇다고 온돌에 부족한 점이 없는 완전한 난방법이라는 말은 결코 아니다. 세상에 장점만 있는 사물이 어디 있겠는가? 온돌은 지금은 그런 문제가 없지만, 잘못 설치하면 불을 때는 쪽의 바닥만 뜨겁고 다른 부분은 아주 찰 수 있다. 그렇게 되면 전체적으로 난방이 되지 않아 발은 뜨거운데 입에서는 하얀 김이 나온다. 그리고 그런 방은 불을 때는 쪽인 아랫목은 너무 뜨거워 자기 힘든 반면, 거기에서 먼 곳인 윗목은 추워서 자기가 힘들다. 심지어 윗목에 물을 놓고 자면 아침에 얼어 있는 것을 발견하는 경우도 있었다.

이것은 구들을 잘못 놓아서 생긴 현상인데, 구들을 놓는 게 쉽지 않은 작업이라 과거에는 이런 방이 꽤 많았던 것으로 기억된다. 그런데 지금은 구들을 놓지 않고 바닥에 코일이나 동파이프를 골고루 깔아 전기나 뜨거운 물로 바닥을 데우는 방식을 취하고 있다. 그렇게 하니까 방이 골고루 따뜻하고, 방 안의 공기 온도도 그리 낮지 않게 된다. 우리는 온돌이 가진 약점을 보완하면서 아직도 전통적인 난방법을 고수하고 있다. 전통을 많이 버린 우리가 아직도 온돌을 고수하는 것을 보면 이상한 생각이 들지만, 그것은 역설적으로(?) 그만큼 온돌이 뛰어난 난방법이라는 것을 증명하는 것이 아닌가 한다.

한옥에서 찾을 수 있는 그 다음 특징은 창호가 많다는 것이다. 창호窓戶란 말 그대로 창과 문을 합쳐서 부르는 말이다. 한옥에 창호가 많다는 것은, 그만큼 자연과 소통하는 걸 중요시했다 것을 뜻한다. 왜냐하면 많은 창호를 열어 놓으면 자연이 집안으로 더 깊숙하게 들어올 수 있기 때문이다. 지금 이 아름지기 사옥에도 수십 개의 창호가 있다.

우리는 조상들이 매우 친자연적으로 살았다고 자부한다. 이러한 상황은 중국이나 일본도 마찬가지인데, 우리를 비롯한 동북아 세 나라의 국민이 자연을 대한 태도는 조금씩 달랐다. 중국은 자연을 있는 그대로 자신의 공간 안으로 끌어들였다. 예를 들어 그들의 정원은 우리나 일본에 비해 규모가 매우 큰데, 이 안에 자연을 완벽하게 재연한다. 그런가 하면 일본은 자연의 모든 것을 축소시켜 정원 뜰에 아주 작은 우주를 만든다. 지극히 인위적인 것을 자연에 매우 가깝게 만드는 뛰어난 재주를 가진 사람이 일본인 같다. 그에 비해 우리는 가능하면 자연에 인간의 손을 대지 않는 것이 자연적인 것이라고 여겼다. 이 주제는 나중에 창덕궁에서 다시 보기로 하자.

우리의 전통 가옥에서는 창호를 많이 만드는 것으로 끝나지 않고 더 자연에 가까이 가려는 또 다른 장치를 두었다. 이 장치는 아름지기 사옥처럼 작은 집에는 만들지 않고 주로 큰 한옥에서만 쓰던 방법이다. 큰 한옥에는 창문이나 문을 들어서 위에 걸어 놓을 수 있는 걸개가 있다. 이렇게 하면 이것은 집인지 자연인지 알 수 없을 정도로 자연과 동화된다. 이 집 안에 있으면 기둥만 남아 햇빛만 가릴 뿐 자연 속에 있는 것 같은 느낌을 받는다. 우리의 조상들이 생각했던 '자연적'이란 것은 이런 것이다. 이런 식으로 된 건물에서 창호를 모두 들어 올리면, 바닥과 기둥, 지붕만 존재할 뿐 외부의 자연이 성큼 집 안으로 들어온다. 게다가 한옥의 재료 역시 나무와 흙 같은 자연물이니, 인간이 만든 건물 안에 있다지만 온통 자연 일색이 되고 만다.

그 다음으로 볼 소재는 한지이다. 한옥 내부는 주로 나무나 흙으로 되어 있지만 그것을 덮고 있는 것은 한지이다. '한국인은 노상 자기가 만든 것이 세계에서 가장 좋다는 말을 많이 한다'는 핀잔을 받을 각오로 말하건대, 한지는 세계에서 가장 좋은 종이라는 정평이 있다. 종이는 중국에서 가장 먼저 만들었지만, 우리 종이가 그들의 것보다 좋다는 점은 그들도 인정한다. 이것은 물론 과거에 그랬다는 것이지 지금도 그렇다는 것은 아니다. 한지가 가장 먼저 눈에 띄는 곳은 방금 전에 본 창호이다. 창호는 나무로 틀을 짜고 그 위에 한지를 발라서 만드는데, 이것으로 바깥과 경계를 삼는다는 것은 잘 알려진 사실이다.

걸개에 걸려 있는 문

한지로 도배된 아름지기 사옥 안방

아름지기 사옥 마루

그런데 이때 한지가 하는 역할이 여러 모로 눈에 띈다. 우선 조명이 적절해서 좋다. 한지는 햇빛을 받을 때 눈부신 빛을 차단해 간접적인 조명으로 바꾸어주기 때문에 따로 커튼을 달지 않아도 된다. 일설에는 한지를 통해 받은 빛은 사람에게 가장 적절한 조도의 조명이 된다고 한다. 그런가 하면 습도 조절도 한다. 방 안에 습기가 높으면 머금었다가 습도가 낮을 때 다시 증발시킴으로써 습도를 조절한다는 것이다.

한지는 현미경으로 확대해서 보면 꽉 찬 것이 아니라 사이사이에 많은 공간이 있음을 알 수 있다. 바로 이 공간으로 공기를 환기시키는 것이다. 그래서 한지를 바른 문이 있으면 그 방의 환기는 자동으로 된다. 따로 문을 열 필요가 없는 것이다. 그리고 먼지를 여과하는 작용도 있기에 공기도 정화할 수 있다고 한다. 일설에는 곰팡이까지도 예방할 수 있다고 하는데, 사실이라면 이것은 아마도 한지가 통풍을 원활하게 하기 때문에 가능하지 않을까 생각한다. 일전에 어떤 다큐멘터리를 보았더니 한지로 도배된 집에서 살면 아토피까지 고칠 수 있다는 믿을 수 없는 보도가 있었는데, 이 말이 사실이라면 한지는 참으로 대단한 종이라 하겠다.

그런 생각을 가지고 이 집을 둘러보면 한지를 창호에만 쓰지 않았음을 알 수 있다. 주의 깊게 보면 온통 집안이 한지로 뒤덮여 있다. 이렇게 방 안 전체를 한지로 도배하는 것은 원래 전통적인 방법이라고 한다. 그런데 북촌에는 이 원리를 제대로 지킨 집이 별로 없다.

먼저 바닥을 보자. 여기에도 한지를 발라 놓았는데, 바닥에는 그냥 한지를 쓸 수 없다. 한지는 물에 약하기 때문에 바닥에 한지를 바를 때에는 방수 처리를 해야 한다. 이를 위해 대개는 한지에 콩기름을 바른다. 그렇

한지와 닮은 달항아리의 은은함

게 하면 한지가 아주 튼튼한 장판으로 바뀌어서 웬만해서는 찢어지지 않고, 물에도 끄떡없다. 더구나 콩기름은 자연물이라서 인체에 좋으면 좋았지 나쁜 요소가 있을 수 없다. 그래서 이런 데에서 뒹굴면 피부병도 나을 수 있겠다는 생각이 든다. 그런데 불과 몇 십 년 전만 하더라도 대부분의 집에서는 이런 바닥 위에 그저 싸고 편하다는 이유로 니스를 칠하고 살았는데, 니스가 건강에 좋지 않은 것은 말할 것도 없다.

벽을 보아도 온통 한지이다. 한지의 빛깔은 보통 우윳빛이라 아주 밝지는 않지만 은은한 빛이 난다. 게다가 아무 문양도 없다. 벽 전체가 온통 은은한 우윳빛일 뿐이다. 나는 이게 조선의 빛깔이라고 생각한다. 아울러 조선 백자의 빛깔이기도 하다. 조선에서 가장 유명한 백자는 뭐니 뭐니 해도 사진에서 보이는 '달항아리'라 할 수 있는데, 이 항아리가 바로 한지 빛깔이다. 조선인은 이렇게 소박하고 담백한 것을 즐겼다. 항아리에 이렇게 아무 문양도 그려 넣지 않는 것은 다른 나라에서는 그 예를 찾기가 쉽지 않다. 백자가 이렇게 하얗듯 한옥 방의 벽도 하얗고 아무 장식도 없다. 창호에 바른 한지가 습도조절이나 공기정화의 역할을 하듯 벽에 있는 한지도 같은 기능을 할 게다.

한지를 지나치게 칭송한 감이 있는데, 그렇다고 한지에 약점이 없다는 것은 아니다. 방금 전에 본 대로 한지는 어디까지나 종이이기 때문에 물에 약하고 잘 찢어진다. 그래서 문에 발라 놓은 한지에는 구멍이 많이 난다. 아이들이 장난치면서 구멍을 낼 수도 있어 문에 바른 한지는 성할 날이 없다. 내가 어렸을 때에도 집의 문짝이 한지를 바른 며칠이 지나지 않아 여기저기 구멍이 났던 기억이 난다. 우리가 장난치면서 손으로 구멍을 냈기 때문이다. 그래서 여기저기를 누더기처럼 덧대서 때웠는데 그 모습이 그리 좋아 보이지 않았다. 때문에 2~3년에 한 번씩은 문 전체의 한지를 갈아주는 수고로움을 감수해야 한다. 반영구적으로 가는 유리에 비할 때 한지의 이러한 점은 큰 약점이 아닐 수 없다.

그런가 하면 한지는 추운 겨울의 혹독한 추위를 효과적으로 차단하지 못할 수도 있다. 실제로 겨울에 방 안에서 추위에 떨었던 기억은 전혀 새로운 게 아니다. 그럴 수밖에 없을 것 같은 게 종이 한 장이 어떻게 그 추위를 막을 수 있겠는가. 그런데 실제로 유리와 한지를 가져다 놓고 단열 효과를 실험해 보니 놀랍게도 한지의 효능이 더 뛰어나다는 결과가 나왔다. 종이 한 장이라고 우습게 볼 일이 아니다. 게다가 한지를 문에 바를 때 한 면만 바르지 않고 양쪽 면에 바르면 단열 효과는 훨씬 나을 것이다. 보통은 한 면에만 한지를 바르는데, 그것은 문에 만들어 놓은 나무 문양의 아름다운 모습을 드러내고자 함이란다. 그럼 이전에는 왜 그렇게 추웠을까? 그것은 한지 때문이 아니라 아마도 문과 틀이 완전하게 맞지 않아 그 사이로 찬바람이 들어왔기 때문이 아닐까 한다.

세상으로 향하는 골목길 ― 북촌의 상징

한옥 체험은 그 정도면 됐다. 이제 우리가 갈 곳은 북촌의 상징이라고 할 수 있는 골목길이다. 가장 보기 좋은 골목길은 북촌 한옥길이다. 이 길은 아름지기 사옥에서 몇 분만 걸으면 나온다. 이곳은 사진에서 보이는 것처럼 가히 북촌의 중심가라 할 수 있다. 그런데 그곳까지 가면서 주위를 보면 우리 주거지에는 넓은 길이 없는 것을 알 수 있다. 서양과 비교하는 것이 타당할지 모르지만, 서양은 마을 한가운데 교회가 서고 광장이 있는 경우가 많다. 그래서 마을에 일이 생기면 교회나 광장에 모여 일을 처리하기 마련이다.

그리고 서양의 집들은 큰길 바로 옆에 있는 경우가 많다. 내가 미국에 유학하면서 살 때 보니 그곳 사람들이 큰길 옆에 사는 것이 참 이상했다. 도시의 경우에 한정되는 것이겠지만 집을 나서면 바로 자동차가 다니는 큰길이 있었다. 이런 주거 체제가 사람에게 심리적인 부담감을 주지 않을까 하는 생각을 해보았는데 미국인들은 전혀 그렇게 느끼는 것 같지 않았다. 집을 나오자마자 큰길이 있으면 환경이 갑자기 달라져 이상하지 않을까 하는 데 내가 이렇게 생각한 이유는 과거 우리는 이와 아주 다른 도시 생활을 했기 때문이다.

우리의 마을이나 도시에는 광장이 없었다. 또 교회처럼 중심이 되는 건물도 없었다(마을 어귀에 정자가 있긴 하지만). 또 유교의 영향 때문에 자신의 가족이나 가문을 가장 중시했다. 다른 성씨를 가진 사람들과 공적으로 만나 공동체 전체의 삶을 논의하지 않았던 것은 아니지만, 그런 일은 우리와 그리 어울리지 않는다. 우리는 무슨 일이 생기면 대체로 가문 안에서 해결했다. 그래서 집안사람들끼리만 회동하는 경우가 많았다. 따라서 큰 광장이 필요 없었을 것이다. 집안의 큰 어른 집에 모여 회의하면 되기 때문이다.

그 때문이라 생각하는데 우리의 주거지는 광장 대신 많은 골목으로 이루어졌다. 그리고 집 안의 공적인 공간보다는 사적인 공간을 더 중요하

도심 속은 빽빽 북촌 한옥길

게 생각하여, 큰길 옆보다는 도시 안쪽에 집을 짓기 좋아했다. 게다가 도시나 마을을 형성할 때에는 곧은 길을 만들기보다는 굽은 길을 선호했다. 북촌 길을 다니면 알겠지만 곧은 길은 거의 없다. 그리고 미리 계획한 대로 길을 만드는 것이 아니라, 그때그때마다 길을 내다 보니 질서가 없는 것처럼 보인다. 그래서 북촌에서 걷다 보면 더 이상 이어지는 길이 없을 것 같은데 더 가서 보면 꼬불꼬불 길이 연결되는 경우가 많다. 이게 북촌 골목길의 참모습이다.

사실 골목길은 내향적인 우리와 잘 어울리는 길이다. 외향적인 삶을 사는 서양인은 집도 외향적으로 지어 큰길 옆에 짓는 것을 선호하지만, 우리는 가능하면 그러는 걸 삼갔다. 그래서 집에서 큰길까지 나오려면 몇 번이나 골목길을 꺾어지는 과정을 거쳐야 한다. 어떻게 보면 이런 식으로 외부 세계로 나오는 게 심리적으로는 안정적일지 모른다. 집에서 나와 일터로 향할 때 처음으로 만나는 길은 가장 좁은 골목길이다. 사적인 공간을 바로 떠난 사람에게는 이런 길이어야 부담이 되지 않을 게다. 그렇게 좁은 길을 나오면 그보다는 조금 넓은 길이 나온다. 이제 서서히 세상으로 나갈 채비를 하는 것이다. 이런 과정을 두세 번 겪어야 큰길에 다다른다. 이제야 세상으로 나온 것이다. 그 사이에 본인의 마음은 세상으로 나갈 준비가 다 되었을 것이다.

집에 들어갈 때에도 마찬가지다. 큰길에서 집까지 가려면 점점 길이 좁아진다. 그 사이에 우리는 심리적으로 서서히 공적인 공간을 떠나 가장 사적인 공간인 집으로 돌아갈 마음의 준비를 한다. 그렇게 해서 집 앞의 작은 골목으로 들어서면 안도감을 느낀다.

그렇다고 해서 우리가 이웃들과 소통하지 않은 것은 아니다. 바로 이 골목길이 우리의 소통 공간이었다. 저녁이 되면 약속이라도 한 듯 사람들이 골목길로 나온다. 그곳에서 아이들은 뛰어놀고, 어른들은 그날 있었던 일을 서로 이야기한다. 이런 일이 벌어지던 곳이 바로 북촌 골목길이다.

그런데 이곳의 길은 지금 우리가 보는 것보다 더 좁았을 것이다. 개발이 되면서 어쩔 수 없이 넓어지고 옛날의 투박한 모습이 많이 사라졌다. 이것은 마치 수더분한 농부를 깨끗하게 단장해 놓은 것 같아 그리 어울려 보이지 않는다. 이른바 근대화로 포장한 것이다. 그래서 북촌에 갈 때마다 옛날 그대로의 모습이 남아 있으면 얼마나 좋았을까 하는 아쉬움이 든다. 북촌의 골목도 얼마든지 일본 교토의 뒷골목처럼 될 수 있었다는 생각을 지울 길이 없다.

이런 골목길은 북촌에 즐비하다. 아니 모든 길이 이런 골목길이다. 이 길을 따라서 다니다 보면 우리의 전통 문화를 체험할 수 있는 장소를 만날 수 있다. 예를 들어 한국의 민화를 전시하고 있는 작은 박물관에 가면 민화도 그릴 수 있고 부적도 만들 수 있다. 그런가 하면 매듭꼬기 체험을 할 수 있는 곳도 있고, 바느질로 전통 보자기를 만들 수 있는 곳도 있다. 또 앞에서 언급한 한지로만 여러 가지 장식품을 만들어 파는 곳도 있다. 물론 이곳에서도 한지 공예를 체험할 수 있다. 아울러 대나무로만 만든 가구를 만들어 파는 곳도 있는데, 이 집은 서울시에서 전통 문화를 보존하고자 국가가 지정한 무형문화재 기능보유자들에게 빌려준 곳이다. 서울 시민들로 하여금 가까운 곳에서 전통 문화를 느끼고 체험할 수 있도록 한 것이다.

그런가 하면 전통 한옥에서 숙박할 수 있는 방법도 있다. 몇몇 한옥에서는 직접 잠을 잘 수 있는데 집마다 조금씩 가격 차이가 난다. 전통 온돌방에서 자보는 것도 좋은 체험이 될 것이라 생각하는데, 부탁하고 싶은 것은 제발 일본의 여관과 비교하지 말아달라는 것이다. 일본의 여관은 영업 역사가 오래되었기 때문에 매우 훌륭한 하드웨어(집)와 최고의 서비스를 갖추고 있다. 그래서 비용도 아주 비싸다. 이에 비해 북촌에 있는 전통 여관은 아직 영업 노하우를 제대로 개발하지 못하고 있다. 그럴 수밖에 없는 것이 이런 전통 여관을 시작한 것이 이제 몇 년 안 되었기 때문이다.

이밖에도 이 지역에는 한정식을 파는 식당도 여럿 있다. 그 가운데 궁중 음식에 밝은 사람이 운영하는 식당도 있는데, 내가 직접 경험한 바로

북촌의 한옥 게스트 하우스

는 음식은 궁중 식인지 모르겠으나 접대 방식은 궁중 식 같지 않았다(사실 음식도 그리 궁중 식처럼 보이지 않았다. 궁중 식대로 조리하면 경비가 너무 많이 들기 때문이다!). 그도 그럴 것이 함께 갔던 일본학 전공의 동료가, 자신이 보기에는 일본의 영향을 너무 많이 받은 것 같다고 실토했기 때문이다.

솔직히 말해 전통 음식과 관련해서 나는 음식의 내용부터 그 접대하는 방식과 실내 장식 등이 전통에 부합되는 음식점을 아직 본 적이 없다. 인사동에 그렇게 한정식 집이 많아도 이런 조건을 갖춘 집은 보지 못했다. 이것은 그만큼 우리의 전통이 깨졌다는 것을 뜻한다. 전통이 하도 땅에 떨어져서 우리 자신도 진짜 전통이 어땠는지 잘 모르는 경우가 많다. 전통을 지키려면 반드시 그것을 향유하는 계층이 있어야 한다. 과거에 있었던 상층 문화를 지키려면 경비가 많이 든다. 얼마 전까지만 해도 많은 돈을 지불하면서 우리 문화를 향유하려고 하는 사람은 거의 없었다. 하지만 이제는 경제 발전을 이루면서 그럴 수 있는 사람이 많이 생겨났는데, 지금 봉착하고 있는 문제는 전통을 너무 잃어버려 무엇을 어떻게 향유해야 하는지 잊어버렸다는 것이다. 이것이 우리의 슬픈 역사다.

북촌과 같은 전통 문화 지구에 오면 나는 항상 이런 생각이 든다. 여기에서 전통의 편린을 느낄 수 있어 좋지만, 그것을 제대로 지키지 못했을 뿐만 아니라 무엇이 잘못된 지도 모르는 요즘 사람들을 보면 안타깝다. 상황이 조금씩 나아지고 있긴 하지만 조금만 더 노력하면 지금보다 훨씬 더 좋아질 수 있는데 그렇게 안 되니 답답한 것이다. 그래서 늘 가벼운 체념을 하곤 한다.

그런 마음은 뒤로 하고 이제 북촌을 빠져나가자. 창덕궁으로 가는 길에는 재미있는 것들이 꽤 있다. 전통 가옥과 현대 서양식 건축을 잘 조화해 만든 건물도 있고, 불교미술 박물관도 있다. 모두 창덕궁 담을 따라 내려가면서 볼 수 있는 건물들이다. 이제 우리는 곧 경복궁보다는 비교적 보존이 잘된 창덕궁에 도착할 것이다. 창덕궁은 보존도 잘되어 있고 궁궐로서 확실한 특징이 있어 유네스코의 세계문화유산에 등재될 정도로 명소다.

03
창덕궁

자연의 품에 안긴 궁궐

창덕궁에 도착하면 보통은 바로 궁으로 들어간다. 그러나 이것은 창덕궁, 정확히 말해서 창덕궁의 정문인 돈화문을 제대로 감상하는 것이 아니다. 우리의 건축, 그 가운데 특히 궁궐은 풍수지리설에 따라 지었기 때문에 반드시 뒤에 있는 산과 함께 보아야 한다. 이 점은 경복궁을 보면서 이미 언급했다.

그러면 창덕궁의 전면, 곧 돈화문을 가장 잘 보는 방법은 어떤 것일까? 그렇게 하려면 문 앞에서 한 100m 이상을 앞으로 나와야 한다. 그런데 문제는 그 지점이 차도라는 점이다. 그래서 어쩔 수 없이 파란 불이 들어오면 횡단보도를 건너가며 흘낏 보는 수밖에 없다. 이 사진도 그렇게 찍은 것인데, 사진에 보이는 것처럼 길 양쪽에 있는 건물과 나무가 문 전체가 보이지 않게 가로막고 있다. 그러나 보이는 부분만 봐도 좋다.

창덕궁이 의지하고 있는 산은 매봉 또는 응봉鷹峰이라 하고, 경복궁의

132

가장 아름답게 보이는 곳에서 찍은 돈화문

주산인 백악산 자락에 해당된다. 그리고 그 뒤로는 백악산에서도 보였던 북한산 일원이 보인다. 이렇게 문, 매봉, 북한산을 삼중으로 보아야 돈화문을 제대로 볼 수 있다. 이 돈화문은 15세기 초에 세워졌다가, 다른 문들도 그렇듯 임진왜란 때 불타 17세기 초에 다시 지었다. 그래도 서울에 있는 궁궐의 정문 가운데 가장 오래된 것인 까닭에 진작에 국가 보물로 지정되었다.

이렇게 멀찌감치에서 정문을 보고 궁 가까이 가면, 궁 오른쪽으로 차도가 있는 것을 알 수 있다. 바로 율곡로이다. 여기서도 일제의 만행을 볼 수 있는데, 이 길은 원래 없던 것을 일제가 뚫었다. 뒤에서 다시 보겠지만, 원래 창덕궁은 왕실 사당인 종묘와 하나였다. 그리고 창덕궁 옆에 있는 창경궁도 다 붙어 있었다. 그러니까 앞서 말한 대로 이 지역은 종묘와 창덕궁, 창경궁을 다 합한 매우 넓은 지역이었음을 알 수 있다. 그런

데 일제는 창경궁에는 동물원과 식물원을 만들어 조선 왕실의 권위를 깎아내리고, 종묘와 창덕궁 사이에는 차도를 내어 궁궐의 원형을 훼손시켰다. 미래를 위해 일본과 좋은 관계를 유지해야겠지만, 일상에서 만나는 일제가 남긴 상흔은 너무 깊다. 이때마다 나는 분열감을 느낀다. 같이 가야 할 일본, 그러나 우리의 과거를 너무나 망가트린 일본, 이 두 일본 사이에서 내 의식이 분열되는 것이다.

각설하고, 문 바로 앞을 보자. 여기에는 돌을 깔아 단을 만들어 놓은 것을 볼 수 있는데, 궁궐 앞에는 모두 이렇게 돌을 깔아 놓았다. 그런데 이 단은 불과 몇 년 전까지만 해도 흙에 파묻혀 있었다. 이 역시 일제가 흙으로 덮어버렸던 것인데 그것을 걷어내고 원형을 찾은 것이다. 일제는 방금 앞에서 언급한 길을 내면서 여기를 덮어버렸을 것이다. 그런데 다시 복원하니 이 단이 길에 너무 밭게 나와 있어 답답하게 보인다. 원래 궁궐 앞은 널찍해야 되는데 일제가 길을 내면서 그런 공간을 없애버린 것이다. 이 문은 밤이 되면 조명을 비추는데 그다지 제대로 하는 것 같지 않다. 이 문은 꽤 잘 만든 건축물인데 조명에 비춰진 모습을 보면 그 위용이 잘 보이지 않기 때문이다. 이 정도면 창덕궁 앞에서 볼 것은 다 보았다. 이제 안으로 들어가 보자.

파격적인 디자인, 인간적인 배치

돈화문을 통해 궁궐 안으로 들어서면 우리가 앞에서 보았던 경복궁과 이 지역이 아주 다른 것을 알 수 있다. 경복궁의 경우에는 정문부터 정전을 비롯해 그 뒤에 있는 임금이나 왕비의 숙소까지 일직선 축에 따라 건

圖全善首

설되었는데, 창덕궁에는 그런 요소가 하나도 보이지 않기 때문이다. 정문을 들어서면 그저 휑한 공간만 있을 뿐 다음 문도 보이지 않고, 게다가 정전도 보이지 않는다. 경복궁에서는 정문인 광화문 앞에 서면 나머지 두 개의 문이 보일 뿐만 아니라 정전인 근정전도 일부지만 눈에 들어온다. 창덕궁 정문을 들어섰을 때 보이는 것은 금천과 그 위에 놓여 있는 돌다리뿐이다. 이 돌다리는 도면에 보이는 것처럼 오른쪽으로 꺾여 있다. 그러니까 정전 영역으로 들어가려면 일단 90도를 꺾어 들어가야 한다.

먼저 이 다리의 앞으로 가자. 이 다리에서 앞을 보면 두 개의 문이 겹쳐서 나타나는 것이 보인다. 그런데 이상하게도 다리의 중심축과 이 문들의 중심축이 맞지 않는다. 곧 서술할 터인데, 창덕궁이 경복궁에 비해 훨씬 파격적으로 건축되었다고는 하지만 이렇게까지 자유롭게 짓지는 않았을 것이다. 이 부분은 현대에 복원하면서 잘못한 것 아닌지 모르겠다.

추측컨대, 창덕궁은 일단 돈화문을 들어와서 90도로 꺾이는 파격을 쓰긴 했다. 하지만 그 다음부터는 직선으로 동선을 만들었다가 정전의 대문 앞에서 다시 90도를 꺾어 정전 마당으로 들어가게 했을 것이다. 그러니까 이 다리와 앞에 보이는 두 문의 축은 서로 일치했을 것 같다. 정전 밖에 있는 앞마당도 우리의 주목을 끈다. 직사각형이 아니라 사다리꼴이기 때문이다. 이렇게 된 데에는 몇 가지 설이 있지만, 어떻든 주변의 자연과 조화롭게끔 건축했다는 설이 가장 설득력 있다.

그런데 창덕궁에서는 이렇게 축이 두 번이나 꺾이는 것만 파격적인 것이 아니다. 원래 정전으로 가려면 문 세 개를 지나야 하는 법이다. 앞에서 본 경복궁이 그러하지 않았던가? 그런데 창덕궁은 정전까지 가는 데에 문이 두 개밖에 없다. 물론 중간에 문이 하나 있기는 하지만 그것은 정식 문이 아니다. 창덕궁을 이렇게 법도를 벗어나서 건축한 것은 정궁이 아니었기 때문일 것이다. 창덕궁은 15세기 말 경복궁이 일본군에게 전소된 뒤에는 정궁이 되었지만, 그전에는 두 번째 궁의 지위였다. 그러니까 창덕궁은 경복궁과 비교해 항상 부차적인 궁이었던 것이다. 그런 까닭에 중국의 법도에 따라 지어야 했던 경복궁과는 달리 우리만의 미적

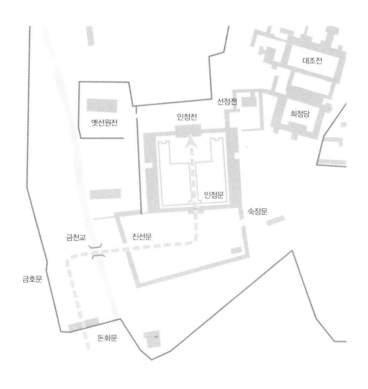

돈화문에서 인정전으로 가는 동선

감각에 맞게 건축할 수 있었을 것이다.

우리는 무엇이든지 대칭되는 걸 싫어하는 것 같다. 그래서 오죽하면 한국적인 미를 이야기할 때에는 항상 "비균제적asymmetrical"이라는 단어가 나올까? 내가 지금까지 연구한 바에 따르면, 우리는 대칭을 이루고 균형이 딱 맞는 것을 그다지 좋아하지 않는 듯하다. 그리고 경우에 따라서는 매우 파격적인 디자인을 감행하기도 한다. 이런 성향을 잘 보여주는 대표적인 작품이, 앞에서 본 '달항아리'라는 애칭으로 불리는 그릇이다. 앞에서는 항아리의 색깔만 언급했는데, 사실 이 그릇의 가장 중요한 특징은 그 모습에 있다. 이 그릇은 그 모습이 대칭이 아니라, 한쪽이 찌그려져 있다.

물론 기술이 모자란 탓도 있었을지 모르지만, 조선인은 그런 모습을 아름답다고 생각했기에 많이 만들어 지금까지도 여러 개가 남아 있는 것이다. 이게 조선인의 전형적인 미적 감각이다. 조선인은 완벽하다거나 지나치게 대칭적인 것을 높이 평가하지 않았다. 그런 물품이 있으면 어딘가를 약간 고쳐서 그 완벽함을 깼다. 조선인은 그게 더 자연스럽다고 생각한 것이다. 하기야 대자연에서는 대칭 구조를 찾기가 힘들다. 산이나 강, 바다가 다 그렇지 않은가? 우리는 그런 자연스러운 모습을 자신의 예술에서 실현하고 있다고 생각한 것 같다.

앞에서는 도자기를 예로 들었지만 궁궐은 건축이니만큼 이와 관련한 예를 들어 한국인의 성향을 알아보자. 창덕궁은 대문에서 정전까지 들어가는 도중에 축을 두 번이나 꺾는 파격을 연출했는데, 이 정도까지는 아닐지 모르지만 전통 절에서도 이런 식으로 접근하는 것이 있어 눈에 띈다. 가령 다음의 도면을 보자. 이 도면은 부석사인데, 이곳은 건축이 자연의 지형과 조화를 잘 이룬 절로 정평이 나 있다. 도면을 보면 이 절은 법당까지 들어가려면 많은 문을 지나야 한다. 이것은 불교의 정토종 교리에 따라 설계한 것인데, 그런 것은 너무 전문적이니 생략하기로 하자.

내가 여기서 주목하고 싶은 것은 부석사의 중심축이 약 4/5되는 지점에서 왼쪽으로 꺾인다는 점이다. 이 중심축도 직선이 아닌데, 그것도 모자라 뒷부분에 가서 다시 한 번 꺾은 것이다. 만일 중국식으로 만들었다면 중심축을 직선으로 뽑을 뿐만 아니라, 4/5 정도 되는 지점에서 그 축을 꺾는 일은 하지 않았을 것이다.

비균제적인 부석사의 중심축

여기에 나타나는 우리의 건축관 가운데 하나는 가장 중요한 건물은 끝까지 보여주지 않는다는 점이다. 가장 중요한 건물을 아무데서나 보이게 만들면 그 신성함이 떨어질 수 있기 때문이다. 이 절은 중심축부터가 직선이 아니기 때문에 끝에 있는 법당(무량수전)이 잘 보이지 않는다. 게다가 나중에는 한술 더 떠서 축을 틀어버려 더더욱 잘 안 보인다. 그러다 마지막 문(안양루)을 통과하면 그제야 '쨍' 하고 법당이 그 귀한 자태를 드러낸다. 귀한 것이니만큼 아끼고 아낀 다음 내놓는 것이다. 그렇게 함으로써 극적인 반전을 가져와 이 절을 찾아오는 사람에게 더 많은 감동을 선사한다.

이러한 원리는 창덕궁에도 그대로 적용된다. 창덕궁은 정문인 돈화문을 들어와도 앞에서 말한 것처럼 아무것도 보이지 않는다. 그리고 금천교를 건너려고 오른쪽으로 틀어도 여전히 문과 담만 보일 뿐이다. 창덕궁의 정전이 보이는 것은 정전의 정문을 지나서다. 이때가 되어야 비로소 정전이 보인다. 이런 식으로 중심부로 진입하면, 무엇보다도 지겹지 않아서 좋다. 그리고 더 인간적이다. 우리가 경복궁과 비교해서 창덕궁이 훨씬 더 휴먼스케일Humanscale에 가깝다고 하는 것은 이런 이유에서다.

경복궁처럼 첫 번째 문부터 정전과 뒤에 있는 왕(왕비)의 거처까지 모두 일직선상에 있으면 쉽게 진력이 나고 재미가 없다. 너무 단순하고 아기자기한 맛이 없기 때문이다. 다른 이유도 있었지만 이런 까닭에 조선의 왕들은 거개가 정궁인 경복궁보다 창덕궁을 좋아했다고 한다. 인간이 이런 공간을 더 좋아하는 것은 자연스러운 일 아닐까? 모든 게 직선이고 공개되어 있으면 살기 싫지 않을까 하는 생각이 든다. 인간은 공개적으로 다 터놓고 살고 싶을 때도 있지만 자신을 좀 감추고 싶을 때도 있다. 창덕궁의 이런 면 때문에 사람이 살기 좋다고 하는 것인데, 친인간적인 환경은 이 외에도 궁 안에 많이 있다.

지금 우리나라에는 유네스코에 등재된 세계문화유산이 7개에 달한다. 경복궁을 서술할 때 보았던 조선왕조실록이나 승정원일기 같은 것은 문화유산은 아니고 기록유산에 속한다. 세계문화유산에 등재되려면 웬만한 유물 가지고는 안 된다. 유네스코에 등재된다는 것은 그 유물이 더 이상 그 나라의 것만이 아니라 인류가 함께 지켜야 할 공동 유산이 된다는 것을 의미한다. 따라서 세계적으로 희귀하든지 아니면 최고나 최초라고 하는 것만 이 목록에 들어갈 수 있다. 경복궁은 이런 조건을 만족시키지 못했기에 이 목록에는 오르지 못했다. 창덕궁은 1997년 여기에 등재되었는데, 이밖에도 앞으로 살펴볼 종묘라든가 수원 화성, 고인돌, 경주 등이 이 목록에 있다.

서울에는 조선시대의 궁궐이 5개가 남아 있는데, 그 가운데 유일하게 이 창덕궁만이 유네스코에 등재되었다. 다른 4개의 궁궐은 일제강점기와 한국전쟁 때 너무 많이 파괴되어 등재 신청조차 하지 못했다. 창덕궁은 궁궐의 원형이 나름대로 잘 보존되어 있을 뿐만 아니라, 특히 조선의 왕실 정원이 거의 원형 그대로 남아 있기 때문에 점수를 많이 받았다. 왕실 정원은 경복궁에 있는 것을 보면서 잠깐 언급했는데, 창덕궁의 것은 한반도 전체에서 유일하면서 최고의 것으로 인정받고 있다.

또한 창덕궁은 궁궐임에도 불구하고 자연스러운 산세에 맞추어 자연

인정전

지형을 가능한 한 있는 그대로 놔두고 건물을 그 안에 얹혀서 자연과 인위적인 건물이 조화를 이루었다는 점에서도 후한 점수를 받았다. 창덕궁은 이런 조선 특유의 미감이 발휘되어 우리식 궁궐 건축으로 지어졌다는 점에서 높은 평가를 받은 것이다. 이 궁이 한국적인 감각을 많이 가지고 있어서인지, 세계적으로 유명한 어떤 프랑스 건축가는 한국에 오면 반드시 창덕궁에 간다고 했다. 한국을 느끼고 싶어서라는 것이다. 더 나아가서 그는 한국인들도 자신이 한국인임을 잊지 않으려면 일 년에 서너 번씩 꼭 창덕궁에 가야 한다고 주장했다.

우 리 건 축 의 아 름 다 움

창덕궁의 배경 지식은 이 정도면 됐다. 그런 지식을 가지고 창덕궁의 인정전仁政殿 앞마당으로 들어서자. 인정전으로 들어가려면 정문인 인정문仁政門을 지나야 한다. 이 문에 대해서는 그리 할 말이 많지 않지만, 이 문에서 왕의 즉위식이 있었다는 점은 언급해야겠다. 적어도 영조, 고종 등 8명의 임금이 이 문에서 즉위식을 올렸다. 사람들은 정전에서 즉위식을 올렸을 것이라 생각하는데 사실은 그렇지 않다. 왕은 정전 안이 아니라 이 문에서 옥새를 받아 동쪽 행각을 거쳐 국무회의의 장소인 편전으로 갔다.

인정전에 들어서면 곧바로 인정전이 근정전과는 많이 다른 것을 알 수 있다. 우선 규모가 꽤 작아졌다. 인정전의 앞마당은 경복궁의 그것보다 꽤 작은데, 그것은 넓이가 줄어서 그래 보이는 면도 있지만 창덕궁이 중심축을 따라 건설되지 않은 게 더 큰 요인일 것이다. 창덕궁의 정전은 건물 하나만 달랑 있고 이 건물을 지원해주는 뒤의 건물도 없고 산도 보이지 않는다. 게다가 궁궐 전체로 보면 궁궐의 중심이 아니라 왼쪽 구석에 놓여 있으니, 구석에 있는 것이 장엄해 보일 리 없지 않겠는가?

그리고 인정전은 뒷면이 근정전처럼 트이지 않고 사진에 보이는 것처럼 담과 숲으로 막혀 있어 시원한 느낌이 나지 않는다. 그래서 이렇다 할 포토 포인트도 찾을 수 없다. 앞에서 본 것처럼 근정전은 뒤에 있는 백악산과 겹쳐서 보면 아주 장엄한 모습이 연출되는데, 인정전에서는 그런 모습이 보이지 않는다. 물론 이 건물도 근정전처럼 국보로 지정되어 있다. 그런데 창덕궁 전체를 놓고 보면, 이 정전은 그리 중요한 부분이 아니라는 생각이 든다. 그렇지 않고서야 인정전의 배경에 이리도 신경을 쓰지 않은 것을 설명할 수 없다. 전체 궁궐 면적에 비해 정전 영역의 면적이 매우 작다는 것도 그런 추측을 가능케 한다.

사실 우리가 창덕궁을 연상할 때 그곳에 있는 건물에 대해서는 그리 주목하지 않는다. 대신 앞에서 말한 조선의 가장 아름다운 왕실 정원을 떠올린다. 그래서 창덕궁을 사진으로 찍어 소개할 때에는 대부분 이 '부용지芙蓉池'라 불리는 연못 정원을 내세우지 인정전 같은 건물은 소개하지 않는다. 따라서 여기서도 건물보다는 정원이나 후원을 중심으로 설명하려고 한다. 전통 건축에 대한 이야기는 경복궁을 설명할 때 많이 했기에 생략하자. 대신 여기서는 한국의 건축미를 알아보고자 한다.

인정전 일원이 근정전보다 작고 좀 볼품이 없다고 했는데, 그렇다고 해서 인정전 건물이 아름답지 않다는 것은 결코 아니다. 이 건물도 국보로 지정되어 있는 만큼 매우 아름다운 건물임에 틀림없다. 그런데 이런 건물에서 나타나는 한국적인 미란 대체 어떤 것일까? 언뜻 보면 우리의 고건축은 중국과 그리 달라 보이지 않는다. 동북아시아 문화를 잘 알지 못하는 사람은 우리와 중국, 일본의 건축을 잘 구별하지 못한다. 그러나 우리 문화를 조금이라도 아는 사람은 이 세 나라의 건축물에서 그리 어렵지 않게 우리식 건축물을 찾아낸다.

그렇다면 과연 중국과 일본의 건축과 우리의 건축은 구체적으로 어떻게 같고 다를까? 이 문제는 중요함에도 불구하고 아직 전문적으로 연구된 바가 별로 없다. 따라서 우리는 여기서 그 대강밖에는 볼 수 없다. 흔히 우리는 우리의 전통 건축이 가장 친자연적일 뿐만 아니라 고유한 멋이 있다고 생각한다. 그러나 우리 건축은 기본적으로 중국의 것을 그대로 이어받았다는 사실을 잊어서는 안 된다. 대다수 사람들은 우리의 옛 건축물이 양식적인 면에서 중국 것을 그대로 답습했다는 사실을 잘 모른다.

그러면 우리의 전통 건축은 중국의 어느 시대의 건축을 모방한 것일까? 중국은 역사가 길고 나라가 커서 시대나 지역에 따라 건축 양식이 각기 다르기 때문에, 어느 시대의 건축물이 우리에게 영향을 주었는지 알아보아야 한다. 우리가 중국의 고건축을 생각할 때 가장 많이 떠올리는 이미지는 처마가 과장되게 들려 있는 모습이다.

그러나 중국에는 그런 건축물만 있는 게 아니다. 당장에 자금성의 정전인 태화전만 보아도 처마가 현란하게 들려 있는 여타의 중국 건축물과는 달라도 너무 다르다. 태화전은 오히려 처마가 전혀 들려 있지 않으니 말이다. 중국의 건축사를 대강 훑어보면, 처음에는 처마가 자금성의 건물처럼 직선이었다. 그러다 대체로 당이나 북송 때가 되면 처마 끝이 조금씩 들리기 시작한다. 이러한 경향은 남쪽으로 갈수록 심해져, 다소 과장되게 처마가 들리게 되어 이것이 중국 건축의 원형처럼 각인되었다.

한국과 일본에서 본격적으로 중국의 건축을 받아들인 것은 바로 당과 북송 때다. 우리는 이때의 중국 건축 양식을 받아들여 그 양식을 대체로 지킨 반면, 중국은 다르게 발전시켰다. 우리의 건축에 직접적인 영향을 준 것은 당(송)나라 때의 궁궐과 절 건축이다. 이 건축물들은 신라나 고려에 수입되어 한반도의 왕궁과 절의 건축 양식을 구성했다. 그리고 이 양식은 다시 귀족이나 일반 여염집의 외양이 형성되는 데에 큰 영향을 미친다.

이렇게 한국의 고건축은 중국의 절대적인 영향 속에서 태어났다. 그것은 전혀 이상한 일이 아니다. 21세기 초에 사는 현대의 우리가 전적으로 서양식 주거에서 사는 것과 조금도 다를 바가 없는 것이다. 지금은 서양 문화가 온 지구를 뒤덮고 있기 때문에 그렇게 사는 것이 보편적이듯이, 신라나 고려 때는 중국식으로 사는 게 보편적이었기에 그 당시의 사람들은 그것을 따른 것이다.

그런데 건물 안으로 들어가면 우리와 중국은 영 다르다. 이 점은 북촌을 볼 때 잠시 다룬 주제다. 우리 건축과 중국 건축은 틀은 비슷할는지 모르겠지만 내용은 완전히 달라진다. 우리나라의 집은 중국에는 없는 온돌과 마루 구조라 신발을 벗고 사는 것이 가장 다른 점이다. 그런 가운데 왕실이나 절 같은 건축물은 우리나 중국이나 어느 정도 비슷한 모습을 보이지만, 귀족이나 일반 여염집으로 가면 확연히 달라진다.

우선 집 안에 건물들을 배치하는 형태부터가 다르다. 귀족이나 부상의 경우 중국은 사합원 구조라고 해서 집이 직사각형이고 가운데에 중정中庭을 둔다. 그리고 건물들을 직선으로 배열한다. 그런 반면 우리는 집을 직선으로 배치하는 예가 거의 없다. 집에서 가장 중요한 역할을 하는 사랑채와 안채가 각기 다른 공간 속에 자유롭게 배치되어 중국처럼 직선으로 나열되는 예는 찾아보기 힘들다. 그밖에도 우리와 중국의 전통 가옥은 다른 점이 많다. 예를 들어 중국은 담이 높아 외부와 차단하는 정도가 강하다면, 우리식 집은 담이나 건물의 높이가 그리 높지 않아 외부와 소통하려는 의도가 강하다는 점 등을 들 수 있다.

그러나 우리가 지금 관심 있는 것은 그런 구조적인 문제만은 아니다. 어떻게 우리는 그리도 비슷한 중국과 우리의 전통 건축을 분별할 수 있는 것일까? 여기서 자세히 언급할 수는 없지만, 우리의 전통 건축은 구조

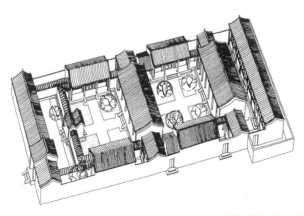

중국의 전형적인 민가, 사합원四合院

적인 면에서 중국과 같다고 했다. 특히 기둥과 지붕을 연결하는 방식은 똑같다고 해도 과언이 아니다. 다음 사진의 두 건물을 비교하면 어떤 게 우리 것이고 어떤 게 중국 것인지 모를 정도로 닮았다. 우리 것은 그 유명한 부석사의 법당이고, 중국 것은 산시山西성에 있는 관음사의 법당이다. 관음사의 법당은 당나라 때의 건물 구조다.

이번에는 비슷한 시기에 지은 경복궁의 정전과 자금성의 정전을 비교해 보자(70, 71쪽 사진). 기본적인 구조는 비슷하지만 무언가 다르다는 것을 알 수 있다. 반드시 이 두 건물만 비교할 필요는 없지만, 두 건물이 양국을 대표하는 건물이라 비교해 보는 것이다. 그리고 중국의 남부 건축은 사진에서 보는 바와 같이 이미 외관에서 우리의 건축과 큰 차이를 보이기에 굳이 비교하지 않아도 될 것이다. 외관에서 보이는 이 두 건물의 가장 큰 차이는 지붕 처마의 선이다. 중국 것은 하늘로 날아갈 듯 위로 뻗친 데 비해 우리 것은 지붕의 양쪽 끝만 살짝 올라갔다. 이 차이는 초보자가 보아도 쉽게 알 수 있기에 여기서는 그냥 지나치기로 한다.

사실 이런 식의 단순 비교는 건축 전공자의 비난을 받을 게 뻔하다. 왜냐하면 우리도 그렇지만 중국은 시대와 지역에 따라 건축 구조가 매우 다르기 때문이다. 그래서 어떤 건축을 중국 건축의 대표작이라 할 수 있느냐는 질문이 항시 대두되는데, 우리는 여기서 일반적인 추세만 본 것이다. 세세한 차이는 있지만 그래도 중국 건물의 일반적 특징을 추출하고, 같은 것을 우리 건물에서도 추출해 비교해 보자는 것이다. 그러려면 양국의 건축물 가운데 가장 대표적인 것을 보아야 하기에 비슷한 시기에 건축한 두 건물을 비교하자는 것이다. 이러한 접근법은 나무보다는 숲을 보자는 시도다. 우리가 사물을 이해하고자 할 때 세세하게 각각의 사물을 보는 방법도 있지만, 그 각각의 사물이 이룩한 전체의 모습을 보는 것도 매우 중요하다. 여기서 하려는 것은 후자의 접근법이다.

크게 볼 때 (북)중국의 건축은 좀 무거워 보이는 반면, 우리 것은 가뿐해 보인다. 그에 비해 남중국의 건축은 아주 가벼워 보인다. 마치 제비가 땅을 박차고 날렵하게 공중으로 날아오르는 것 같은 인상이다. 이런 면에서 본다면 우리의 건축은 북중국과 남중국의 건축 사이에 있다고 할 수 있다.

우리의 건축이 가뿐해 보이는 이유는 무엇일까? 그것은 우리 건축가들이 즐겨 택하는 공법 때문일 것이다. 우리 건축가들은 건물의 두 모서리로 가면서 기둥 높이를 가운데의 기둥보다 조금 높게 처리하는 '귀솟음 기법'을 좋아했다. 그러면 맨 끝에 있는 기둥은 가운데의 기둥들보다 조금 높아진다. 목수들은 여기에 만족하지 않고 모서리의 기둥을 안쪽으

부석사 무량수전

중국 산서성에 있는 절 건물(관음사觀音寺)

처마가 높게 돌린 중국 남부의 건축물

로 아주 조금 기울이는 공법도 사용했다. 이를 '안쏠림 기법'이라고 하는데, 이렇게 함으로써 지붕을 제외한 건물의 모습이 정사각형보다 사다리꼴에 가깝게 된다. 사다리꼴이라고는 하지만 전문가가 아니면 육안으로 판별하기가 쉽지 않다.

이런 기법을 쓰는 이유는 무엇일까? 이는 인간이 가진 착시 현상 때문에 생겨난 공법이다. 무슨 말인가 하면, 작은 건물에는 해당되지 않겠지만, 큰 건물의 경우 건물의 기둥을 똑같은 높이로 하여 바닥과 직각으로 세우면 가까운 데에서 볼 때는 문제가 없지만, 멀리서 볼 때 문제가 생긴다. 왜냐하면 멀리서 볼 때 기둥이 직각으로 곧게 서 있으면 착시 현상으로 인해 기둥이 밖으로 벌어져 보이기 때문이다. 그래서 건물이 방만하게 보일 수도 있어, 귀솟음과 안쏠림 기법을 써서 이러한 착시 현상을 교정한 것이다. 이렇게 안으로 조금 쏠리게 기둥을 세워 놓아야 건물이 반듯해 보이는 법이다.

비슷한 효과를 내는 기법으로는 '배흘림 기법'이 있다. 이를 서양 건축에서는 엔타시스entasis 기법이라고 부르는데, 기둥의 밑에서 1/3쯤 되는 부분을 약간 부풀리는 것이다. 이렇게 하면 멀리서 기둥을 볼 때 기둥이 정연하게 보인다. 반면 그냥 위아래를 다 똑같이 해서 세워 놓으면, 멀리서 볼 때 가운데가 홀쭉해 보일 수 있다. 근정전에는 이러한 기법을 쓰지는 않았지만, 우리의 고건축 가운데 가장 아름답다고 하는 부석사의 법당은 이 기법을 쓴 것으로 유명하다(배흘림 기법은 기둥의 중량감을 느끼게 하는 기법이라는 설도 있다).

이와 같이 양쪽 모서리의 기둥이 약간 올라가니 지붕의 처마 선이 살짝 휘지 않을 수 없다. 우리는 이 살짝 휜 처마 선을 아주 자랑스럽게 생각한다. 우리가 보기에 중국 건물의 처마 선은 너무 휘었고(자금성의 것은 오히려 직선에 가깝지만), 일본 건물의 처마 선은 너무 직선이다. 따라서 우리나라 건물의 처마 선이 가장 자연스럽고 아름답다고 생각한다. 그리고 한국의 전통 건축이 갖는 특성이 바로 여기에 있다고 생각한다.

하지만 한국 건축에서 보이는 처마 선은 중국에도 있다. 앞에서 본 것처럼 특히 당·송 때의 건축들은 우리 건축과 거의 같은 각도의 처마 선을 가지고 있다. 그러던 게 중국의 건축은 그 뒤에 계속 변했고, 우리의 건축은 그 양식을 계속 유지한 것이다. 그래서 우리나라에서는 궁궐이나 절 또는 양반집의 건축을 막론하고 모두 이 양식을 따랐다. 그 결과 이런 양식의 건축이 우리의 건축을 대표하는 것이 되었다.

그렇다고 한국 건축이 중국에서 수입한 양식을 그대로 지키기만 한 것은 아니다. 처마 선도 그렇지만 지붕의 가장 위에 있는 용마루 선을 살짝

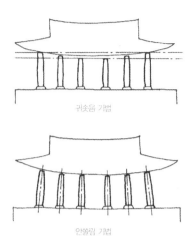

귀솟음 기법

안쏠림 기법

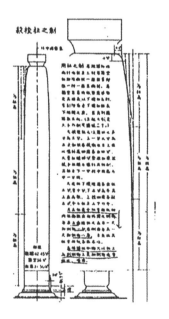

釈椽柱之制

배흘림 기법

그레이칠로 세운 기둥(사천 다솔사)

자유분방한 법당의 기둥들(안성 청룡사)

휘게 한 것도 그 예다. 그렇게 할 수밖에 없는 까닭은 위에서 말한 대로 안쏠림 기법을 썼기 때문이다. 지붕을 받치고 있는 기둥이 안쪽으로 약간 들어가게 세워졌기 때문에 그 두 기둥을 자연스럽게 연결하려면 용마루 선이 살짝 휘는 게 좋다. 이런 양식도 중국에서 비롯된 것이지만, 중국에서는 부분적으로만 이 방법을 쓴 반면 우리의 건축은 거개가 이런 식이다. 이 양식 덕에 우리의 건물은 나름대로 날렵해 보인다. 아주 사뿐한 것이다. 그리고 조금 전문적으로 들리겠지만, 지붕과 기둥 부분의 비례도 우리와 중국의 건축이 좀 다르다. 일반화시켜 말하면, 우리 건축은 지붕과 기둥 부분의 비가 1:1 정도인데 중국은 기둥 부분의 길이가 조금 더 길다.

이밖에도 둘 사이에는 소소한 차이점이 있다. 궁궐 건축에서는 그렇지 않지만, 우리의 건축은 기둥과 초석의 연결 부분이 매우 거칠다. 이런 경향은 특히 절의 건축에서 심한데, 사진에서 보는 것처럼 많은 절에서는 주춧돌을 아예 가공하지 않고 그대로 가져다 쓴다. 그리고 그 위에 기둥을 세우는데, 이때에는 기둥의 밑면을 초석의 굴곡대로 깎아서 그대로 초석 위에 올려놓는다. 이것이 그 유명한 '그렝이 기법'이다. 이 기법은 매우 어려운 기술이라 20~30년 이상 된 대목이 아니면 쓸 수 없다고 한다. 이러한 그렝이 기법 역시 이웃나라인 중국이나 일본에서는 거의 발견되지 않는다. 아마 너무 거친 기법이라 중국인이나 일본인이 좋아하지 않았던 모양이다.

우리의 전통 예술을 보면 이렇게 거칠고 투박한 것이 많다. 이런 성향은 초석에만 해당되는 것은 아니다. 우리는 종종 기둥을 세울 때에도 나무를 가공하지 않고 휜 그대로 쓰는 경우가 많다. 이런 예는 비교적 자유분방하게 건축할 수 있는 절의 건축에서 많이 발견된다. 사진에서 보는 것처럼 마치 컴퓨터 그래픽으로 처리한 것 같은 기둥도 있다. 내가 중국이나 일본을 많이 다니지는 않았지만 이웃나라의 절에서는 이런 식의 기둥을 쓰는 모습을 본 적이 없다. 같은 맥락에서 대들보에도 휜 나무를 쓰는 예를 많이 발견할 수 있다. 이런 예들은 모두 곡선적인 자유분방함을 좋아하는 우리의 성향이 반영된 것으로서, 다른 나라에서는 잘 발견할 수 없는 현상이다. 자 이제 전통 건축에 대한 이야기는 그만하고 창덕궁 안으로 들어가자.

굽이굽이 길 따라 펼쳐진 궁궐

사실 인정전을 비롯한 창덕궁의 건물은 그다지 볼거리가 많지 않다. 경복궁도 같은 처지였지만 남아 있는 건물이 별로 없기 때문이다. 19세기 후반에 그린 창덕궁 그림(동궐도)을 보면, 사진에서 보는 것처럼 수많은 건물로 이루어져 있음을 알 수 있다. 그리고 바로 붙은 지역에는 창경궁이라는 또 하나의 궁궐이 있었기 때문에, 이 지역은 궁궐 단지라고 할 수 있을 정도로 많은 건물이 있었다. 파괴된 정도로 보면 창경궁도 다른 궁 못지않은데, 우리는 그곳으로 가지 않을 터이니 그쪽에 대한 언급은 피하자.

인정전은 확실히 경복궁의 근정전보다 검소하게 지은 것을 알 수 있다. 경복궁의 경우에는 기단에 돌로 만든 난간도 있고 중요한 지점에는 각각 돌로 동물을 조각해 놓아서 장엄해 보이는데, 인정전은 아무것도 없이 기단으로만 되어 있다. 그러나 인정전 내부를 보면 경복궁과는 달리 매우 화려하다. 옛 궁궐에는 어울리지 않게 난데없이 유리창이 있고 커튼이 달려 있는가 하면 전등까지 있는 걸 볼 수 있다. 이것은 20세기 초 조선 황실이 서양 문물을 받아들이면서 개수한 흔적이다.

그런가 하면 바닥은 마루를 깔았다. 한국식 건물과 서양식 내부 장식이 묘한 조화를 이루고 있어 색다르다. 이 건물은 경복궁에서도 보았듯이 의식을 위한 공간이라 보통 때는 잘 쓰지 않았다. 외국 사신 같이 중요한 귀빈을 만날 때라든가 국왕의 즉위식이나 생일 등 신하들에게 축하를 받을 때에만 쓰는 성스러운 공간이었다. 이 건물의 회랑은 건물의 왼쪽에 있는데, 이것은 왕이 다니는 길이다. 경복궁의 경우에는 왕이 뒤로 들어왔지만, 여기서는 동쪽으로 들어왔다. 그럴 수밖에 없는 것이 왕의 거처가 동쪽에 있기 때문이다.

우리는 곧 왕의 거처로 갈 터인데 이쯤에서 지도를 펴놓고 창덕궁 전체를 볼 필요가 있다. 그 이유는 이 궁이 얼마나 자유분방하고 친자연적으로 지어졌는가를 보기 위해서다. 경복궁의 궁궐들은 축을 중심으로 그 선에 맞춰 중요한 건물이 놓였다. 하지만 창덕궁은 처음부터 보기 좋게 그 법도를 부숴버린다. 크게 볼 때 창덕궁의 건물들은 3개의 축을 중심으로 건축되었다. 먼저 정문인 돈화문이 한 축을 담당한다. 이 축에는 이 문밖에 없지만 정문인 만큼 중요한 의미를 지닌다. 그 다음 축은 말할 것도 없이 인정전과 인정문의 축이다. 그럼 세 번째 축은 무엇일까? 세 번째는 우리가 곧 갈 임금과 왕비의 숙소인 희정당熙政堂과 대조전大造殿을 잇는 선이다.

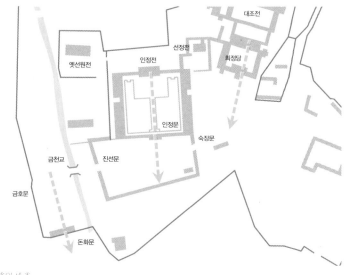

창덕궁 건축의 세 축

    그런데 사진에서 보는 것처럼 이 축들은 서로 평행이지도 않고, 그렇다고 일정한 각도로 틀어져 있는 것도 아니다. 그저 '아무렇게나' 있다. 이른바 우리의 자유분방함이 또 도진 것은 아닐까? 전문가의 말로는 건물 군이 이렇게 배치된 것은 지형에 맞추다 보니 그렇게 되었다고 한다. 하지만 실제로 가보면 건물을 이렇게 짓지 않고 얼마든지 더 질서 있게 지을 수도 있었음을 알 수 있다. 큰 언덕이 있는 것도 아니고, 설사 언덕이 있다 하더라도 그것을 깎아내고 규격에 맞춰 지을 수 있었을 텐데 그리 하지 않았다는 것이다. 이는 건물을 지은 사람이 애당초 이렇게 설계하고 짓기 시작한 것이지 자연 지형에 맞추려고 한 것은 아니라는 걸 말한다.

    그런 생각을 갖고 인정전을 빠져나와 보자. 그러면 자연스럽게 선정전

宣政殿이라는 건물을 지나가는데, 여기는 왕이 신하들과 함께 국무회의를 하던 곳이다. 이른바 편전便殿이다. 그런데 이 건물은 까닭은 모르겠지만 안으로 들어가지 못하게 해 놓았다. 이 건물의 특징은 임금이 가는 길을 보호하려고 길 위에 행랑 같은 것을 만들었다는 점이다. 그런가 하면 왕의 집무실답게 지붕에 청기와를 올려놓았다. 세종 15년(1433)에 경복궁 근정전을 보수할 때 "청기와를 굽는 데 비용이 많이 드니 다른 기와를 사용하자."라는 어명을 내렸을 정도로 청기와는 고급 기와다. 현재 대통령의 집무실을 청와대, 곧 블루 하우스Blue House라고 부르는 것은 역시 이 건물의 지붕을 청기와로 덮었기 때문이다. 어쨌든 선정전은 들어가지 못하니 그냥 지나치는 수밖에 없다.

바로 옆에 있는 건물은 희정당이라 불리는데, 이곳은 왕이 자던 곳이다. 그러나 나중에는 집무실로 바뀌었다. 그래서 안을 보면 카펫도 깔려 있고 회의할 수 있는 탁자도 마련되어 있다. 또 유리창까지 있어 서양식으로 꾸민 것을 알 수 있다. 이 건물은 일제강점기에 전소되어 경복궁의 교태전 등을 뜯어다 지었다는 사실은 앞에서 이미 언급했다. 이 건물에 특이한 게 있다면 자동차를 타고 내릴 수 있게끔 현관을 만들어 놓았다는 것이다. 자동차에 대해서는 조금 뒤에 볼 예정이다.

희정당도 건물 자체는 할 말이 별로 없고 더욱이 들어갈 수도 없으니, 우리는 동선을 따라 더 안쪽으로 들어가 보자. 안에 있는 대조전이라는 이름의 건물은 앞에서 본 대로 왕비가 자던 곳이다. 대조전 옆에 이르면 왼쪽으로 넓은 공터가 보이고, 담에는 계단이 있는 것을 볼 수 있다. 물론 대궐 안에는 이런 넓은 공간이 있을 리가 없다. 여기에도 건물이 있었

대조전

희정당

는데 다 사라진 것이다. 여기에서 주목할 것은 그 계단 위에 장독이 나열되어 있었다는 점이다. 궁중 주방이 바로 옆에 있었기 때문에 이곳을 장독대로 썼다.

대조전은 왕비의 침실인데 나중에는 왕도 같이 썼다. 그렇다고 한 방에서 같이 잔 것은 아니고 왕은 왼쪽 방, 왕비는 오른쪽 방에서 따로 잤다. 물론 그 사이에는 넓은 마루가 있다. 아마도 왕은 앞 건물인 희정당에서 자다가 그곳을 집무실로 바꾸면서 왕비의 처소로 침실을 옮긴 것 같다. 이곳은 경복궁과는 달리 안으로 들어가 볼 수 없다. 단지 마루에 넓은 의자가 있는 것만을 볼 수 있을 뿐이다. 창덕궁을 설명하는 글을 보면 왕비의 침실에는 서양식 침대가 있었다고 하는데, 그게 어떻게 생겼는지는 알 수 없다.

희정당도 그렇고 이 대조전도 그렇고, 거실의 양쪽 벽에는 당시 최고의 화가들이 그린 그림들이 걸려 있다. 그림을 자세히 보고 싶어도 빛도 밝지 않고 각도도 맞지 않아서 뜻을 이루기가 쉽지 않다. 대조전 앞에는 무대 같은 것이 만들어져 있다. 이것은 월대月臺라고 하는데, 이곳에서 왕비는 당시 페스트 레이디로서 여러 행사를 집전하곤 했다. 지금은 없지만 월대에는 낮은 담이 둘러져 있었다. 그럴 수밖에 없는 것이 왕비는 지엄한 인물이라 아무나 볼 수 있게 해서는 안 되기 때문이다. 아울러 조선 사회는 남녀를 엄격하게 구분했기 때문에 왕비가 궐내의 남성에게 노출되는 것을 극도로 꺼려 일종의 장막을 만든 것이다.

대조전 옆에는 주방이 있는데, 이것 역시 희정당처럼 서양식이라 재미있다. 기둥에 흰 타일을 바른 것이나 쇠로 아궁이를 만든 것이 그러한데

서양식으로 개조된 왕실 부엌(수라간)

전통 한옥에서는 잘 볼 수 없는 것들이다. 창덕궁은 조선의 마지막 황제인 순종이 일본의 식민지가 된 이후에도 계속해서 살았기 때문에 그 무렵 이렇게 서양식으로 바꾸어 놓은 것이리라. 조금 더 들어가면 경훈각이라는 건물이 나오는데, 이곳에는 명나라 황제에게 받은 옷 등을 보관했다고 한다.

나는 솔직히 말해서 여기에 있는 건물들에 대해서는 그다지 언급하고 싶지 않다. 앞서 말한 대로 희정당과 대조전, 경훈각까지 모두 원래 건물이 아니기 때문이다. 1917년 이곳에 큰 불이 나 건물들이 모두 타버렸다. 그런데 일제는 새로 건물을 짓지 않고 경복궁에 있는 강녕전 일대의 건물을 뜯어다 여기에 새로 지었다. 그래서 그런지 뭔가 낯설고 어색하다. 그 이야기를 들을 때마다 일제가 조선을 진정 자기 나라로 생각했으면 이렇게 조선의 궁궐을 마음대로 했을까 하는 생각이 든다. 하기야 창경궁을 동물원으로 만든 사람들에게 이 정도는 아무렇지도 않은 행동일 게다. 또 하릴없이 일본이 원망스러워진다.

이 대조전 뒤의 영역에서 주의 깊게 보아야 할 것은 뒷마당의 꽃계단, 곧 화계다. 화계는 이미 경복궁을 돌 때 언급했기에 여기서는 생략하기로 한다. 그런데 이곳에서 마음에 걸리는 것은 화계를 제대로 가꾸지 않고 방치했다는 점이다. 그래서 분명 지금보다 훨씬 아름다울 수 있을 텐데 황량한 느낌이 든다. 창덕궁처럼 아름다운 궁궐에서 왕비의 정원을 이렇게 내버려 두었을 리가 없다. 소나무 몇 그루에 괴석이 몇 개 있을 뿐 전체 모습이 그리 운치 있어 보이지 않는다. 그래서 원래 모습이 어땠는지 여간 궁금한 게 아니다.

그 화계 위를 보면 밖으로 나가는 문들이 있는 것을 볼 수 있다. 이 문은 현재 폐쇄되어 있어 이용할 수 없는데, 사실 이 문은 창덕궁에서 가장 아름다운 후원의 연못으로 가는 길이다. 지금은 그렇게 가지 못하고 밖으로 나가 넓은 길로 가야 한다. 이 행로에 대해서는 잠시 뒤에 말하겠지만, 이렇게 가는 것은 창덕궁을 감상할 수 있는 좋은 방법이 아니다. 그 점을 알고 왕과 왕비의 생활공간을 빠져나오자.

밖으로 나오면 잔디밭과 몇 그루의 소나무가 덩그러니 서 있다. 아까도 말했지만 원래 궁궐에 이렇게 휑한 공간이 있을 리가 없다. 물론 여기에도 건물이 빼곡히 차 있었다. 특히 여기에는 세계기록유산인 『승정원일기』를 쓰던 건물도 있었다. 승정원은 왕의 비서실인지라 왕의 지척에 있었던 것이다. 그런데 앞에 웬 건물이 하나 있다. 이것은 마지막 황제였던 고종과 순종이 타던 자동차를 주차하던 건물이다. 원래 이곳은 자동

차나 주차시키던 건물이 아니라 대신들이 회의하던 곳인데, 마지막 황제인 순종 때는 나라를 빼앗긴 상태라 대신이 있을 리 없었다. 그래서 차고로 쓴 것이리라. 그 후 이곳에는 고종이나 순종의 차만이 아니라 고종이 타고 다니던 가마와 그가 행차하다가 잠시 쉬는 이동식 휴게실도 같이 진열되어 있었었는데 지금은 비어 있다.

 황제의 자동차와 관련해서 재미있는 일이 하나 있어 소개해야겠다. 고종은 우리나라의 자동차 역사에 길이 남을 인물인데, 그것은 그가 우리 역사상 최초로 자동차를 탄 인물이기 때문이다. 그가 자동차를 처음 탄 것은 1903년으로, 미국 포드사의 자동차를 샀다. 그런데 이 차가 매우 시끄러웠던 모양이다. 대신들이 고종에게 차가 너무 시끄러워 황제의 체면을 지킬 수 없으니 타고 다니지 말라고 제의했다는 일화가 있으니 말이다.

이 자동차는 1904년에 발발한 러일전쟁 이후 자취를 감추는데, 그 뒤이 차가 어떻게 됐는지 아는 사람은 없다고 한다. 그 뒤 1911년 고종은 다시 영국에 있는 다임러 리무진 회사에서 차를 구입한다. 차고에 보관되어 있던 것이 바로 이 차인데, 그동안 쓰지 않고 있다가 우리 정부에서 약 10년 전 이 차를 복원하기로 결정했다. 그래서 이 일을 수행할 다임러의 직원들이 영국에서 날아왔다. 이 차를 검사한 그들은 80여 년이 지났음에도 부품이 온전하게 보존되어 있는 것을 보고 이런 차는 국보급에 해당하는 귀한 차라고 하면서 깜짝 놀랐다고 한다. 이 차는 생산할 당시 10대만 만들었다고 하는데, 지금은 모두 사라지고 이 차만 유일하게 남았다는 후문이다.

어쨌든 이 차는 영국 회사의 도움을 받은 국내 기술진이 완벽하게 복원했는데, 호기심에 아직도 움직일 수 있냐고 물으니 그렇지는 않다는 답이 돌아왔다. 이로 보아 조선 왕실은 당시 조선에서 가장 근대화된 사람이었음을 알 수 있다. 앞에서 본 것처럼 1887년에는 경복궁에서 최초로 전기를 썼고, 1903년에는 가장 먼저 자동차를 타고 다녔으니 말이다.

차고에서 눈길을 왼쪽으로 돌리면 웬 건물 군이 있는 것을 볼 수 있다. 그 지역에는 여러 건물이 있지만 편의상 낙선재樂善齋 영역이라고 부른다. 이곳은 왕이나 왕실 가족이 머물던 곳인데, 우리가 이곳을 주목하는 이유는 다른 데에 있다. 이 건물 군은 창덕궁에서 가장 최근까지 쓰던 곳이기 때문이다. 일본과 우리의 인연은 참으로 질긴데 이 건물은 조선의 마지막 황태자가 살던 곳이다. 그의 이름은 이은으로 흔히 영친왕이라고 불린다. 그리고 그는 일본의 황족인 이방자李方子(일본 이름은 마사코)와 강제로(?) 결혼한다.

영친왕은 조선의 마지막 황제인 순종의 동생이다. 그는 1907년 황태자가 되면서 바로 일본으로 볼모로 잡혀가 그곳에서 철저하게 일본인이 되는 과정을 겪는다. 이는 일제가 다시는 조선이 독립할 수 없게끔 만드는 정략이었다. 그 계략의 일환으로 일본의 황족인 이방자 여사와 결혼을 시킨 것이다. 두 사람은 1945년 2차 세계대전이 끝난 뒤 한국으로 돌아오려 했으나 이씨 왕조를 싫어한 이승만 정부에게 거절당한다. 게다가 국적도 회복하지 못하다가 1963년에 가까스로 귀국해 바로 이 낙선재에서 살았다. 그러다 1973년 영친왕이 죽고, 이방자 여사 역시 1989년 이곳

낙선재 장락문

영친왕과 그의 부인 이방자 여사

에서 생을 마감한다.

이들 말고도 조선의 다른 황족들은 이보다 훨씬 더 복잡하고 기구한 생활을 하는데, 그런 것은 다 생략하기로 하자. 이방자 여사는 가끔 언론에 모습을 드러내기도 하고, 죽을 때까지 장애인을 위한 복지사업을 했다. 일본 관광객이 우리나라에 오면 이방자 여사와 만나는 것을 큰 영광으로 생각했다고 하는데, 일본에서는 황족을 만나는 게 거의 불가능하기 때문이었을 것이다. 그들 사이에는 아들이 하나 있는데, 이 사람의 운명도 기구하기 짝이 없다. 그는 미국에서 공부하다 백인 여성과 결혼했다가 이 여성이 아들을 낳지 못하자 황실에서 강제로 이혼을 시켰다고 한다. 이래저래 조선 황실의 마지막은 참담하기 그지없다.

가장 아름다운 정원, 비원

그런 암울한 이야기는 모두 이곳에 남겨 두고 우리는 후원으로 넘어가자. 이 낙선재는 특별관람 조항에 들어가 있어 입장료를 따로 내야 하고, 정해진 날에만 들어갈 수 있다. 이곳에는 아주 예쁜 건물들이 있어 한 번 들어가 볼 만하다.

후원으로 가는 길에 문이 하나 나 있는데 이것은 창경궁으로 들어가는 문이다. 여기부터 후원으로 넘어가는 길이 매우 넓은 것을 알 수 있는데, 예전 그림을 보면 이렇지 않았다. 요즈음처럼 담을 따라 후원으로 가는 길을 보면 좀 이상하다는 느낌이 든다. 궐내에 이런 넓은 길이 있을 리 없기 때문이다. 창덕궁 후원의 아름다움은 자연과 인공이 절묘하게 어우러져 어떤 것이 자연이고 어떤 것이 인공인지 모르는 데에 있는데, 이 길은 자연적이라고 하기엔 너무나 어색하다. 그리고 원래 있던 길도 아니었다. 옛 그림을 보면 후원까지 가는 데에는 문이나 담이 여럿 있는데, 왕의 일행이 어떤 길을 통해 갔는지는 잘 모르겠다. 그러나 확실한 것은 아주 사적으로 조용히 후원에 갔을 것이라는 것이다. 다시 말해 지금처럼 이런 넓은 길로 가지 않았다는 말이다. 그래야 맞는다. 창덕궁에서 가장 사적인 공간으로 가는데 이렇게 드러내고 다닐 수는 없는 일이다.

그러나 굳이 우리가 처한 상황을 이해하기로 한다면, 아마 관광객이 많이 오니까 길을 넓혔을 수 있다. 만일 그게 사실이라면 적어도 그런 사실을 관람객에게 알려줘야 하지 않을까? 사정을 모르는 사람은 이런 큰 길을 왕과 왕비가 다녔을 것이라고 철석 같이 믿을 것이다. 그리고 더 나아가서 조선조의 정원으로 가는 길은 모두 이렇게 엉성하다고 믿을지도 모를 일이다. 이런 상황은 후원에서도 보인다. 그것은 그때 보기로 하고, 아무튼 우리는 작은 언덕을 넘어 후원으로 가자. 언덕을 내려가면 서서히 아름다운 연못이 나타나기 시작한다. 바로 이곳이 조선의 왕실 정원 가운데 가장 아름답다고 하는 부용지이다. '부용'은 연꽃을 의미하고 '지'는 연못을 의미하니 '연꽃 연못'인 셈이다.

이 연못의 전체적인 윤곽은 직사각형이다. 직사각형으로 만든 이유는 땅이 네모나다고 생각하여 그렇고, 가운데 있는 둥근 섬은 하늘을 의미한다는 교과서적인 설명은 앞에서 이미 언급했다. 이곳에 다다르면 다른 설명이 필요 없다. 보는 것 자체로도 아름다움을 느낄 수 있을 테니 말이다.

이 정원에 대해서는 여러 가지 이야기가 전한다. 예를 들어 이런 이야기다. 어떤 사람이 한 서양인(아마도 프랑스인)에게 한국에서 가장 아름다운 정원을 보여주겠다며 이곳으로 데려온 모양이다. 와서는 아무 말 안 하고 실컷 구경하게 한 다음 돌아가자고 하니, 그 서양인은 '가장 아름다운 정원을 보여준다고 해 놓고 왜 그냥 가느냐'고 물었다고 한다. 그러자 '당신이 지금껏 본 게 바로 그 정원이다'라 하니, 서양인은 '아니 저게 자연이지 어떻게 정원이냐'고 되물었다고 한다. 이는 우리의 전통 정원이 가장 친자연적이라고 주장할 때 나오는 이야기인데, 과연 이 주장에 같은 문화권에 속한 중국인이나 일본인이 동의할지는 미지수다.

어떻게 생각하면 이 주장에 대한 반론도 만만치 않을 것이다. 먼저 이런 의견 정도는 나올지 않을까? 연못의 생김새가 직사각형인데 벌써 여기서부터 인공적인 냄새가 나지 않는가? 자연에는 이렇게 미끈한 사각형이 잘 발견되지 않는다. 정말로 자연적으로 조성했다면 흐르는 물을 막아서 연못을 만들어야지 왜 일부러 땅을 파서 연못을 만들었느냐는 따위의 질문이 충분히 나올 것 같다.

게다가 이것이 땅을 상징한다고 했는데, 이런 생각 역시 매우 인위적이지 않은가? 땅이 네모나다거나 하늘이 둥글다는 생각 자체가 이미 인위적인 발상이라 이 연못을 처음 본 사람은 여기에 하늘과 땅이 들어 있다고 생각하지 못할 것이라는 주장도 가능하다. 그리고 연못 옆에 있는 화계도 그렇다. 진짜 자연적이라면 그냥 언덕에 꽃을 심고 바위를 놓지 왜 그렇게 딱딱한 계단을 만들었냐고 항변할 수도 있다.

그 주장들은 모두 일리가 있어 보인다. 그런데 이 정원은 그런 인공적인 가공에도 불구하고 자연적으로 보이는 것이 사실이다. 연못을 파고

부용지 전경

계단을 만든 것 말고 다른 장치는 거의 하지 않았기 때문이다. 물론 정자나 집이 몇 채 보이지만, 이것들도 자연에 거슬리는 것은 아니고 자연 안에 담겨 있는 것 같아 별로 인공적으로 보이지 않는다.

이 정원을 제대로 감상하려면 어떻게 해야 할까? 우선 이 정원을 누구를 위해 만들었는지 알아야 하고, 그의 자리가 어딘지 알아야 한다. 이 정원은 물론 왕을 위해 만들었다. 그리고 그의 자리는 사진에서 보는 것처럼 연못 위에 있는 정자 안이다. 그러니까 이곳은 왕이 정자 안에서 감상할 때 가장 아름답게 보이게끔 만든 정원이라 할 수 있다. 이 정자는 십자 모양인데, 그 안에서 가장 높게 만들어 놓은 부분이 바로 왕이 앉는 곳일 게다.

우리는 보통 이렇게 물 위에 정자를 걸쳐서 짓는 나라는 우리밖에 없다고 자랑하는데, 세계의 정자를 하나하나 확인해보지 않아 그 사실 여부는 잘 모르겠다. 그러나 어쨌든 그 정자 앞부분에 앉으면 마치 물 위에 앉아 있는 기분이 들어 매우 환상적일 것으로 보인다. 그리고 정자 안쪽에 앉으면 문이 틀 역할을 하면서 안에서 보는 경치가 아주 아름다울 것이다. 관광객들은 보통 그 정자 쪽으로는 잘 가지 않는데, 이것은 이 정원을 감상하지 않겠다는 것과 마찬가지다.

그럼 정자 쪽으로 가서 문 사이로 보이는 풍경을 보자. 바로 앞에 둥근 섬이 보이고 물 위에는 하늘이 비치는 것은 물론이고 나무와 구름, 계단 위에 있는 건물이 비친다. 이게 바로 차경 기법이다. 앞에서도 보았지만 저 밖에 있는 경치를 빌려와 자신 앞에 펼쳐 놓는 기법이다. 이렇게 하면 온 하늘이 다 내 뜰 안에 들어온다. 이 연못 정원은 모든 계절이 아름답지만 가을이 유독 더욱 아름답다. 오색 단풍이 든 나무들이 겹으로 그 아름다움을 자랑해 그렇다. 겹이라고 한 것은 나무가 연못에 비치면서 쌍방에서 그 아름다움을 발산하기에 해본 말이다. 실제로 이때 연못을 찍은 사진을 보면 아름답기 이를 데 없다.

그런데 이 정자를 자세히 보면 문제가 있어 보인다. 먼저 청소가 제대로 안 되어 있다. 사람이 들어갈 수는 없지만 청소는 제대로 해야 하지 않을까 하는 생각이다. 게다가 문짝도 제대로 붙어 있지 않다. 멀리서는 괜찮아 보였는데 가까이에서 보니 문제투성이다. 더럽고, 문창호지는 구멍이 나 있고 등등 …. 우리는 아직 이런 세세한 데까지는 신경을 쓰지

부용정

못하는 모양이다.

　문제점은 또 발견된다. 이번 것은 훨씬 심각하다. 이 정원을 비원 곧 비밀의 정원이라고 부르는 데서도 알 수 있듯이, 이곳은 아주 사적이고 은밀한 지역이다. 그런데 한쪽이 밖으로 열려 있어 문제다. 사적인 공간이 이렇게 공개되어서는 안 된다. 그래서 옛 그림을 보면 정원의 입구와 영화당暎花堂이라 불리는 건물 사이에 담이 있는 걸 발견할 수 있다. 이렇게 여기에 담이 있어야 맞다. 그래야 풍경이 소담해진다. 이 정원은 소수의 사람이 아주 은밀하게 즐기는 곳이라 담을 쳐서 사적인 공간처럼 만들어야 맞는 것이다. 그런데 해설사도 그렇고 이곳의 안내문에도 그렇고, 아무도 여기에 담이 있었다고 말하지 않는다. 지금처럼 담이 없으면 이 정원의 진가는 반 이하로 떨어지는데도 말이다. 해설사가 이곳에 대해 설명하는 것을 들어보면 그런 중요한 설명은 하지 않고, 영화당 건물 앞에서 과거 시험을 보았다느니 하는 영양가 없는 설명만 늘어놓는다. 그러나 우리는 이곳에 담이 있다고 상상하며 정원을 자세히 보자. 그러면 이 안의 공간이 훨씬 더 다소곳해지고 쉬기 편한 장소로 바뀔 게다.

　또 다른 문제도 있다. 이렇게 문제를 들추어내는 것은 탓하려는 게 아니라 문제를 알아야 대상을 제대로 이해할 수 있기 때문이다. 지금 연못을 보면 가운데에 있는 섬에 큰 소나무 하나가 보인다. 그래서 보기에는 좋다. 그런데 문제는 정자에 있는 왕의 자리에서 보면 이 소나무가 시야를 심하게 가린다는 데에 있다. 그래서 반대편에 있는 아름다운 꽃계단이나 건물 그리고, 연못에 비친 풍경을 감상할 수 없다. 이런 추리가 가능한데, 이 추리가 맞는지 옛 그림을 확인해 보자. 이 그림을 보면 가운

희우정

규장각

낮은담

꽃계단 어수문

담

부용지

영화당

부용정

데에 있는 섬에는 아주 작은 나무만 있는 것을 볼 수 있다. 이게 맞는 것이다. 이렇게 나무의 키가 작아야 왕이 방해를 받지 않고 주변 경광을 즐길 수 있다. 그리고 두 척의 배가 있다. 왕이 신하들과 이 연못에서 낚시를 했다는 기록이 있는데 그때 탄 배인지도 모르겠다.

정자 건너편에는 꽃계단이 있는데, 그 한가운데에는 문이 세 개가 있고 위에는 큰 건물 한 채가 있다. 이 건물은 여러 용도로 쓰였는데, 가장 중요했던 용도는 조선조에서 가장 현명한 왕 가운데 하나인 정조가 두뇌집단으로 쓰던 연구소였다. 이 연구소를 규장각이라 불렀는데 같은 이름의 연구소가 지금 서울대 안에도 있다. 그런데 입구의 문은 왜 3개일까? 가운데 문으로는 왕이 다니고, 양쪽의 문으로는 신하들이 다녔다.

왕이 다니던 문에 써 있는 글을 잠깐 보자. 어수문漁水門이라고 되어 있는데 이것은 '물고기와 물'의 문이라는 뜻이다. 왕과 신하는 물고기과 물의 관계와 같다는 뜻으로서, 물고기가 아무리 잘났다고 해도 물이 없으면 살 수 없듯이 왕과 신하는 서로에게 없어서는 안 될 존재라고 각인시키는 것이다. 우리는 이런 발상을 통해 조선의 유교 정치는 전제군주제이지만 신권도 그에 못지않게 강했음을 알 수 있다. 신하가 왕에게 '혼자다 할 생각하지 말라'고 충고까지 할 수 있으니 말이다.

그런데 이곳을 보는 사람들은 의아한 생각이 들 것 같다. 아무것도 없는데 왜 문 세 개만 덩그러니 놓았느냐고 말이다. 나도 이것을 처음 보고 이상하다고 생각했는데, 그 의문은 옛 그림을 보고 풀렸다. 이 그림을 보면 문 옆에 낮은 담이 있는 것을 알 수 있다. 영역을 표시한 것이다. 그러면 문이 여기 서 있을 필요가 있다. 다른 영역으로 들어가는 것이기 때문

애련지 전경

이다.

규장각 쪽에서 정자를 바라보는 경치도 좋다. 그런데 안타까운 점은 역시 영화당 쪽에 담이 없어 기운이 잘 모이지 않는다는 것이다. 담이 있었으면 훨씬 더 좋았을 텐데 하는 마음을 지울 길이 없다. 이 연못의 이름이 연꽃을 뜻하니 당연히 연꽃을 심었는데 연꽃이 작렬하면 그것 역시 장관일 것이다. 물 위에는 아름다운 연꽃이 피고, 그 사이로 하늘과 건물이 비치면 그야말로 환상적인 장면이 연출될 것이다. 어떻든 연못 주위를 돌면서 여러 각도에서 이 정원을 충분히 감상하자.

그 다음 우리는 바로 옆에 있는 애련지愛蓮池로 간다. 애련지로 들어가려면 불로문不老門을 거쳐 들어가야 한다. 이 문의 이름은 말 그대로 이리로 들어가면 늙지 않는다는 뜻이다. 그 점보다 더 주목할 것은 이 문을 돌덩이 하나로 만들었다는 사실이다. 안을 죄다 깎아서 문을 만들었으니 옛사람의 오래 살려는 욕망이 얼마나 강했는지 알 수 있다. 문을 들어서서 보면 바로 오른쪽에 연못과 정자가 또 하나 있다. 바로 애련지이다. 이 연못은 아예 이름이 연꽃을 사랑한다는 뜻이라 연꽃이 있어야 할 텐데 그리 많이 보이지는 않는다.

이 연못 정원은 너무 단출하다. 밖에서 보아서는 별 감흥이 일지 않는다. 정원을 감상하려면 또 정확한 지점으로 가야 하는데, 그곳은 부용지에서처럼 정자에 가서 밖을 보는 것이다. 특히 단풍이 든 가을에 정자의 기둥을 프레임 삼아 보면 아주 괜찮은 경치가 눈에 들어온다. 연못 주위가 너무 담백해서 옛 그림을 살펴보았는데 이전과 그리 달라진 모습을 찾을 수 없었다.

애련지에서 조금만 가면 집이 하나 있다. 연경당演慶堂이라 불리는 이 집은 대궐에만 사는 임금이 사대부의 집이 궁금해서 지었다고 하는데, 그렇지 않다고 주장하는 학자도 있다. 양반가로 보기에는 집이 너무 크다는 것인데 아직 어떤 설이 맞는지는 모른다. 이 집 앞에는 다리가 있고 그 옆에는 괴석에 두꺼비 네 마리가 새겨져 있다. 이것은 달을 상징한다. 우리는 달을 지나 은하수를 상징하는 시내를 건너 신선 세계로 들어간다. 집의 대문이 신선들이 사는 궁궐로 들어가는 문을 나타내기 때문이다.

한옥에 대해서는 앞에서 이미 많이 말했으니 더 이상 설명할 필요는 없겠다. 다만 이 집은 사랑채와 안채가 옆으로 붙어 있는 게 조금 신기할 뿐이다. 조선조에서는 남녀유별을 강조한 유교 덕분에 가장이 기거하는

관람정과 반도지

사랑채와 부인이 기거하는 안채를 떨어트려 놓았다. 그래서 대문에 가까운 곳에 사랑채를 지어 그곳에서 남자는 바깥손님을 맞았다. 부인이 사는 안채는 집 안쪽에 만들어 바깥 남자들이 접근하는 것을 일절 금했다.

그런데 이 집은 안채와 사랑채가 옆으로 붙어 있으니 그게 좀 이상하다. 집은 아주 깨끗하게 잘 지은 집임을 알 수 있다. 본채 바로 옆에는 손님을 응접하고 서재로 쓰던 건물이 있다. 이 집은 양쪽 벽을 벽돌로 쌓았는데, 이것은 중국식을 모방한 것으로 조선 건축으로서는 사치(?)를 부린 것이다. 그런데 이 집은 차양이 너무 커 건물이 이상해 보인다. 이는 집이 서향이라 저무는 햇빛이 깊숙히 들어오는 것을 막기 위한 것인데, 내 눈에는 아름다운 건물의 외관을 망친 듯한 인상이다.

이 집은 마지막 황제인 고종이나 순종이 외빈 접대 장소로 많이 써서

1910년대의 반도지 전경 출처:행전하역 서원남문거리역사5 중 재

그런지 꽤 격이 높다. 이제부터 우리가 가려는 후원에 있는 정자가 모두 이 집에 속한 것이기 때문이다. 그래서 이 집이 양반가가 아니라는 설이 나오는 것이리라. 이곳은 이렇게 휙 둘러보고 나가자.

　이제 우리는 더 그윽한 후원으로 들어간다. 이곳은 수림이 울창할 뿐만 아니라 곳곳에 정자와 연못이 있어 아마도 창덕궁에서 가장 운치 있는 곳일 게다. 이곳은 4월부터 11월까지 일주일에 하루(목요일)만 공개하니 날짜를 잘 맞추어 가야 한다. 그날에는 자유관람을 할 수 있어 이곳까지 올 수 있는데 대신 입장료는 5배나 비싸다. 그러나 여기까지 보면 돈 아깝다는 생각은 들지 않는다. 어떻게 보면 이 구역이 앞에서 본 부용지 지역보다 더 아름답다. 산길이 아주 호젓하고 운치 있을 뿐만 아니라, 곳곳에 아름다운 정자를 배치하고 연못을 파 놓았다. 분명 이곳은 시내 한

1910년대의 춘덕정과 관람정 영역

복판인데 이 안은 산림이 우거져 흡사 산골에 와 있는 느낌이다. 그리고 길이 아주 잘 정돈되어 있어 마음이 차분하게 가라앉는다.

숲길을 따라 들어가다 보면 처음으로 부채꼴 모양의 정자와 이상한 형태의 연못을 만난다. 이 정자는 관람정觀纜亭이라 하고 연못은 반도지半島池라 불리는데, 연못이 한반도 모습을 닮아 그런 이름이 붙여졌다. 이 구역도 아름답지 않은 것은 아니지만 무언가 이상한 느낌이 든다. 특히 연못의 생김새가 그렇다. 지금까지 보던 연못과는 사뭇 다르다. 지금까지 보았던 연못은 대체로 사각형이었는데 이 연못은 난데없이 반도 모양이다. 그리고 물가에는 돌아가며 돌을 쳤는데 이것 역시 이상하다. 영 우리 것 같아 보이지 않는다. 정자도 우리식은 대체로 사각형인데 이것은 부채꼴이니 이것도 이상하긴 마찬가지다.

이럴 때에는 옛 그림을 다시 보아야 한다. 확인해 보니 이런 정원은 없었다. 있을 리가 없다. 대신 작은 연못이 3개 있을 뿐이고, 정자는 없었다. 이뿐만 아니라 반도지 건너에 있는 정자(승재정勝在亭)도 없었다. 그런데 일제강점기에 찍은 사진을 보면 양철 지붕을 한 관람정도 있고, 반도 모양으로 바뀐 연못에 그 위에는 다리까지 놓여 있는 것을 볼 수 있다. 이렇게 보니 영락없는 일본식 정원으로 보인다. 따라서 언제인지는 모르지만 이 정자 일원은 일제 때 훼손된 것이다. 그러나 약간은 이국적인 건물과 연못이 있어 아주 나쁜 것만은 아니다.

관람정 바로 위에는 존덕정尊德亭이 있는데, 이 정자는 이 지역의 중심 역할을 한다. 이 정자는 육각에 지붕은 이층으로, 신경을 많이 써서 지은 것을 알 수 있다. 그리고 이 정자의 천장에는 청룡과 황룡이 그려져 있어 이 정자가 왕과 관계되는 격이 높은 건물이라는 것을 알 수 있다. 아마 왕이 오면 주로 이 정자에서 휴식을 취했을 것이다.

그런데 정작 내가 궁금한 것은 어떻게 왕이 이곳에 왔고, 구체적으로 어떻게 휴식을 즐겼는가 하는 점이다. 왕이 이곳으로 언제 오는지, 또 올 때는 걸어오는지 아니면 가마를 타고 오는지, 와서는 어디에 어떻게 앉아서 무엇을 하는지 등등 모두가 다 궁금하다. 하지만 이를 상세하게 설명해주는 책은 없다. 아마도 『실록』이나 『일기』에는 나와 있을 터이니 그것을 가지고 참고해야겠다는 생각이다. 지금까지 알려진 바는 그 옆에 있는 폄우사砭愚榭라는 정자에서 왕이 책을 읽거나 낮잠을 잤다고 추정하는 정도다.

이 정자 구역에 대해서도 그리 설명할 필요를 못 느낀다. 그저 자연 속

괴석

반달연못

폄우사

존덕정

관람정

어수당

존덕정 구역

에 연못을 파고 사람이 앉아서 쉴 수 있는 정자를 만들어 놓은 것뿐이기 때문이다. 여기서도 어김없이 어떤 공간을 조성할 때 가능한 한 인위적으로 가공하지 않으려는 한국인의 성향이 엿보인다. 다만 지적할 게 있다면 여기에 있는 연못의 생김새가 조금 이상해 보인다는 것이다. 사진에서 보는 것처럼 비정형의 도형으로 되어 있다. 이런 모습은 방금 전에 보았던 관람정에서와 마찬가지로 우리식 정원에서 즐겨 쓰는 도형이 아니다. 그래서 다시 옛 그림을 찾아보니, 이 역시 이전의 모습과 다른 것을 알 수 있었다. 예전에는 직사각형의 연못과 반달형 연못이 따로 있었는데 나중에 이것을 터버린 것이다. 그래서 이상한 모습이 되었다.

　그렇지만 여전히 아름답다. 다른 정자들과 마찬가지로 이 정자도 특히 가을에 아름답다. 옛 그림을 보면 이 정자 옆에 담을 치고 문 하나를 만들어 놓은 모습이 보인다. 그리고 그 문을 열고 들어가면 괴석 하나를 볼 수 있다. 돌 하나를 이렇게 격식을 갖추어서 모셔 놓은 것으로 보아, 이 돌이 범상치 않은 것임을 알 수 있다. 이런 괴석을 정원에 놓는 것은 중국식을 따른 것인데 이런 돌은 우리나라에서는 나오지 않는다. 학자들의 추측에 이 돌은 아마도 중국 황제가 보냈을 것이라고 한다. 그렇지 않고서야 저렇게 고이 모셔 놓을 리가 없다는 것이다.

　이제 마지막 길로 들어서자. 더욱더 산속으로 들어가는 느낌이다. 그럴 수밖에 없는 것이 작은 구릉을 넘어야 옥류천 구역이 나오기 때문이다. 이 구역은 창덕궁 후원의 절정이라 할 수 있다. 북쪽 골짜기라 가장 후미진 곳이다. 그 뒤에는 궁궐의 담만 있으니 이곳이 마지막이다. 여기에 의젓하게 앉아 있는 듯한 바위가 있는데, 바로 소요암逍遙巖이라는 바위이다. 그 옆에 만든 정자는 이 바위의 이름을 따 소요정逍遙亭이라고 부른다. '소요'란 말 그대로 한가롭게 노닌다는 뜻으로서, 『장자』를 보면 첫 장의 제목이 '소요'로 되어 있다. 장자는 이 우주를 드높게 소요한다는 뜻으로 쓴 것인데, 이 정원을 만든 사람이 도가 사상가인 장자를 염두에 두고 바위 이름을 붙인 것 같지는 않다. 이 바위의 주위에는 5개의 정자가 있는데, 하나하나 볼 필요는 없다. 여기서 가장 압권은 말할 것도 없이 바위다.

　바위는 위에 U자형으로 둥글게 홈을 팠기 때문에 물이 돌아서 흐르다

1930년대의 옥류천 영역

작은 폭포를 이루면서 밑으로 떨어지게 되어 있다. 이 바위에 대한 전형적인 설명은, 임금이 신하들과 함께 굽이치는 물 위에 술잔을 띄우고 시를 지으며 놀았다는 것이다. 이와 비슷한 것이 경주의 남산 밑에 있는 포석정에도 있다. 그런데 포석정의 것은 충분히 술잔을 띄우고 놀 수 있을 정도로 인공적으로 잘 만들었는데, 이 바위에서는 어떻게 술잔을 띄웠을지 잘 감이 오지 않는다. 굽이치는 물길의 깊이가 그다지 깊은 것 같지도 않고, 그렇다고 길이도 그리 길지 않아 그렇다.

게다가 이곳은 바위 위라 불편했을 터인데 임금과 신하들이 어떻게 앉

옥류천

서울 문화 순례

아서 술 마시고 시를 지었을지 잘 상상이 안 간다. 그렇게 놀기에는 장소가 너무 협소하다. 그리고 무엇보다도 의문이 드는 것은 이 바위를 가공한 모습이 다소 인위적으로 보인다는 것이다. 작은 폭포를 만드느라 바위를 깎은 것 같은데, 그렇게 하다 보니 직각으로 꺾인 인위적인 모습들이 너무 두드러져 보인다. 나는 지금껏 정원을 만들 때 가능하면 인위적인 손길을 줄이는 게 한국인의 성향이라고 했는데, 여기서는 그 설명이 무색할 정도로 인공적인 손길이 강하게 보인다.

그래서 이번에도 옛 그림을 확인해 보았는데, 이번에는 지금의 모습과 옛날의 모습이 그리 달라 보이지 않았다. 이곳에 올 때마다 내겐 항상 그런 의문이 드는데 누구에게 물어보아도 시원한 답이 나오지 않는다. 그러나 그럼에도 불구하고 여전히 이 옥류천 구역 역시 이웃나라인 중국이나 일본의 전통 정원에 비해 인공적인 손길이 덜 간 것은 사실이다.

위에 있는 바위를 보면 한자로 시를 새겨놓고 옥류천이라는 이름도 새겨놓은 것을 알 수 있다. 시구는 숙종이 지은 것이고 옥류천은 인조가 직접 썼다고 하는데, 나는 이렇게 돌에다가 자꾸 글을 새겨 넣는 것도 그리 탐탁하게 생각하지 않는다. 왕이 짓고 썼다고 해서 잘 보이게 정면에다가 새기는 것은 전체 모습을 망칠 수 있기 때문이다. 굳이 새기고 싶으면 옆에다 해서 잘 안 보이게 하면 더 좋지 않았을까 하는 생각이다. 설계는 멀쩡하게 친자연적으로 해 놓고 거기다 가장 인위적인 글을 돌에 새겨 넣는 것은 조화롭게 보이지 않는다. 이것은 아마도 글을 너무 사랑한 조선 선비들의 유습이리라.

이 옥류천 바로 위에는 좀 색다른 정자와 연못 비슷한 게 있다. 이곳은 벼를 심는 곳으로서, 왕은 여기에서 시범적으로 농사를 지으면서 농민들과 심정을 교감하려 했을 것이다. 또는 천하의 중심인 그가 여기서 농사를 지으면 그 기운에 맞추어 모든 농사가 잘 될 것이라는 주술적인 바람이 있었을 수도 있다. 그래서 그런지 그 논 안에 있는 청의정이라는 이름의 정자는 기와가 아니라 초가로 지붕을 덮었다. 초가지붕 정자는 궁에서 이것이 유일하다. 농민의 일반적인 주거 형태인 초가를 본 따 지은 것이겠지만, 지붕 안을 보면 단순하지 않고 외려 복잡하게 해 놓았다. 이 정자 말고도 3개 정도의 정자가 더 있는데 모두 왕이 쉬거나 독서하는 곳이라고 한다. 이런 이야기가 간혹 나올 때마다 드는 의문은, 조선의 왕은 쉬면서도 책을 읽었느냐는 것이다. 늘 책을 접하는 우리 교수들은 쉴 때는 책을 멀리 하고 싶은데 왕은 우리보다 더 학구적인 모양이다.

오솔길 걸어 창덕궁을 나서며

이 정도면 창덕궁은 다 본 것이다. 물론 궁궐의 더 안쪽에는 우리가 보지 못한 곳도 있지만 그곳은 아예 개방을 하지 않으니 아쉬울 따름이다. 우리가 가보지 못한 곳 가운데 대표적인 곳은 '대보단大報壇'이라 불리는 곳이다. 이것을 풀면 '큰 은혜를 갚는 제단'이라는 뜻인데, 임진왜란 때 군대를 보내준 명나라의 신종에게 은혜(?)를 보답하고자 제사를 드리는 단이다. 이 단은 명나라가 망한 지 60년이 지난 1704년에 세웠는데, 이는 당시 조선이 비록 청을 섬기기는 하지만 정신적으로는 명을 잇는다는 자긍심을 나타내려고 세운 것이다. 그 뒤에 이곳에는 명을 세운 태조를 포함해 두 명의 황제를 더 모신다.

청의정

태극정

농산정

옥류천

소요정

취한정

후원의 옥류천 구역

이 지역은 창덕궁 안에서도 서북쪽으로 아주 치우친 곳에 있다. 그래서 이런 지역이 있다는 것을 모르는 사람이 많다. 이렇게 후미진 곳에 제단을 세운 이유는 청나라를 의식해서다. 행여 청나라 사신이 왔다가 이 제단을 발견하면 어떻게 하나 하는 노파심 때문에 이렇게 후미진 곳에 만든 것이다. 명을 무너뜨리고 청이 들어섰는데 아직도 조선이 명을 섬긴다면 그것은 배신행위이기 때문이다. 이런 과거의 정치적인 이슈를 지금 생각하면 웃음이 나지만 그때는 중요한 문제였을 것이다. 명나라가 망한 뒤에 진정한 중화 문명은 중국에서 조선으로 넘어왔다고 믿었던 조선의 지식인들은, 어떻게 보면 사대주의자이지만 다른 각도에서 보면 문명에 대한 자부심이 아주 강했다고 볼 수도 있다.

창덕궁을 빠져나가는 길은 아주 간단하다. 다소곳한 오솔길을 따라가면 된다. 구릉을 넘어가면 개천이 하나 또 나온다. 물론 이것은 인공으로 만든 것이다. 뒷산에서 흐르는 물을 이리로 모아 궁전 앞부분에 있는 금천으로 인도한다. 그런데 개천의 너비가 상당하다. '아니 저렇게 많은 물이 흘렀을까?' 하는 의구심이 들어 옛 그림을 찾아보니, 그 그림에도 지금과 같게 나온다. 그렇다면 물이 꽤 흘렀음이 틀림없다.

개천을 따라 계속해서 나오면 수령이 몇 백 년 된 굽은 향나무를 발견할 수 있다. 여기에 향나무가 있는 이유는 바로 옆 건물에서 선왕들의 초상화를 모시고 제를 지냈기 때문이다. 그때 이 향나무를 조금씩 잘라 향으로 썼을 것이다. 여기만 지나면 우리는 나가는 문 앞에 온다. 그 문 바로 옆에는 기념품과 궁과 관계되는 서적을 파는 가게가 있는데, 만일 이 궁에서 느낀 게 많았다면 관계 자료를 이곳에서 사면 좋을 것이다.

숲길

한국인의 마음을 빚은 종교 유적

국사당

종　묘

성균관

조계사

한국인을 춤추게 하는 영혼의 가락

　서울에는 종교와 연관된 유적이 적지 않다. 이제 우리는 과거에 우리의 마음을 빚은 종교와 관련된 유적지를 찾아 서울을 뒤지기로 한다. 지금은 한국이 마치 기독교 국가가 된 것처럼 교회가 많지만, 기독교가 치성하기 전에는 무교(무속)와 유교, 불교가 주된 전통을 이루었다. 이런 전통은 서울에 유적을 남겼는데 이제 그것을 보려고 한다. 이 가운데에서도 무교巫敎, 곧 샤머니즘부터 보려고 한다. 그것은 무교야말로 우리의 영원한 종교이기 때문이다.

　종교적으로 볼 때 재미있는 것은, 한국인은 자신과 가장 가까운 종교가 무교임에도 불구하고 절대로 그것을 인정하지 않는다는 사실이다. 이 점에 대해서는 다른 책에서 이미 밝혔기 때문에 여기에서 상세하게 말할 필요는 없다. 우리는 우리와 무교의 관계를 말할 때, 유교나 불교 같은 종교는 역사 속에서 부침이 있었지만 무교는 우리와 같이 역사를 시작하여 지금까지 문화의 심층을 흐르는 하나의 저류로서 끊임없이 지속되어 왔다는 사실을 지적해야 한다. 그리고 무교가 우리 문화, 그 가운데 특히 민속 문화의 뿌리라는 점을 잊지 말아야 한다.

이는 우리의 전통 문화 가운데 거개가 무교와 관계있다는 것을 뜻한다. 다시 말해 그 뿌리를 캐다보면 우리의 전통 문화는 물론이고 현대 문화에서도 어떤 요소들은 밑바닥에서 무교와 만난다는 것이다. 예를 들어보자. 지금 민속 예술 가운데 가장 대표적일 뿐만 아니라 세계적인 경쟁력을 가진 것으로 판소리나 산조 음악, 살풀이춤, 사물놀이를 드는 데에 반대할 사람은 별로 없을 것이다. 그런데 이는 모두 굿판에서 나온 것들이다. 판소리, 산조, 살풀이춤은 아예 전라도 굿판에서 나왔고, 사물놀이는 농악에서 나왔다. 농악이란 마을에서 굿이나 축제를 할 때 하는 것이니, 다시 굿과 관계된다고 할 수 있다.

현대의 대중문화 가운데 국제적으로 인기 있는 것으로 난타를 빼놓을 수가 없는데, 이 난타 역시 사물놀이에서 파생된 것이다. 사정이 이렇기 때문에 우리의 민속 예술은 그 뿌리가 무교에 있다고 하는 것이다. 심지어 세계적인 비디오 아티스트였던 백남준도 죽은 자신의 동료를 위해 자신만의 독특한 양식으로 굿을 하기도 하고, 그의 작품에 무당이 직접 출연하기도 했다. 그런가 하면 세계적인 작곡가였던 윤이상도 자신의 작품을 가능하게 했던 영감 가운데 하나는 집(통영) 근처에서 자주 듣던 굿판의 음악이었다고 술회한 적이 있다.

우리는 다른 어느 나라 사람들보다도 '원시' 종교라 할 수 있는 무교에 의존한다. 정확한 숫자는 알 수 없지만 적어도 10만이 넘는 무당이 있고,

그들은 전국 도처에서 날마다 굿을 한다. 무당이 이렇게 많은 것을 실감하려면 매일 쏟아져 나오는 스포츠 신문만 보면 된다. 이 신문들에는 적어도 2면 이상의 하단에 점 광고가 나온다. 무당(또는 점복가) 몇 십 명이 지면을 사서 광고하는 것인데, 신문사에서는 이 광고를 통해 많은 수익을 올릴 것이다. 심지어는 지하철 안에도 점을 보라는 광고가 눈에 띈다. 그리고 대학가 주변에는 여러 형태의 점집이 성업 중이다. 또 서울 전역뿐만 아니라 전국 도처에서 무당집을 심심치 않게 발견할 수 있다. 무당을 이렇게 흔하게 발견할 수 있는 나라는 온 세계에서 흔하지 않다.

이런 국면은 텔레비전에서도 보인다. 요즘 아주 인기 있는 텔레비전 프로그램 가운데 "무릎팍 도사"라는 것이 있는데, 이 프로그램은 배경이 무당집이고 진행자는 무당과 같은 역할을 한다. 출연자가 일정한 문제를 들고 오면 진행자는 주변의 여러 신변 이야기를 하면서 나중에 그 문제를 풀어주는데, 이것은 무당이 하는 일과 정확히 일치한다. 이렇게 우리는 자신이 혼자 풀기 힘든 문제에 직면하면 무당을 찾는 일이 보편화되어 있다.

초라한 국립 사당을 찾아서

그런 무교를 만나려면 어디로 가야 할까? 살아 있는 현장을 보려면 무당집에 가서 보는 게 제일이지만, 그래도 한 번쯤은 무교의 중심이라 할 수 있는 국사당에 가보아야 한다. 국사당은 앞에서 남산을 보면서 잠깐 언급했다. 원래는 남산 정상에 있던 것인데 1925년 남산 중턱에 조선 신궁을 지으면서 강제적으로 인왕산으로 옮겨졌다고 했다. 이 국사당은 원래 조선을 세운 이성계가 남산의 산신을 모시려고 세운 국립 사당이었는데 후대로 가면서 무당들에게 인기가 많았던 모양이다. 그러다 이 사당은 서울에서 제일로 치는 굿당이 되어 버린다. 아마 국가에서 세웠다는 생각 때문에 무당들이 이 굿당을 더 좋아했는지도 모르겠다(무당들도 권력에 약한 모양이다!).

국사당으로 가려면 지하철 3호선 독립문역에서 내려 인왕산으로 올라가면 된다. 그런데 최근 인왕산 기슭에 아파트를 짓느라 길이 자꾸 바뀌어 어떤 길로 가야 할지 헷갈린다. 그러나 다행스럽게도 이 건물은 나라에서 보호하는 사적으로 지정되어 역 근처에 안내판이 있다. 우리는 그것을 따라가기만 하면 된다.

굿당은 굿할 때 가는 곳인데, 이런 굿당이 서울에만도 수십 개가 있다. 그런데 왜 사람들이 굿당의 존재를 잘 모를까? 그것은 굿당이 이렇듯 후미진 산속에 있기 때문이다. 그럴 수밖에 없는 것이 우리는 무교를 미신이라고 꺼리기 때문에 굿을 하는 집이 주거 지구에 있는 것을 그다지 좋아하지 않는다. 게다가 굿을 할 때에는 심벌즈처럼 생긴 악기인 제금을 치고 장구를 쳐대니까 매우 시끄럽다. 이게 시끄러우니 동네 사람들이 견디질 못한다. 게다가 지금은 기독교인이 많아 더더욱 못 참는다.

그러나 이전에는 달랐다. 동네에서 굿판이 벌어지면 온 동네가 축제판이 된다. 굿판에 가서 춤도 추고 떡도 얻어먹고 술도 마실 수 있었다. 그리고 굿판은 여성의 해방 공간이었다. 굿판에서는 평소에 눌려 지내던 여성들이 마음 놓고 춤출 수 있었다. 그래서 "며느리 춤추는 꼴이 보기 싫어 굿 못한다"라는 속담까지 나왔다. 그랬던 게 이제는 사람이 보지 않는 곳에서 몰래 하는 미신적인 행사로 전락하고 말았다. 국민의 25%가 기독교인이 된 지금 굿판이 설 자리는 더더욱 좁아졌다.

무교에 대해 할 말이 많지만 차치하고, 우리는 국사당을 향해 산을 올라가자. 근처에 오면 벌써 광경이나 소리, 냄새가 달라진다. 우선 국사당 부근에는 국사당 같은 건물들이 많이 있다. 이 건물들은 겉으로는 절의 모습이지만 하는 일은 굿당과 그다지 다르지 않다. 불교적인 의례도 하지만 무교와 섞인 매우 한국적인 종교 의례를 행하기 때문이다. 굿이 있는 날이면 이 근처만 와도 벌써 악기 연주하는 소리가 들린다. 특히 제금은 금속 악기라 멀리까지 들린다.

그런데 문제는 이곳의 환경이다. 그리 깨끗하다고 볼 수 없기 때문이다. 이른바 달동네 수준이다. 그런 길을 올라가면 사진에서 보는 바와 같은 작은 한옥을 만난다. 이게 한국 무교의 총본산이라고 하는 국사당이다. 작은 건물 한 채가 전부다.

내가 여기에 처음 온 것은 1980년대 말이었는데 그때도 적잖이 놀랐다. 한국 민속신앙의 위상이 이렇게 낮은가 하고 말이다. 우리 문화의 뿌리를 이룬다는 무교의 중심지가 너무 간소하다. 지금도 그때와 달라진 게 거의 없다. 그러나 일본을 보라. 일본의 샤머니즘이라고 할 수 있는 신도 사원은 아름답기 그지없지 않은가? 게다가 시내 곳곳에 있어 접근하기도 편리하고, 누가 미신이라고 손가락질하지도 않는다. 이렇듯 우리는 자신의 가장 깊은 심성을 구성하고 있는 샤머니즘에 무관심으로 일관하고 있다.

굿은 날짜를 정해 놓고 하는 게 아니라 일이 생기면 갑자기 하는 것이

인왕산 국사당

라 재수가 좋아야 가는 날 굿하는 것을 볼 수 있다. 굿을 할 때에는 주로 건물 안에서 하는데, 그 안에는 무신도가 십여 점 있다. 이 그림에는 무 당이 섬기는 신령들이 그려져 있다. 이 신령들은 우리가 예부터 섬기던 신이다. 여기에는 노래와 춤을 잘하는 신도 있고, 돈을 잘 벌게 해주는 여성신도 있다. 이 신들은 우리가 집단 무의식 속에서 자신을 도울 수 있 는 존재를 상정하여 신격화한 것으로 생각된다.

신령들에게는 여러 특징이 있는데, 무엇보다도 강한 존재여야 한다. 거기다 한을 품고 죽으면 무교에서 가장 좋아하는 신령 후보가 된다. 예 를 들어 소설 삼국지의 주인공 가운데 한 사람으로 중국 역사상 가장 무 공이 높은 장군이라고 칭송되는 관우가 있다. 이렇게 강한 장수였던 관

무신도 부분

우는 적에게 붙들려 참수를 당한다. 그 뒤부터 중국인은 관우를 신으로 격상시켜 모셨다. 이것을 안 우리나라의 무당들은 그가 참수를 당했으니 한이 많을 거라고 추정하고 자신이 모시는 신으로 받아들인다. 중국처럼 큰 나라의 용맹한 장수였으니 힘은 강할 게 틀림없고, 게다가 한까지 품고 죽었으니 그 한을 풀고자 무당 자신들의 도움이 필요할 거라고 생각한 것이다. 그의 한을 풀어주면 관우는 은혜를 갚으려고 자신을 도울 거라는 생각과 함께 말이다.

바로 이런 신들의 그림이 사당 안에 걸려 있다. 보통 이러한 그림을 무신도라고 부르는데, 이 그림은 대표적인 민화 가운데 하나다. 민화란 민중의 그림이라 그 묘사가 정교하지는 않지만 나름대로 예술성이 있는 작품이다. 이 사당에 있는 그림은 민중적인 그림 가운데에서도 수준 높은 것들이다. 게다가 하나 같이 한국적인 그림이다. 그림의 주인공이 비록 신령들이지만 모두 이웃집에 살고 있는 아저씨, 아줌마 같다. 그러나 눈에서는 어떤 기운이 엿보인다. 이 그림의 주인공이 남이 아니라 우리 자신 같아 마음이 편안해진다. 그래서 난 이 굿당을 찾을 때마다 꼭 이 그림들을 본다. 그러면 몸속에 있는 무의식적인 성향이 꿈틀거리는 것을 느낀다.

굿은 아무 때나 하는 것이 아니다. 신도는 자신의 힘만으로는 풀 수 없는 큰일이 생겼을 때 무당과 상의한다. 가령 집에서 이유 없이 사람이 죽는다거나 남편 사업이 자꾸 부도가 나거나 하는 일이 생기면, 신도는 먼저 무당에게 가서 점을 본다. 점을 친 결과 사안이 중해 인간의 힘만으로는 해결할 수 없고 신령의 도움이 필요하다는 점괘가 나오면 그때 굿을 한다.

이 예에서도 알 수 있듯이 무당은 신령과 통할 수 있는 영능력을 가진 사람이다. 그래서 아무나 무당이 될 수 있는 게 아니다. 무당이 되려면 일단 신령의 선택을 받아야 한다. 그 다음 신병神病이라는 혹독한 병을 몇 년 동안 앓는다. 그리고 마지막으로 선배 무당에게서 내림굿initiation gut을 받고, 몸주가 되는 신령이 무당 후보자의 몸에 실리면 정식 무당이 된다. 이때부터 굿할 수 있는 능력을 갖고, 신령과 교통하면서 신자들의 문제를 해결하는 능력을 구비하게 된다. 이런 면에서 무당은 민간 사제라 할 수 있다.

굿하는 것을 보면 알 수 있지만 그 내용의 거개가 대개 노래와 춤으로 이루어져 있다. 약 12개에 달하는 거리를 하는데, 각 거리는 모두 노래와 춤으로 진행된다. 거리마다 등장하는 신이 각기 다른데, 이 신이 올 때마다 무당은 노래와 춤을 통해 맞아들이고 그 신령이 내려주는 계시를 신도에게 전한다. 그리고 그 신을 보낼 때도 노래와 춤으로 환송한다. 각 거리는 이와 같이 모든 순서가 노래와 춤으로 진행되기 때문인지, '굿한다'라는 표현보다 '굿을 논다(play)'라는 표현을 자주 쓴다. 종교 의례가 엄숙하기보다는 한바탕 노는 것에 가까우니 재미있다. 그래서 어떻게 보면 경건함이 다소 떨어진다는 느낌이다.

그러나 종교 의례가 경건해야 한다는 건 일부 종교에만 해당하는 것이고 이전에는 이렇듯 놀이판인 경우가 많았다. 크게 한바탕 노는 가운데 망아忘我의 경지를 체험하고 그때 모든 것을 푸는 것이다. 물론 이렇게 노는 것만 있는 것은 아니다. 한을 품고 죽은 신이 무당의 몸에 들어오면 그때는 굿판이 울음바다가 된다. 이렇게 웃음과 울음으로 자유롭게 옮겨 다니며 무당은 신도를 들었다 놨다 한다. 우리에게 굿은 종교 의례라기보다는 일상생활처럼 보인다. 그래서 그런지 무당은 굿하다가 악사, 특히 장구 치는 사람과 사적인 대화도 많이 한다. 물론 거기에는 농담도 많이 포함된다. 굿하고 있는 무당이 전화를 받는 경우는 없지만 장구 치는 사람은 종종 받는다. 교회에서 성가대가 찬송하다가 전화를 받는다면 얼마나 웃기는 일인가.

아무튼 굿을 볼 때에는 편안한 마음으로 보면 된다. 굿은 하루 종일 하기 때문에 중간에 밥도 먹는다. 그러면 무당은 그들만 밥을 먹는 일이 없고 꼭 같이 먹자고 한다. 물론 그 전에도 떡이나 과일을 주기도 한다. 내게는 이런 모습이 아주 한국적으로 보인다. 우리가 좋아하는 정이 철철 넘쳐흐른다. 굿이라는 건 이렇듯 자기들만 하는 게 아니라 더불어 있는 사람을 다 챙기기 때문에 굿을 하면 동네 전체가 축제판이 된다고 하는 것이다.

어떤 거리에서는 무당이 굿을 보러 온 사람들의 점을 봐주는 경우도 있다. 그러면 점을 본 사람은 성의 표시로 간단히 사례한다. 또 어떤 거리에서는 굿을 부탁한 신도가 직접 무당 옷을 입고 춤을 춘다. 신도가 이제는 무당이 되는 것이다. 스스로 주인이 되어 실컷 놀라고 하는 것이다. 그리고 그 놀이 속에서 한을 풀라고 한다. 굿은 이렇다. 사제와 신도와 구경꾼 사이에 굳이 간격을 두지 않는다. 물론 역할 분담이 있지만 한두 번쯤은 그 간격을 모두 허물어버린다. 그것은 우리 모두가 신령님의 제자이기에 다 '포다듬고' 같이 가야 한다고 생각하기 때문일 것이다.

이런 성향은 굿 안에서도 발견된다. 굿은 '부정거리'라고 해서 굿하는 장소를 신성하게 하는 의식부터 시작한다. 굿판은 신령이 내려오는 거룩한 장소이기 때문에 잡귀들을 물리쳐야 한다. 이때 무당은 노래를 하면서 사방에 술을 뿌린다. 이 거리는 보통 굿을 부탁한 신도가 오기 전에 무당끼리만 한다. 이 거리에는 신령이 내려오는 게 아니라 굳이 신도가 있을 필요가 없기 때문이다.

그렇게 굿판이 정화되면 굿이 시작된다. 굿은 하루 종일 한다. 그렇게 해서 굿이 끝나면, 무당은 신도들을 돌려보내고 또 해야 할 일이 있다.

그동안 굿판에서 소외되었던 잡귀들을 다시 불러들여 대접하는 일이 그 것이다. 굿 때문에 잠시 내쳤던 그들을 다시 불러들이는 것이다. 이렇듯 우리의 무교에는 모든 생령들을 배려하는 큰마음이 있다. 지금은 거개의 무당이 매우 세속적으로 바뀌었지만, 원래는 이런 고귀한 생각을 가진 게 우리의 무당이었다.

한국인에게 무교란 무엇인가?

우리는 무교를 종교로 인정하지 않지만 외국인들은 항상 무교가 한국 인의 종교라고 주장해왔다. 가장 비근한 예가 19세기 말부터 조선에 건 너온 미국의 선교사가 우리 종교에 대해 남긴 이야기다. 그들의 주장을 정리하면, "한국인은 불교적으로 사고하고 유교적으로 생활하다가, 문제 에 봉착하면 무당에게 달려 간다"는 식으로 요약할 수 있다. 그러니까 문 제를 해결할 때 마지막에 도움을 청하는 게 무당이라는 것이다.

이런 이야기는 지금도 무당들에게서 많이 듣는다. 나는 최근에 어떤 굿을 참관할 기회가 있었는데, 그 굿은 놀랍게도 기독교인이 부탁한 굿 이었다. 장사를 하다가 벌이가 시원치 않자 무당에게 굿을 부탁한 것이 다. 그런데 정작 본인은 굿판에 나타나지 않았다. 어려서부터 기독교를 믿었던 터라 자괴감 때문에 나타나지 않았다는 것이다. 그래서 무당끼리 만 하는 싱거운 굿이 되어버렸는데, 무당의 말에 따르면 기독교인들도 굿을 부탁하는 사람이 꽤 많다고 한다. 그때 다시 한 번 나는 미국 선교 사의 이야기가 맞다는 것을 절감했다.

우리가 이렇게 무당을 떠나지 못하는 것은 그들이 우리에게 필요한 존재이기 때문이다. 무당은 다른 사람과 상의하기 힘든 문제를 풀어주는 존재다. 예를 들어 남편에게 다른 여자가 생겼다고 하자. 부인은 화가 많이 날 터이지만 이걸 누구에게 속 시원하게 말할 수가 없을 게다. 자신이 다니는 교회의 목사에게 말할 수도 없고, 아는 승려에게 털어놓을 수도 없는 일이다. 이럴 때 무당에게 가면 무당은 그녀 편에 서서 위로를 해줄 뿐만 아니라 여러 가지로 해결책을 제시해 준다.

다른 예로, 남편이 사업을 하다 부도가 나려고 하는 다급한 상황이 됐을 때 이 문제 역시 기성 종교의 사제에게는 말하기 힘들다. 그러나 무당에게는 언제든지 찾아가 이런 세속적인 문제를 거리낌 없이 상의하고 부탁할 수 있다.

무당은 가장 한국적인 사제인지라 우리 성정에 꼭 맞는 답을 제시해 우리를 위로한다. 예를 들어 어떤 사람이 열심히 일했지만 결과가 별로 좋지 않았다고 하자. 무당에게 와서 그 이유에 대해 상의하니 무당은 '당신은 비단옷을 입고 밤길을 가고 있다'라고 답했다. 그 뜻은, 본인은 엄청 신경 써서 좋은 옷을 입고 나왔는데 하필 밤이라 남들이 알아주지 않는다는 것이다. 이런 이야기를 들은 사람은 안심하기 마련이다. 자기는 충분히 노력했지만 시절을 잘못 만나 자기가 빛나지 않았기 때문이다. 그러니까 문제는 나에게가 아니라 밖에 있는 것이다. 내가 잘못한 것이 아니니 스스로 마음의 위로를 받을 수 있다. 그래서 자책할 필요가 없다. 이때 무당은 신령에게 받은 해답으로 신도에게 답을 준다. 그 해결책에는 주술적인 것이 많지만, 어떤 해답을 받든 신도에게는 많은 도움이 될 수 있다.

도약춤을 추고 있는 무당

나는 이런 의미에서 무당을 영적 상담가psychic counselor라고 부른다. 정신과 의사가 환자가 혼자서 풀 수 없는 문제를 해결하도록 도와주는 것처럼, 무당도 인간이 풀 수 없는 문제에 봉착했을 때 신도를 도와준다. 무당을 찾아오는 사람은 대개가 아주 힘든 문제를 갖고 온다. 이럴 때 무당은 신도의 이야기를 순전하게 들어줄 뿐만 아니라 열렬하게 동의를 표한다. 그의 편이 되어 주는 것이다. 어느 누구에게도 말할 수 없는 문제를 갖고 왔는데 자기 이야기를 잘 들어줄 뿐만 아니라 자기를 열렬하게 지지하니 본인은 얼마나 마음이 놓일까? 원래 상담가는 내담자를 결코 비난해서는 안 된다. 그런데 무당은 비난은커녕 내 편이 되어주니 얼마나 기분이 좋겠는가?

　사실 상담에서는 자신의 문제를 말할 수만 있어도 문제의 반 이상은 풀리는 것이다. 바로 이런 일을 무당이 하는 것이다. 물론 무당이 제시하는 해결책에 다 동의한다는 것은 아니다. 무당이 자주 제시하는 해결책 가운데 하나는 조상의 묘를 옮겨야 한다거나 굿을 하라는 것이다. 조상들이 한을 품고 있으니 그걸 풀려면 이런 방법을 써야 한다는 것이다. 이 것은 주술적인 사고의 결과인데, 이 처방을 따를지는 깊이 생각해보고 결정해야 한다. 사정이 어떻든 내 눈에는 무당이 한국인이 가진 가장 내밀한 문제 또는 원초적인 문제를 풀어주는 영적 상담가로 보인다.

　무교의 흔적은 무교 안에만 보이는 것이 아니라 우리의 일상생활에서도 보인다. 한국인은 세계적으로 술을 많이 마시고 노래와 춤을 좋아하는 사람으로 정평이 나 있다. 술 같은 경우 1인당 알코올 소비량이 러시아에 이어 세계 2위라 하니 한국인들이 얼마나 많이 마시는지 알 수 있다. 게다가 우리는 술만 마시는 경우가 별로 없다. 술을 마셔도 1차로 끝나는 적이 거의 없고 대부분 2차를 가는데, 그때 노래도 같이 부르는 경우가 태반이다. 한국인들의 가무 사랑은 끝이 없다.

이에 대해서는 여러 증좌를 댈 수 있는데 우리가 즐겨 보는 텔레비전 프로그램만 보아도 알 수 있다. 예를 들어 토요일과 일요일 밤의 프로그램을 보면 지상파 3사의 저녁 프로그램이 노래와 춤이 중심이 된 오락 프로그램으로 점철되어 있다. 일요일 밤 자정 가까이에 서울 시내를 다녀보면 그때에도 대부분의 노래방이 영업을 하고 있다. 다음날이 월요일인데도 한국인들은 술을 마시고 노래하는 것이다.

우리의 남다른 음주가무열은 보편적이라, 이런 모습과 가장 거리가 멀 것 같은 교수들도 예외는 아니다. 만일 호텔 같은 데서 하루 밤을 자면서 전체 교수 회의를 하면, 회의를 마치고 저녁 식사한 뒤에는 반드시 1인 밴드를 초청해 단과별로 노래를 부르는 등의 장기 자랑을 한다. 그것으로 노래 부르기가 끝나지 않고, 그 다음에는 각 단과대학에 속한 교수들이 모여 아예 노래방으로 가서 밤새 노래하고 논다. 그래서 흡사 우리에게는 음주가무하는 풍습이 유전자 속에 저장되어 있는 것 같다.

이렇게 노래하고 사니 전국에는 노래방이 수만 개고, 해외에도 한국인이 있는 곳이면 노래방이 없는 곳이 없다. 노래방 기계는 일본에서 가장 먼저 발명되었다고 하는데 우리는 이 기계가 발명되기만 기다렸던 민족 같다. 기계가 수입되자마자 아주 빠른 속도로 전국으로 퍼져 나갔으니 말이다. 우리는 노래를 좋아한 나머지 전국을 노래방으로 도배해 놓은 반면, 노래방과는 정반대 성향의 도서관 건설에는 아주 인색하다.

도서관이란 감정을 발산하거나 흥분하기보다는 조용하게 앉아 생각하는 곳인데, 이런 곳은 우리와는 맞지 않는다. 전국에 도서관이 천 개 정도 되는데 그 중에 대학 도서관이 반이라 하니, 우리가 책과는 얼마나 거리가 먼지 알 수 있다. 우리는 토론하고 따지는 것을 그리 좋아하지 않는다. 이성적으로 담담하게 서로를 대하기보다는 감정을 돋우면서 격정적으로 대하는 것을 좋아한다. 그래서 화끈하기도 하고, 잘 싸우기도 한다.

이렇게 노래와 춤을 좋아하는 버릇은 어디에서 유래한 것일까? 반드시 유래한 것은 아닐지라도 무교와 어떤 관련은 없을까? 앞에서 우리는 굿의 내용이 노래와 춤으로 채워져 있다고 했다. 그리고 한국인은 어떤 종교보다도 무교와 가깝다고 했다. 그렇다면 우리는 자신도 모르게 가장 가까운 종교인 무교에서 행하는 것을 일상생활에서 반복하는 것이 아닐까? 무당이 노래와 춤으로 망아경으로 가듯이, 보통 사람들은 가무에 음주를 더해서 망아경으로 가까이 가는 것이다. 무당은 자신이 그 상태로 가고 싶을 때 언제든지 갈 수 있지만, 그렇지 못한 일반인은 술의 힘을 빌려서 가까이 가는 것이다.

우리 한국인은 낮에는 어쩔 수 없이 유교식의 딱딱한 인간관계를 유지하지만, 밤이 되면 무교식의 자유분방한 세계로 들어간다. 그러려면 음주가무는 필수다. 이런 맥락에서 나는, 종종 굿판을 가보지 않으면 한국 문화를 논할 수 없다고 주장했다. 우리의 가장 내면적인 모습은 유교식으로 제사를 지낼 때가 아니라, 자신도 모르는 저 먼 과거에서부터 해오던 굿판에서 드러나기 때문이다.

사실 국사당은 장소가 좁아 이렇게 생각할 여유도 없다. 그런데 이곳에 오면 국사당 외에도 볼 것이 또 있다. 국사당 왼쪽에 있는 계단을 따라 올라가면 사진에서 보는 것처럼 이상하게 생긴 바위를 만난다. 마치 용암이 굳은 것처럼 생겼는데, 바위 여기저기에 구멍이 나 있어서 그렇게 보인다. 이 바위를 두고 사람들은 승려의 옷처럼 생겼다고 선禪바위라고 부른다. 그렇게 듣고 보면 정말 승려가 승복을 입고 있는 모습처럼 보이기도 한다.

이 주위에는 비슷하게 생긴 바위들이 여럿 있는데, 이 바위가 가장 독특하게 생겼다. 그리고 나름대로 기운도 느껴진다. 이처럼 기이하게 생기고 기운도 느껴지면 사람들은 여기다 대고 빌기 시작한다. 이런 걸 종교학에서는 정령숭배animism worship라고 하는데, 이는 종교에서 가장 기

뒤에서 본 선바위

초적인 신앙 형태이다. 이 바위 앞에는 기도하고 절할 수 있는 공간이 마련되어 있다.

소원을 가진 사람이 빌러 오는데, 대부분이 주부이고 가장 많이 비는 소원은 아들 낳기라고 한다. 앞으로 사회가 계속 변화하면 아들 낳게 해달라고 빌러 오는 사람도 줄어들 것이다. 지금 우리 사회는 남아 선호 사상이 급속도로 약해지고 있어 그럴 수밖에 없을 게다. 요즘 출산율을 보면 1명을 조금 상회하는데 누가 굳이 아들 낳게 해달라고 이곳까지 오겠느냐는 것이다.

이 바위에는 이성계의 스승인 무학 대사와 얽힌 이야기가 있는데, 나중에 만든 이야기 같아서 여기서는 생략하겠다. 이 바위 뒤로 가면 곳곳에 촛대를 세운 흔적을 발견할 수 있다. 조금만 특이한 바위가 있으면 거기에 초를 켜고 빈 것이다. 이 지구의 주인일 뿐만 아니라 최고의 영장이

인왕산 등산길

무당집 신당의 제단

라고 하는 사람이 무정물인 돌에다가 비는 행위는 참으로 이해하기 힘든 것이다. 세상을 바꿀 수 있는 동력은 자신의 생각과 행동밖에 없을 터인데, 수만 년 전부터 한자리에서 아무것도 하지 않고 있는 바위가 무슨 능력이 있다고 자신의 문제를 풀어줄 것이라고 생각하는지 잘 모르겠다.

여기에서는 그런 것보다 아래로 보이는 시내가 더 볼 만하다. 산 위로 올라갈수록 선바위와 같은 형태의 바위가 많이 나타나고, 아래로 보이는 경치도 좋다. 그리고 그곳에서 조금만 가면 서울 성곽이 나온다. 이 성곽은 조선의 수도였던 한양을 둘러싸고 있던 것으로, 우리가 남산에 올랐을 때 이미 본 것이다.

성곽을 따라 조금만 더 올라가면 인왕산 정상으로 가는 길이 나온다. 이것도 앞에서 말했는데, 인왕산 정상으로 가는 길에 보이는 서울 시내의 경치도 아주 뛰어나다. 특히 경복궁 전체가 시야에 들어와 궁을 전체적으로 조망하기에 더없이 좋다. 경복궁을 이렇게 한꺼번에 다 볼 수 있는 곳은 거의 이곳밖에 없다.

정상에 가까이 오면 청와대 뒷산인 백악산과 그 뒤의 북한산 일원이 한꺼번에 보이는데 이 모습도 무척 훌륭하다고 이미 언급했다. 국사당만 오면 볼거리도 적고 운동도 덜 되지만 여기까지 오면 하루 반나절 동안 할 수 있는 좋은 답사 코스가 된다. 이 코스는 어떤 코스보다 민간신앙을 체험하기에 적합한 코스라 여겨진다.

그런데 이 코스의 단점은 핵심인 국사당이 항상 열려 있지 않다는 점이다. 국사당은 원래 늘 열려 있었는데, 사람들이 많이 찾고 사당 안에 중요민속자료로 지정되어 있는 그림이 많아 요즘은 개방하지 않는 모양

마포 부군당 도당굿

이다. 그러다 굿하는 날이 되면 이 사당을 여는데 이런 날을 미리 알고 가기란 힘들다. 그러나 국사당을 관리하는 사람에게 미리 연락하면 열어 주는 경우도 있다.

그렇다고는 해도 이것들이 모두 번거로운 일이라, 나는 무교와 관련해서 좀 더 살아 있는 장소를 추천하고 싶다. 이 장소는 다름이 아니라 서울에 널려 있는 무당집이다. 무당들은 자기 집 안에 신당을 만들어 놓는데 사전에 연락만 하면 언제든지 구경할 수 있다. 신당의 제단은 사진에서 보는 것처럼 아주 화려하기 짝이 없다. 온갖 무신들의 그림이 걸려 있고 신상이 놓여 있다.

신상들을 보면 우리의 하느님 격인 옥황상제와 가장 토속적인 신인 산신 등이 있다. 신상 앞에는 그 신들이 좋아할 만한 것을 제물로 올려놓는다. 예를 들어 동자신 같은 어린 신 앞에는 장난감이나 사탕 같은 것을 놓고, 장군 같은 어른 신 앞에는 담배, 고기, 심지어는 위스키까지 놓는다. 장군이 남자 어른이니 이런 것을 좋아할 거라고 생각한 것이다. 물론 장군의 전용 무기인 창이나 칼도 진열되어 있다. 그러다 부처님 같은 불교 계통의 신 앞으로 가면 이런 세속적인 물품은 보이지 않는다. 대신 곡식 같은 것만 놓여 있을 뿐이다.

무당은 아침마다 깨끗한 물을 바치고 기원을 올린다. 무당도 사제이기 때문에 그들 식으로 종교 의례를 행하는 것이다. 무당집을 방문하면 무엇보다도 그들과 대화할 수 있어 좋다. 그들은 신령과 통하는 비상한 재능을 가진 사람이라 신기하고 초세간적인 이야기를 많이 알고 있다. 그래서 그들과 대화하는 것은 아주 재미있다. 그렇게 대화하다가 혹시 자신에 관해서 궁금한 것이 있으면 직접 물어봐도 된다. 정식으로 물어보려면 돈을 내야 하지만 아주 작은 질문은 그냥 서비스로 답해준다.

내가 지금껏 다녀본 무당의 신당 가운데 가장 인상에 남는 집은 서울 교외인 장흥에 있는 신당이다. 이 신당을 지키는 만신은 고려조의 충신이었던 최영 장군을 몸주로 모시고 있었는데 신당은 전체 넓이가 1000평이 넘어 꽤 넓다. 그리고 깨끗하게 정리되어 있어 아주 보기 좋다. 보통 신당 주변은 그리 깨끗하지 않은 경우가 많은데, 이 신당은 산기슭에 있어 주변 환경도 좋고 경내도 깨끗하게 정리되어 있다. 이 정도면 우리의 민속신앙을 아무 거리낌 없이, 그리고 자랑스럽게 외국인에게 소개할 수 있으리라는 생각이 든다.

이것으로 한국의 무교에 대한 간단한 설명을 마치고자 한다. 마지막으로 하고 싶은 이야기는 더 이상 우리들의 민속신앙인 무교를 외면하지 말자는 것이다. 이렇게 명백하게 우리의 삶을 지배하고 있는 종교의 하나인 무교를 백안시白眼視하는 것은 바람직하지 않다. 그보다는 오히려 개방적인 눈으로 볼 필요가 있다. 가령 무교적인 것을 잘 다듬으면 훌륭한 관광자원도 될 수 있다. 우리가 외국을 가면 그 나라만이 가진 문화를 보고 싶어 하는 법이다. 한국에만 있는 것 가운데 무교는 0순위로 꼽힌다.

그런데 거개의 외국인들은 한국에 무당이 있는지 잘 모른다. 만일 서울 시내 어디선가 날마다 굿하는 곳이 있다면 그것은 분명 좋은 관광자원이 될 것이다. 진정으로 한국 문화에 관심 있는 외국인이라면 이런 곳을 즐겨 찾을 것이기 때문이다. 그밖에도 무교는 개발할 수 있는 요소가 많다. 우리가 자신의 전통을 외면하고 있어 묻혀 있을 뿐이다. 앞으로 민속 문화의 저변을 이루는 무교에 대한 관점이 바뀌기를 기대하면서 무교에 대한 설명은 예서 마치자.

02
종묘

왕의 혼이 머무는 곳

　조선의 왕은 살아 있을 때는 궁궐에 살지만 죽으면 두 군데로 나뉘어 모셔진다. 유교에서는 우리 인간이 혼魂과 백魄으로 구성되어 있다고 하는데, 이를 현대의 말로 옮기면 영혼과 몸이 되겠다. 왕이 죽으면 그의 몸, 곧 백은 능에 묻히는데, 서울 시내를 비롯해서 근교에는 조선의 왕릉이 많이 있다. 이 가운데 가장 접근성이 좋은 곳을 꼽으라면 지하철 2호선의 역 이름으로도 있는 선(靖)릉을 들 수 있다.

　이 능은 강남의 핵이라고 하는 이른바 테헤란밸리의 중간에 자리하고 있다. 지금이야 여기가 시내 중심처럼 되어 있지만 1970년대만 해도 논밭만 있던 곳으로, 조선의 수도인 한양에서 오려면 한강을 건너야 되는 매우 먼 곳이었다. 지금 이곳은 서울 시민에게 아주 좋은 휴식 장소가 되었다. 이런 능 덕분에 서울시는 공원을 따로 만들지 않아도 충분히 녹지를 확보할 수 있었다. 실제로 능에 들어가면 서울 도심에 있다는 것이 실감나지 않을 정도로 한적하다.

능의 구조야 아주 간단하다. 언덕 위에 꽤 큰 무덤이 있고, 그 앞에는 문관과 무관, 그리고 여러 동물의 석상을 세워 놓았다. 그리고 구릉의 밑에는 제사를 지낼 수 있는 집이 있다. 왕의 몸은 이곳에 묻혔지만, 그 혼은 국가 사당인 종묘에 모셔졌다. 이제 강북의 중심에 있는 종묘를 향해 가보자.

하 늘 의 정 기 에 이 르 는 자 리

종묘를 찾아가는 길은 매우 쉽다. 종로 3가 한복판에 있으니 말이다. 종로는 조선시대 때 수도의 중심가였다. 중심가에 왕들을 제사하는 건물인 종묘를 지은 것은 당연한 일이다. 종묘는 모두 중국에서 들어온 제도에서 비롯된 것이다. 중국에서는 궁궐을 지으면 그 왼쪽에는 역대 황제들을 제사지내는 사당을, 오른쪽에는 땅과 곡식의 신을 제사지내는 단(사직단)을 만들었다.

이러한 제도는 음양 사상에 비추어 볼 때 매우 타당하게 생각된다. 왕의 조상이란 부계 원리를 지칭하는 것으로 양을 상징하고, 땅이나 거기서 나오는 곡식은 음을 상징하기 때문이다. 사실 우리는 바로 이 두 요소 덕에 지상에서 생존할 수 있는 것 아닌가? 유교에 따르면 우리 인간은 아버지에게서 생명의 정기를 받고, 땅에서 나는 곡물로 살아간다. 그래서 종묘는 하늘로 치달아 올라가는 원리를 상징하고, 사직단은 땅으로 들어가는 원리를 상징한다.

조선 역시 이러한 중국의 법제를 따라 경복궁을 기준으로 왼쪽에 종묘

사직단 전경

를, 오른쪽에 사직단을 설치했다. 사직단은 경복궁에서 걸어갈 수 있을 정도로 가까운데, 현재는 누구나 아는 것처럼 공원으로 이용되고 있다. 그곳은 인왕산 기슭에 있는 터라 인왕산에 갔다가 내려오다가 방문할 수도 있다(그 반대로 사직단을 방문하고 인왕산으로 올라갈 수도 있다). 사직단에 대해서도 많은 이야기를 할 수 있지만 우리의 주제는 종묘이니 모두 생략하고 종묘로 가자.

종묘를 보기에 앞서 우리가 알아야 할 것은 종묘 전역이 유네스코에 의해 세계문화유산으로 지정되어 있다는 사실이다. 서울에는 유네스코가 지정한 문화유산이 두 개 있는데, 창덕궁과 종묘가 그것이다. 이것만 보아도 종묘가 서울시 안에 있는 유적지 가운데 차지하는 비중을 알 수 있다. 이에 그치지 않고 종묘에서 행해지는 제례악은 역시 유네스코의 걸작·무형 유산 목록에 등재되어 있다. 이곳에서는 해마다 5월 첫 번째 일요일에 여기에 모셔져 있는 왕과 왕비의 혼령을 제사지내는 의례가 행해진다. 이에 대해서는 나중에 다시 보게 된다.

어쨌든 이렇듯 종묘는 중요한 유적이기에 조선 정부는 왕조가 들어서자마자 종묘 건설에 들어간다. 14세기 말에 경복궁을 지으면서 같이 지었는데, 정궁인 경복궁보다 먼저 지을 정도였으니 이를 통해 우리는 종묘가 당시에 얼마나 중요한 위치를 차지하고 있었는지 알 수 있다. 유교에서는 조상에게 제사지내는 것을 가장 중요한 일로 여기기 때문에 그렇게 서둘러서 건설했으리라.

좋은 인상을 가지고 종묘 앞에 다다르면, 주변의 경광이 기대했던 것과는 다름을 발견할 수 있다. 종묘가 세계문화유산인데다가 왕들을 제사지내는 곳이니 아주 깔끔하게 단장되었으리라고 예상하고 가면 헛다리를 짚은 것이다. 물론 종묘 앞에 공원이 있긴 하다. 그런데 이 공원은 항상 노인들로 가득 차 있고, 온갖 일이 벌어진다. 종묘는 노인에게 무료로 개방하기 때문에 이곳에 유독 노인이 많은 것이리라. 여기에서 노인들이 하는 일을 보면, 먼저 많은 노인들이 (내기) 바둑이나 장기를 두고 있는 모습이 눈에 띈다. 또 어떤 노인은 계속해서 마이크를 써서 연설하고 있는가 하면, 여기저기서 술판이 벌어진다. 그리고 붓글씨를 써서 죽 늘어놓는가 하면, 심지어 어떤 노인은 기타 치면서 논다. 한번은 중국 정부가 사정없이 억압하고 있는 법륜공 수련자들이 무리 지어 항의성 수련을 하는 모습도 본 적이 있다.

이와 같이 현재 이곳은 노인들의 공간처럼 되어 있는데, 노인들에게도 이런 공간이 필요하겠지만 종묘와는 그리 어울리지 않아 문제이다. 외국인들이 보기에 한국인들이 무리 지어 지엄한 왕실 사당 앞에서 술 마시는 모습이 어떨지 의문이다. 그렇다고 노인들이 마땅히 갈 곳이 있는 것도 아니고 이러지도 저러지도 못하는 실정이다. 종묘 앞도 문제이지만 옆쪽 담도 문제이다. 담에 바로 붙어 주차장이 있고, 그 앞에는 술집들이 있는데 그래서 길거리에서 술 먹는 모습을 많이 볼 수 있다. 세계적인 문화재 바로 옆에서 주차장을 운영하는 게 과연 어떤 발상에서 가능한 건지 잘 모르겠지만, 보기에는 결코 좋은 모습이 아니다. 우리는 걸핏하면 5000년의 역사를 지녔다고 자랑하는데, 그 마음과 조상들이 물려준 위대한 유산을 제대로 보존하는 것과는 별 관계가 없는 모양이다.

매령과 함께 어우러진 종묘 정문

종묘를 찾을 때마다 안타까운 마음이 들지만, 종묘에 들어가기 전에 또 한 가지 볼 게 있다. 종묘 건너편을 보면 꽤 오래된 건물이 어색하게 있는 것을 볼 수 있다. 통칭해서 세운상가라 불리는 이 건물은, 종묘 앞 서부터 남산까지 세로로 꽤 긴 축을 형성하고 있다. 이 건물은 건설된 1960년대에는 서울에서 최첨단의 건물로서, 한국 최초의 주상복합 건물이었다. 그런 건물답게 5층까지는 점포가 있었고, 그 위는 모두 아파트였다. 그때에는 이 아파트에 사는 게 상류층에 속하는 징표였다. 당시는 아파트 자체가 귀했고, 집 안에 화장실이나 목욕탕이 있는 집이 이 건물을 포함해 얼마 되지 않았기 때문에 이 집에 살면 문명의 최첨단을 누리는 것처럼 간주되었다. 그러던 게 지금은 어느 누구도 이 아파트에서 살려고 하지 않는다. 낙후된 아파트가 되었기 때문이다. 이 점은 우리나라 경제의 기적적인 발전을 생각하면 능히 이해할 수 있다.

이 건물의 문제점은 또 있다. 이 건물이 창덕궁과 종묘를 지나 남산과 용산까지 가는 녹색 띠를 끊어 놓고 만 것이다. 그래서 서울시를 가로지르는 생태적인 흐름을 끊었다는 혐의를 받고 있다. 그런 까닭에 이제 이 건물을 철거하고 새로 친환경적인 건물을 세울 것이라고 한다. 서울시의 야심은 창덕궁의 뒷산인 매봉에서 뛰노는 너구리가 남산까지 오갈 수 있게 하는 그린벨트를 만들어 보자는 것이다. 경제적인 여건이 좋아지면서 환경을 중시하고 옛 모습을 복원하려는 노력이 엿보인다. 이 정도면 종묘 앞에서 생각해야 할 일은 다한 것 같으니 이제 종묘로 들어가도록 하자.

종묘에 들어가려면 대문을 지나야 한다. 나는 종묘에 올 때마다 이 대문의 규모가 작은 데에 항상 의아심을 갖는다. 그래도 왕들의 혼을 모신 곳인데 좀 더 크게 만들 수 있었을 텐데 하는 의문을 지울 수가 없다. 아무래도 조선의 위정자들은 매우 신중하고 겸손했던 모양이다. 왕들의 혼을 모신 곳이라 경건하기만 하면 됐지 규모는 상관없다고 생각한 것 같다. 종묘에 있는 건물들도 아주 신중하게 지은 때문인지 어느 건물이건 단청을 한 건물이 없다. 경건한 곳에 단청처럼 알록달록한 색을 쓰면 안 되기 때문이다.

게다가 이 대문에는 현판이 없다. 조선의 모든 문이나 건물에는 현판을 달아 그곳을 지날 때마다 써 놓은 자구를 보면서 자신을 반성했는데, 여기에는 그 흔한 현판도 없다. 이것도 사당에는 현판을 달지 않는 유교의 법도를 따른 것으로 생각된다. 그렇다고 이 문을 그냥 그대로 내버려 둔 것은 아니다. 원래 문 앞에는 계단을 만들어 놓아서 대문의 격을 높였다. 그렇게 하여 이 대문뿐만 아니라 종묘 전체를 위엄 있게 보이려 했는데, 일제시대 때 도로를 내면서 계단을 묻어버렸다고 한다. 그래서 대문의 위상이 많이 떨어졌다. 계단 같은 장치만 있어도 지금보다는 훨씬 엄숙해 보일 텐데 아쉬울 뿐이다. 지금도 정문의 밑을 보면 계단을 설치했던 흔적이 보인다.

이 문은 사당의 정문답게 창살을 만들어 놓았는데, 이것은 혼이 창살 사이로 들어갈 수 있게 해 놓은 장치다. 이른바 홍살문 형식이다. 이 장치는 그 설치 목적이 이해는 되지만 앞뒤가 안 맞는 구석이 있다. 우선

종묘 정전 남문의 홍살문 형식

의아한 것은 혼이 공중을 떠다닐 수 있는 존재라면 굳이 그 문으로 들어
올 필요도 없고, 문으로 들어오더라도 혼은 물질이 아니니 아무 문제없
이 들어올 수 있을 터인데 왜 문에 창살을 만들어 놓느냐는 것이다.

　이 질문보다 더 의문스러운 것은 유교의 교리와 연관된 것이다. 이것
은 종묘에 들어가서도 계속해서 걸리는 문제다. 유교는 본시 인간의 영
혼을 인정하지 않는 가르침이다. 그런 유교에서 혼이 들어오는 문을 만
들고, 그 혼을 대상으로 제사지낸다는 게 모순이 아니냐는 것이다. 이 문
제는 학계에서 계속해서 지적해 온 바지만 유교 측으로부터 그리 만족할
만한 답을 얻지 못했다. 단지 원리적 유교와 관습적 유교가 다르다는 것
정도의 대답만 들을 수 있을 뿐이다. 그러니까 이론적으로는 인간 영혼
의 존재를 인정하지 않지만 관습적으로는 인정하기 때문에 제사를 지낸

다는 것이다. 그리고 제사지낼 때에도 영혼이 있는 듯 생각하고 해야지 정말 있다고 생각하면 안 된다고 하는데, 이 역시 대답으로는 미흡한 느낌을 지울 수가 없다.

종묘 안으로 들어와서 가장 먼저 발견되는 것은 돌로 길을 만들어 놓은 것이다. 이를 왕이 다니는 길이라는 의미에서 어도御道라고 부른다. 이 길을 자세히 보면 세 부분으로 나뉜 것을 알 수 있다. 이 길을 어도라고는 하지만 왕만 다닌 것이 아니라 조상의 혼령도 이 길을 통해 다녔다. 왕의 조상들의 혼이 가는 길은 가운데인데, 이 길을 귀하게 생각해 양쪽 길보다 조금 돋아 놓았다. 그리고 양쪽 길로는 왕과 세자가 다녔다고 한다. 이러한 길이 혼을 모신 정전正殿까지 이어져 있다.

이 길에 대해서도 몇 가지 이야기가 있다. 먼저 매우 거친 돌로 만들었

종묘의 어도

다는 것을 지적해야 한다. 이는 의도적인 것으로 이 길을 걸을 때 조심해서 걸으라는 의미다. 조상의 혼령을 만나러 가니 경건한 마음으로 밑을 살피면서 가라는 것이다. 돌이 거치니까 빨리 갈 수도 없다. 게다가 어떤 부분에는 턱까지 만들어 놓았다. 더 조심하라는 이야기다. 아무리 그렇다고 해도 돌이 너무 거칠다는 느낌을 지울 길이 없다.

이 정도까지 거칠게 할 필요는 없을 것 같은데, 내 개인적인 생각으로는 여기에도 한국인의 미의식이 반영된 것이 아닌지 모르겠다. 우리는 거친 것을 좋아하는 성향이 있는데, 그 단적인 예가 판소리다. 세상에 이렇게 거친 소리로 노래하는 민족은 찾아보기 힘들다. 그런 성향의 사람이 돌로 길을 만들었으니 거친 돌을 선호하지 않았을까 하는 억측을 해보는 것이다.

이 길에서 보이는 한국인의 미의식은 하나 더 있다. 이 길은 수십 미터 가다가 오른쪽으로 꺾이는데, 보통은 이에 대해 별 생각을 하지 않는다. 하지만 내가 보기에는 여기에도 우리의 미의식이 작용한 것 같다. 만일 중국인이 이런 사당을 만든다면 절대로 이렇게 중간에 길을 꺾지 않을 것이다. 게다가 종묘 같은 왕실의 사당은 장엄하게 보여야 하기 때문에, 정문에서부터 정전까지 직선으로 길을 뽑는 게 정상이다. 그래서 정문에 들어서면 곧바로 정전이 장엄하게 눈에 들어와야 한다. 그런데 우리는 태생적으로 그런 직선적인 처리를 좋아하지 않았다. 앞에서 보았던 창덕궁이 그 전형적인 예에 속한다. 우리는 중요한 건물을 한 번에 보여주는 것보다, 일단 감추었다가 서서히 드러내는 것을 좋아한다. 절에 가면 가장 중요한 대웅전은 한 번에 보이지 않고 한참을 에둘러서 가야 보이는

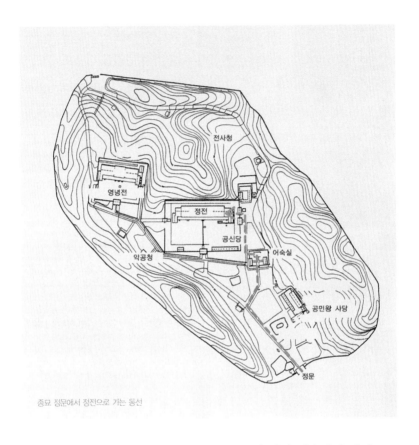

종묘 정문에서 정전으로 가는 동선

것과 같은 이치다. 이 길은 적어도 두 번은 더 꺾인 다음에야 정전으로 이어지니, 우리가 얼마나 직선을 멀리하려 했는지 알 만하다.

　이 길을 따라 가면 주위에 연못과 얕은 둔덕이 보인다. 이것들은 음양의 조화를 맞추고 풍수지리에 따라 만들었다고 하는데, 그 정확한 원리는 사람마다 설명이 달라서 잘 모르겠다. 이 길을 따라 정전으로 가기 전에 잘 보이지는 않지만 오른쪽에 웬 건물들이 있는 것을 볼 수 있다. 일반 방문객은 이쪽으로는 잘 가지 않는데, 이곳에는 조선의 건국과 관계된 일화가 얽힌 건물이 있다.

그 건물은 바로 고려의 공민왕을 모신 사당이다. 조선의 왕을 모신 종묘에 왜 고려의 왕이 있을까? 이 작은 사당은 태조 이성계가 공민왕의 은혜를 잊지 못해 그를 기리고자 지은 것이다. 그럼 이성계와 공민왕의 관계는 어떤 것이었을까? 공민왕 당시 이성계는 함경도라는 변방에서 국경을 지키던 장군에 불과했다. 그러다 활을 잘 쏘는 등 무공을 인정받은 이성계를 개경으로 부른 사람이 공민왕이었다. 공민왕은 자신이 생각하는 개혁을 추진하려면 친원파 등 기존 세력을 물리쳐야 했는데, 그러려면 그들과 관계없는 새로운 세력이 필요했다. 그래서 변방에 있어 중앙과는 별 관계가 없지만 능력 있는 이성계를 택한 것이다. 이 덕에 이성계는 중앙에 진출하여 그 김에 새 왕조까지 열 수 있었다.

이런 이성계의 입장에서 보면, 공민왕은 자신을 왕으로 만들어준 사람이나 다름없었을 것이다. 따라서 이성계의 처지에서는 공민왕을 모시고 싶었을 터인데 대신들의 눈이 있어 따로 어디에 모실 수는 없었을 것이다. 그 까닭에 이 종묘 한구석의 보이지 않는 곳에 모시려고 작정한 것 아닌지 모르겠다. 그래서 자신이 종묘에 제사지내러 왔을 때 조상들 제사를 모두 지내고 나가는 길에, 잠깐 쉬면서 대신들 눈에 띄지 않게 슬쩍 제사지내려고 이런 후미진 곳에 공민왕 사당을 만들었던 것이 아닐까 하는 생각이다. 그런 생각을 갖고 사당에 가면, 공민왕과 그 부인인 노국공주의 영정이 모셔져 있는 것을 볼 수 있다.

우리도 공민왕의 사당을 슬쩍 보고 다시 어도를 따라 가자. 한 번 꺾인

어숙실 입구. 여기서 왕의 일행과 조상신의 동선이 갈린다.

정전의 뒷벽

옆에서 바라본 정전

어도를 조금만 따라가면 왕이 제례를 지내기 전에 몸과 마음을 깨끗이 하는 어숙실에 이른다. 여기에는 실제로 왕과 세자가 목욕할 수 있는 시설이 갖추어져 있다. 그런데 재미있는 것은 이 어숙실 앞에서 길이 나뉜다는 것이다. 인간이 다니는 어도는 어숙실로 들어가지만, 신이 가는 신도는 정전 쪽으로 이어진다.

어숙실을 한 번 들여다보고 우리는 정전으로 향한다. 이 길을 걷다 보면 우리는 정전으로 들어가는 동문 앞에 선다. 그곳에 넓은 돌이 있는데, 여기서 왕과 세자는 성스러운 지역으로 들어가기 전에 마지막으로 마음의 준비를 했다. 마음을 가다듬고 이제 정전에 들어가겠다고 인사를 올리는 곳이다. 거기에 서면 오른쪽으로 집이 하나 보이는데, 이곳은 제사에 쓸 제물을 준비하는 곳이다. 그리고 바로 옆에 있는 큰 돌은 제물을 올려놓고 검사하는 곳이다. 동문의 오른쪽에 있는 방은 제사를 담당하는 관리들이 묵는 방이다. 길을 따라 우리의 발걸음은 어느덧 정전 앞에 이르렀다.

인 간 을   압 도 하 는   장 엄 한   건 축

정전의 동문은 세 개의 작은 문으로 되어 있는데, 만일 이 정전이 산 사람을 위해 지은 건물이라면 왕은 당연히 가운데로 들어가야 한다. 하지만 이곳은 선왕들의 혼령이 주인이니, 가운데 문은 혼령에게 양보하고 왕은 오른쪽 문으로 들어가야 한다. 그런데 이렇게 들어가 봐야 정전의 옆면만 보일 뿐이다. 정전을 정면에서 보려면 다시 왼쪽으로 가야 한다.

잠깐, 그곳으로 가기 전에 여기서 볼 것이 있다. 일단 정전의 계단을 올라 뒤로 가자. 이것은 정전의 뒷벽을 보기 위함이다. 정전의 뒷벽은 다른 건물에서는 볼 수 없는 독특한 점이 있다. 사진에서 보는 바와 같이 벽돌이 그것이다. 벽돌은 건축 부재 가운데 매우 비싼 축에 속하고, 19세기에 가서나 대량 생산했다고 한다. 종묘의 정전은 워낙 격이 높은 건물이라 이렇게 비싼 재료를 쓴 것이다. 그리고 장관인 것은 이 벽돌담이 110m나 이어져 있다는 것이다. 그뿐만이 아니라 건물이 깊다. 사당의 권위를 세우고자 깊게 만든 것이다. 이것은 정전의 오른쪽 영역에 있는 영녕전永寧殿과 비교하면 알 수 있다.

영녕전은 나중에 다시 보겠지만 정전에 모시지 못한 왕들을 모신 사당이다. 그 중요도가 정전보다는 떨어지기에 이렇게 길지도, 깊지도 않아 정전과 같은 육중함은 느낄 수 없다. 이렇게 뒷담만 보아도 정전이 조선시대에 얼마나 중요한 건물이었는지 알 수 있다. 정전이 얼마나 길고 장엄한 건물이었는지 알려면 다시 옆 면으로 계단에 올라 서서 회랑을 보면 된다. 사진에도 있지만 기둥의 반복적인 배열이 이 건물이 얼마나 긴 건물인지 잘 보여준다. 이 두 지점, 곧 뒷담과 옆면은 종묘를 또 다른 시각에서 감상할 수 있게 해주는데, 관광객들은 이 두 지점에서 종묘를 보는 일이 드물다.

자, 이제 정전을 본격적으로 감상하러 정전 앞으로 가자. 이 정전은 처음부터 이렇게 길지 않았다. 조선 초에는 죽은 왕이 별로 없었을 터이니 그렇게 길 필요가 없었을 것이다. 처음에 정전은 조선을 세운 이성계가 자신의 4대조 할아버지 네 분을 모시는 것으로 시작했다. 그런데 조선은 제후국이라 한 건물에 5명의 선왕밖에는 모시지 못했다(중국은 7명까지 모실

수 있다). 사정이 그러하여 금방 정전이 가득 차니 다른 사당, 곧 별묘別廟
를 만들어 앞의 왕들을 여기로 옮겼다. 그런데 이것도 금방 가득 찼다.
무한정 별묘를 만들 수 없어 조선 조정은 이를 해결하는 묘안을 생각해
낸다. 이 문제를 해결하고자 나온 방법이 한 건물을 칸으로 나누어 계속
해서 신위를 모시는 방법이다. 이렇게 해서 나온 게 정전이고 영녕전이
니, 이 두 건물은 굉장히 크기는 하지만 결국은 한 채인 셈이다.

　　종묘의 정전은 아마도 동북아시아의 목조 건물로는 가장 긴 건물일지
모른다. 이 건물은 서쪽(오른쪽)부터 시작하여 계속 동쪽으로 증축했는데,
지금까지 3번의 증축이 있었다고 한다. 우리는 그 증축의 흔적을 볼 수
있다. 기단 부분을 자세히 보면 계단을 옮긴 흔적이 보인다. 정전은 현재
19개의 실로 되어 있는데, 왕은 한 명 이상의 부인을 둘 수 있었기 때문
에 각 실에는 한 명의 왕과 그 부인들이 모셔져 있다. 그래서 정전에는
모두 합해서 19명의 왕과 30명의 왕비가 모셔져 있다. 이에 비해 영녕전

종묘 전경

에는 16실에 34위의 신위가 모셔져 있다.

그런데 이 두 신전에 모셔지는 왕에는 어떤 차이가 있을까? 처음부터 그렇게 하려고 한 것은 아닌 듯한데, 결국 정전에는 생전에 공이 많은 왕을 모시고 영녕전에는 재위 기간도 짧고 한 일이 별로 없는 왕을 모셨다. 예를 들어 그 유명한 장희빈의 아들인 경종 같은 임금은 불과 3년밖에 재위하지 못했는데, 그것도 그나마 어린 나이여서 내세울 만한 업적이 없기에 자동적으로 영녕전에 모셔졌다. 그래서인지 조선 조정에서는 역대 왕들을 정전과 영녕전 가운데 어디로 모실 것인가에 대한 논쟁이 끊이지 않았다고 한다. 경종 같은 임금은 그 공덕이 보잘 것 없으니 당연히 영녕전으로 보내졌을 테지만, 충분히 논란이 될 만한 왕이 있었겠다는 생각이 든다.

정문에서 바라본 영녕전

이제 정전을 본격적으로 보아야 한다. 건물을 감상하려면 무엇보다도 그 건물의 용도에 주의를 기울여야 한다. 이 건물은 산 자의 생활공간이 아니라 죽은 자를 모신 사당이다. 사당도 그냥 사당이 아니라 역대 왕을 모셨기에 아주 근엄하고 최대한 장중해야 한다. 그래서 건물이 사람을 압도해야 한다. 그러려면 건물을 휴먼스케일로 지으면 안 된다. 이런 종류의 건물은 보통 기념비적인 규모monumental scale로 장대하게 짓는다.

기념비적인 건물을 지을 때 가장 많이 쓰는 방법은 단순한 것을 반복하는 것이다. 그래서 사람들이 얼마나 많은 반복이 있는지 알지 못하게 해야 한다. 사람은 어떤 건물을 볼 때 한눈에 잘 파악할 수 없으면 그 건물에 압도당하기 쉽다. 그런데 사람이 건물 층수를 한 번 보고 알아맞힐 수 있는 층수가 몇 층이나 될까? 대체로 5층 이상이면 단번에 그 층수를 파악하지 못한다. 5층 이상일 때는 세어 보아야 그 층수를 알 수 있다. 그래서 5층 이하를 휴먼 스케일이라 부른다.

그런데 정전은 위가 아니라 옆으로 뻗어 나갔다. 그것도 19칸이나! 5칸만 넘어도 인간은 압도당하기 시작하는데 이건 그 네 배다. 이 정전이 같은 것을 반복함으로써 얼마나 압도적으로 장대하게 보이는지를 알고 싶으면 옆에 있는 영녕전과 비교해 보면 된다. 정전은 건물의 지붕선이 전혀 변하지 않으며 전일하게 이어지지만, 영녕전은 사진에서 보는 바와 같이 가운데 4칸이 솟아 있다. 그래서 그런지 전체적인 모습이 별로 압도적이지 않다. 이 건물은 세 부분으로 나뉘어져 있는데, 한 칸이 5칸 정도라 휴먼스케일이라 할 수 있다. 건물이 한눈에 파악되니 전혀 압도적이지 않은 것이다.

사실 정전이 19실이고 영녕전이 16실이니, 정전과는 불과 3칸밖에는 차이가 나지 않는다. 그런데 왜 정전은 인간을 압도하는데 영녕전은 그렇지 않을 걸까? 대답은 지금까지 말한 것처럼 반복에 있다. 정전은 같은 것을 끊임없이 19번이나 반복했지만, 영녕전은 건물이 5칸 정도 지나면 끊긴다. 그렇게 해서 그 건물을 보는 사람은 2번이나 쉴 수 있다. 이와 같이 영녕전은 인간에게 파악되기 때문에 압도적이지 않다는 것이다. 이 경험은 종묘에 갈 때마다 하는데, 그때마다 하나의 건축적인 장치가 건물을 이렇게 달리 보이게 하는구나 하면서 홀로 놀란다.

정전의 양옆에는 월랑이라고 하는 앞으로 튀어나온 건물이 있는데 이 건물도 재미있다. 이 건물은 음양론에 충실하게 짓느라 한 건물은 개방적으로 짓고, 다른 하나는 창호로 막아 놓았다. 쉽게 이야기해서 하나는 막혀 있고 하나는 뚫려 있다는 것이다. 정전을 바라보고 오른쪽 것이 개방적인 것인데, 여기에는 천막을 쳐 왕이 그 안에서 해나 비를 피하면서 쉴 수 있게 했다. 건물 안을 보면 사당 영역이 건물 안으로 깊숙이 들어가 있는 것을 알 수 있다. 그러니까 위패를 모셔 놓은 방 앞에 제법 큰 공간이 있다는 것이다.

상징적으로 보면 이곳은 죽음과 삶 또는 음과 양 사이의 중간 공간이다. 사당 저 안쪽은 신위가 모셔져 있는 죽은 자의 공간이다. 그래서 어둡고 음陰적인 공간일 수밖에 없다. 반면 바깥쪽은 제사를 지내는 산 자의 공간이다. 그러니 당연히 밝고 양陽적인 공간이다. 이 두 공간을 매개하는 중간 공간이 바로 이곳이다. 그래서 이 공간은 아주 밝지도 어둡지도 않은 중간 이미지를 갖고 있다.

정전은 그 전체를 다 보려면 정전의 대문이 있는 데까지 나와서 봐야 한다. 그래야 건물의 장엄함을 느낄 수 있다. 왕실 건물임에도 불구하고 오색단청을 하지 않아 더 장중하게 보인다. 앞에서 말한 것처럼 이곳은 경건한 사당이라 형형색색으로 단청을 할 수 없었다. 그런 생각을 갖고 정전 앞을 어슬렁거리며 천천히 감상해 보자. 우리가 지금 서 있는 곳은 하월대, 그러니까 밑에 있는 기단이고, 왕들의 신위가 있는 곳은 한 단계 높은 월대 위다. 이 하월대는 자세히 보면 아래쪽으로 약간 기울어진 것을 알 수 있는데, 이것은 비가 왔을 때 물이 잘 흘러내리도록 한 것이다.

정전의 영역 안에는 다른 건물도 있는데, 가장 눈여겨 볼 것은 대문 옆에 있는 공신당功臣堂이다. 이곳은 조선조 때 왕을 도와 큰일을 한 신하를 모신 곳이다. 태조 대의 조준을 비롯해 순종 대의 서정순까지 88명의 공신이 모셔져 있다(그 유명한 한명회도 포함되어 있다!). 16칸이나 되는 작지 않은 규모의 건물이지만 그리 커 보이지 않는다. 아마도 정전이 워낙 크고 장엄하기 때문에 그럴 것이다. 이 건물이 작아 보여야 하는 것은 당연하지 않은가? 정전 영역의 주인공은 왕이지 신하가 아니기 때문이다. 이 건물이 눈에 잘 띄지 않는 것은 정전의 담에 바짝 붙어 있고, 정전과 비슷한 양식으로 지었기 때문이다. 그렇다고 이 건물을 대충 지었다고 생각해서는 안 된다. 그래도 조선 최고의 공신을 모신 사당이라 꽤 견고하게 잘 지었다.

이 영역에서 마지막으로 설명할 게 있다면 정전 뒤편에 있는 망료위望燎位라는 것이다. 이것은 제사가 끝난 다음에 제사 때 쓴 향과 축문을 태워버리는 곳이다. 이런 것들을 태우는 이유에 대해서는 여러 설이 있다.

먼저, 태우는 것은 하늘로 올라가는 것을 의미하니, 제사 때 자신이 모셨던 혼들이 하늘로 돌아가는 것을 상징한다고 볼 수 있다. 그런가 하면 죽은 자를 위해 썼던 것을 태움으로써 그들과 이별하는 것을 의미한다고도 볼 수 있다. 죽은 자와 산 자가 따로 있다가 의례에서 만난 다음, 죽은 자는 다시 그들의 세계로 돌아가는 것을 상징한다고 볼 수도 있다는 것이다. 장례가 끝난 다음 망자의 소지품을 태워버리는 것과 같은 맥락으로 볼 수 있을 것이다.

이것까지 본 다음 서쪽 문을 통해 정전을 나서자. 정전을 나서자마자 왼쪽으로 사방이 다 뚫린 작은 건물이 하나 있는 것을 볼 수 있다. 이 건물은 악공청으로, 재미있는 게 이 종묘 전역에서 격이 가장 낮은 건물이라는 점이다. 그럴 수밖에 없는 게 이 건물은 악사들이 머무는 곳이기 때

종묘에서 가장 하위의 건물인 악공청

문이다. 조금 이따 보겠지만, 이곳은 종묘 제례를 할 때 음악을 연주하는 악사들이 대기하던 장소였다. 악사라는 게 조선시대에는 신분이 아주 낮았으니, 그들이 머물던 건물도 그럴 수밖에 없었을 것이다. 그래서 그런지 그 기둥들의 모습도 빈약하게 보이는데, 그것은 다른 건물을 짓고 남은 부재를 썼기 때문이라고 한다. 게다가 건물의 위치도 숲속 한구석에 외따로 떨어진 곳에 있다. 그러나 그것은 다 옛날이야기이고, 지금은 종묘 제례를 영상으로 설명하는 장소로 쓰이고 있다. 정전까지 보고나면 다리가 뻐근할 터인데, 그때 이곳에 가서 쉬면서 영상으로 제례를 관람하면 일석이조일 것이다.

이렇게 보고나면 사실 영녕전은 가지 않아도 된다. 영녕전에 있는 것은 다 정전에 있기 때문이다. 그러나 정전을 제대로 이해하려면 영녕전

영녕전

과 비교해서 보아야 하기 때문에 가보는 것이 좋다. 영녕전에 들어서는 순간 왠지 정전에서 받은 느낌이 시들해지는 기분이 들 것이다. 명문 대 갓집에 있다가 갑자기 하급 귀족의 집에 들어온 느낌이 들지도 모른다는 것이다. 여기서는 정전의 장엄한 모습 같은 것이 별로 보이지 않는다.

이 점은 앞에서 설명했듯이, 영녕전은 휴먼스케일로 지었기 때문에 위압적인 느낌이 들지 않는 것이다. 가운데 4칸은 이성계의 4대 조상을 모신 곳인데, 그 부분을 조금 높이는 바람에 전체 건물의 장엄함이 확 줄어들었다. 어떻게 보면 영녕전은 흡사 솟을대문을 양쪽으로 늘여놓은 것 같다. 그래서 친숙한 느낌이다. 영녕전을 정전보다 한층 격이 떨어지게 지었다는 것은 월대에서도 발견된다. 정전의 경우에는 하월대의 높이가 전체적으로 높아 장엄함이 엿보였지만, 영녕전의 월대는 그보다 낮아 인간적이고 친근한 느낌이다.

종묘 제례, 그리고 제례악

사실 종묘는 건물만큼이나 제례도 중요하다. 그 중요성을 인정받아 제례는 제례악과 더불어 유네스코의 세계무형유산으로 등재되었다. 동북아시아의 왕실 제사 가운데 종묘 제례처럼 오래되고 지속적으로 행해진 게 흔하지 않기 때문이다. 그런데 제례는 현재 일 년에 한 번밖에 하지 않으니 여간해서는 볼 방법이 없다. 따라서 여기서는 그 절차를 자세히 설명하는 것은 생략하고, 제례의 정신이나 그에 얽힌 이야기만 보기로 하자.

조선조 때 종묘 제례는 가장 큰 제사였다. 당시 제사란 단순히 조상을 추모하는 데에 그치는 것이 아니라, 통치자에게 초월적인 권위를 가져다 주는 것이었기에 정치적으로도 매우 중요했다. 쉽게 이야기해서 제사란 단순한 종교적인 행사가 아니라 정치적인 행위라는 것이다. 이 제사를 주관하는 사람은 당시 조선 사회에서 권력의 실세였다고 할 수 있다. 각 가문에서는 아버지가 그런 위치였고, 나라에서는 왕이 그랬다. 그런 경우는 거의 없었지만, 만일 어떤 사람이 제사를 부정한다면 그것은 체제 도전 죄에 해당하는 것으로 여겨져 가장 극형으로 다스렸다. 그 비근한 예가 조선 말기에 제사를 부정했다가 사형에 처해진 천주교 신자들이다.

제사가 그렇게 중요했던 조선 사회에서 가장 중요한 제사는 말할 것도 없이 왕실 제사인 종묘대제이다. 따라서 그 규모도 대단하다. 그럴 수밖에 없는 것이 각 실에 배향되어 있는 모든 왕을 따로따로 다 제사를 드려야 할 뿐만 아니라, 공신들에게까지 제사를 올려야 하니 그럴 수밖에 없다. 그래서 이 날 하루에 쓰는 제기가 5천 개가 넘었다고 한다. 제기에는 음식을 놓아야 한다. 그럼 이 많은 제기에 얼마나 많은 음식이 놓였겠는가? 이런 제사는 대체로 계절마다 한 번씩 드렸으니 적지 않은 재정이 소비됐을 것이다.

그런데 올리는 음식들이 재미있다. 왕의 혼에게 바치는 것이니 최고급으로 하지 않을 수 없었다. 그런데 일반인이 먹는 것과 같아서는 안 된다는 생각에 주로 날 것을 많이 썼다. 사대부를 포함해서 일반인이 행하는 제사에는 날 것을 거의 쓰지 않는 것과 큰 대조를 이룬다.

제사의 절차는 그다지 복잡하지 않다. 일반 사가에서 지내는 것과 같기 때문이다. 먼저 신을 맞이하고 제물을 올린다. 그 다음 술을 작은 잔

종묘 제례

에 담아 세 번 올린다. 고려조까지는 불교가 국교였기에 술을 쓰지 않고 차를 바쳤는데, 조선으로 오면 절을 제외한 곳에서 제사지낼 때에 모두 술을 썼다. 여기서 왜 술인가 하는 의문이 들 터인데, 이 질문에는 많은 대답이 가능할 것이다. 그 가운데 하나는 술을 마셨을 때 생기는 낮은 수준의 의식의 초월 상태가 종교적인 상태와 비슷해서 그렇지 않았을까 생각해 본다.

이렇게 술을 세 번 올린 다음에는 조상신을 보내드리는 순서가 짧게 있고, 마지막으로 조상께 고했던 축문을 적은 종이 등을 태워버리는 것으로 대부분의 순서가 끝이 난다. 이렇게 순서가 끝나면 제사지낸 사람들이 조상들께 바쳤던 술을 나누어 마신다. 이른바 음복이다. 이 음복에 대해서도 여러 해석이 가능한데, 우선 조상이 주신 술이니 그것을 마심으로써 복을 받고자 한다는 가장 일반적인 해석이 가능하다. 그 다음으로는 조상이 마셨다고 믿어지는 술을 자신도 마심으로써 생명의 근원인 조상과 하나가 되려는 상징적인 의미도 있을 것이다.

이런 순서는 일반 제사와 비슷한데 종묘 제례만의 독특한 점이 있다면 음악이 들어간다는 것이다. 종묘 제례를 보면 제사지내는 사람만큼이나 많은 악사와 무용수를 볼 수 있는데, 이들이 연주하는 음악과 춤이 제례와 함께 유네스코에 등재되었다는 것은 앞에서 말한 대로다. 이 의례는 그 역사가 500년이 넘는 것으로, 동북아시아의 왕실 제례로는 유일하게 수백 년 동안 전승되어 내려온 것이기 때문에 세계적으로 인정받은 것이다. 기실 생각해보면 중국이고 일본이고 이런 제례가 오랫동안 제대로 계승됐을 리가 없다. 그 두 나라에서는 조선처럼 오래 지속한 왕조가 없

헌관들의 행진

기 때문이다. 물론 종묘 제례는 중국의 유교 사상에 영향을 받아 생겨난 것인데, 중국은 사회주의, 특히 문화혁명을 겪으면서 이런 상층 문화가 모두 단절되어 제대로 남지 않았다.

제례악은 유교의 예악 사상에 의거해 생겨난 것이다. 예악 사상은 공자가 가장 먼저 주창한 것으로, 여기서 '예'는 질서나 예의, 제례 등을 의미하고, '악'은 말 그대로 음악을 의미한다. 공자는 잘 알려진 것처럼 예를 많이 강조한 사상가이다. 또한 중용을 강조한 사상가이기도 하다. 예만 강조하면 인간 생활이 딱딱하고 건조해진다. 그래서 생활에 여유가 사라진다. 이것을 풀려면 부드러움이 있어야 한다. 그것이 바로 악이 하는 역할인데, 음악은 우리의 감성을 순화시킨다. 예로 딱딱해진 성정을 부드럽게 하는 것이 바로 음악이다. 공자는 예악을 두루 갖춘 사람이야말로 이상적인 인격의 소지자라면서 높이 평가했다. 그래서 자신도 기쁠 때나 슬플 때나 자주 현악기를 연주한 것으로 유명하다. 공자의 연주 실력은 상당히 뛰어났다고 전해진다. 어쨌든 이런 사상에 힘입어 종묘 제례에서는 제사와 함께 음악이 등장한다.

종묘 제례를 보면 음악 말고도 항상 어색해 보이는 춤이 함께 등장한다. 한 변에 8명씩 64명이 정사각형을 이루어 추는 팔일무八佾舞라는 이름의 춤이다. 동북아에서는 음악과 춤이 항상 함께 가기 때문에 음악이 있으면 반드시 춤이 있게 마련이다. 그런데 이 춤동작은 춤이라기보다는 체조에 가깝다는 인상이다. 어눌해 보이기 때문이다.

지금 종묘 제례에 쓰이는 음악은 세종이 15세기 초에 작곡한 것이다. 그 전에는 중국의 음악을 사용했는데 세종이 나서서 전래의 음악을 바탕으로 새로운 음악을 만든 것이다. 세종에게는 선왕들이 살아서는 조선 음악을 듣다가 죽어서 중국 음악을 듣는 게 안쓰러웠던 것이다. 그러나 이 음악이 세종대에 바로 쓰이지는 못했다. 사대주의에 경도된 박연을 비롯한 대신들이 반대했기 때문이다. 이 음악이 종묘 제례악으로 쓰이게 되는 것은 조선 최고의 강력 군주이자 세종의 아들인 세조대에 와서야 비로소 가능하게 된다.

이 음악과 춤에 대해서는 상당히 전문적인 설명이 많다. 그런 설명은 무엇보다도 지루해서 여기서는 과감하게 생략하려고 하는데, 그래도 절차마다 진행되는 상황은 알아야 할 것 같다. 앞에서 말한 대로 각 실에서 제사를 지낼 때마다 음악과 춤이 연주되는데, 음악은 '보태평保太平'과 '정대업定大業'이라 불리는 것이다. 이 음악이 연주되면서 조상의 업적을 찬양하는 노래가 곁들여진다. 그러면 춤도 더불어 연행되는데, 춤은 선왕이 지녔던 학덕과 무공을 찬양하는 상징적인 동작이 주를 이룬다. 이 정도의 설명이면 간략하기는 하지만 음악과 춤의 내용을 대강 훑은 것이다.

그런데 재미있는 것은, 항상 그랬던 것은 아니겠지만 종묘 제례를 지낼 때가 되면 왕이 병에 걸렸다고 한다. 그래서 할 수 없이 세자가 왕을 대신해서 전체 제사를 진행했다고 한다. 이런 사정은 충분히 이해할 수 있는 것이 제사지내는 절차가 매우 힘들고 번거롭기 때문이다. 생각해보라. 각 실마다 이런 절차를 계속해서 반복하면 그 주인공인 왕은 얼마나 힘들겠는가? 똑같은 일을 느리게 수십 번 —영녕전까지 하면 숫자가 꽤될 것이다— 하면 힘들 뿐만 아니라 진력이 날 게 뻔하다. 게다가 날씨라도 추우면 견디기도 힘들 테고 말이다. 왕에게 물론 제사는 중요한 행사였지만, 그도 사람이기에 힘든 일을 하고 싶지 않았던 것은 어쩔 수 없었을 것이다.

팔일무

이 정도면 종묘와 종묘 제례를 다 본 것이다. 그런데 조선에는 이러한 왕실 제례악이 하나 더 있었다. 그것은 문묘文廟 제례악으로서, 공자에게 제사를 드릴 때 행하던 음악을 말한다. 이 의례가 행해지던 곳은 종묘에서 그다지 멀지 않은데, 조선의 국립대학이었던 성균관이 바로 그곳이다. 앞에서 말한 것처럼 종묘는 창덕궁과 창경궁과 같은 구역 안에 있는데, 성균관은 창경궁 바로 옆에 붙어 있다. 성균관은 공자를 모시는 사당인 동시에 조선 최고의 교육기관이었다. 이제 우리는 성균관으로 가서 조선의 교육 제도를 살펴보자.

조선 최고의 싱크탱크

조선의 행정제도는 매우 선진적이었는데, 그것은 과거제도가 있었기 때문이다. 과거제도는 전근대사회에서는 대단히 혁신적인 정치제도라 할 수 있다. 보통 전근대사회에서는 귀족의 자식으로 태어나면 저절로 관리가 되어 일생을 편안하게 살 수 있었다. 이렇게 할 경우 문제는 극소수의 귀족에게만 권력이 집중될 수 있다는 것이다. 그리고 드러나지 않은 인재를 발굴하여 인재의 풀pool을 늘릴 수도 없다. 이에 비해 과거제도는 제대로만 수행된다면 숨어 있는 많은 인재를 발굴해 등용할 수 있다는 큰 이점이 있다. 물론 이러한 과거제도는 중국에서 유래한 것이다.

조선 시대에 관리가 되려면?

성균관은 과거제도에서 정점을 이루었다. 전국에 있는 수많은 인재가 여러 단계의 시험을 거쳐 약 200명이 엄선되면 마지막 시험을 보려고 공부하던 곳이 성균관이었다. 여기에서 과거제도가 중심이 된 조선의 교육 제도를 잠깐 보기로 하자.

양반가의 남아는 7~8살이 되면 마을에 있는 서당에서 유학에 관한 아주 초보적인 공부와 붓글씨 같은 것을 배운다. 그러다 15~16세가 되면 나라에서 세운 학교로 가서 좀 더 전문적으로 공부를 계속한다. 수도에 사는 아이들은 사학四學에서, 그리고 지방에 사는 아이들은 향교에서 계속 공부하는 것이다. 그러니까 이 기관들은 대학(성균관)을 가기 전에 거쳐야 하는 중급 교육기관이라고 보면 되겠다. 이중에서 사학은 지금 남아 있지 않지만 향교는 남아 있는 곳이 많다. 향교는 지금 식으로 풀면 국립 지방 학교쯤이 되겠다.

이렇게 공부하다가 소과(작은 과거)라 불리는 첫 번째 시험을 보는데, 이 시험에 붙어야 국립대학에 해당하는 성균관에 들어갈 자격을 얻는다. 그러니까 소과는 지금 식으로 풀면 대학 입학시험과 같다고 할 수 있을 게다. 그러나 아직 대과 ―큰 과거― 라 불리는 마지막 관문이 남아 있는데, 수험생은 이것을 통과해야 비로소 관리가 될 수 있었다. 이렇게 보면 조선시대에 양반 남자들에게 가장 중요한 관직 등용의 길은 성균관에 입학하는 것이 첩경이었다는 것을 알 수 있다.

조선의 국교였던 유교에 따르면, 인간이 해야 할 일 가운데 가장 중요한 것은 부모에게 효를 바치는 것이었다. 이 효도를 이루는 데에는 여러 방법이 있지만, 양반가에서 가장 큰 효는 관리가 되는 것이었다. 문자 그대로 입신양명立身揚名인 셈이다. 관리가 되면 자신의 벼슬이 수백에서 수천 년을 이어갈 족보에 영원히 기록될 뿐만 아니라, 죽은 다음에는 그 관직 이름이 무덤에 있는 묘비에 새겨져 거의 영원토록 보존되었다. 이렇게 함으로써, 자신의 가문을 만천하에 알릴 수 있었기 때문에 이보다 더한 효도가 없다는 것이 조선인의 생각이었다.

게다가 개인적으로 조선시대에 부와 명예를 동시에 얻을 수 있는 방법은 관리가 되는 길밖에 없었다. 모든 사회구조가 양반을 중심으로 구성되어 있었기 때문에, 관리가 되는 것은 인생을 가장 행복하게 사는 방법이었다. 물론 관리가 되려면 양반으로 태어나야 하지만 어떻게든 성균관에 들어가야 했다. 성균관에 들어가지 않고도 과거에 합격할 수 있었지만, 성균관에 들어가는 것이 왕도였다. 성균관에서 뽑는 인원은 200명 남짓이고, 3년에 한 번씩 과거를 봐서 그 가운데 정예 33명만 합격시켰다고 하니, 이렇게 보면 당시에 관리가 되는 것이 얼마나 어려웠는지 알 수 있다.

진 정 한 교 육 이 란

성균관을 가기 전에 조선에서 관리가 된다는 것의 의미가 무엇인지 파악하고 가야 그 기관의 의미를 제대로 알 수 있다. 그렇지 않고 그냥 가서 보면 성균관은 몇 개의 건물일 뿐이다. 성균관은 국립대학이라고 하지만 규모가 그리 크지 않다. 공자를 모시는 사당 하나와 교실로 쓰는 강당과 기숙사, 식당, 몇 개의 부속 건물뿐이기 때문이다.

현재 성균관은 성균관대학교 안에 있는데, 거개의 사람들은 성균관대학만 알 뿐 성균관 자체는 잘 모른다. 심지어 이 대학에 다니는 학생들도 성균관이 교내에 있고, 이 기관이 조선의 최고 국립대학이었다는 사실을

文廟案内圖

❶ 명륜당 (明倫堂)
❷ 대성전 (大成殿)
❸ 동 무 (東廡)
❹ 서 무 (西廡)
❺ 신삼문 (神三門)
❻ 동 재 (東齋)
❼ 서 재 (西齋)
❽ 존경각 (尊經閣)
❾ 향 관 청 (享官廳)
❿ 전사청 (典祀廳)
⓫ 정 록 청 (正錄廳)
⓬ 서 리 청 (書吏廳)
⓭ 수 복 청 (守僕廳)
⓮ 제 기 고 (祭器庫)
⓯ 비 복 실 (婢僕室)
⓰ 이 방 (吏房)
⓱ 창 고 (倉庫)
⓲ 육 일 가 (六一閣)
⓳ 묘 정 비 (廟庭碑)
⓴ 동 삼 문 (東三門)
㉑ 삼 청 비 각 (三淸碑閣)
㉒ 묘 성 비 각 (廟聖碑閣)

㉔ 신 사 청 (神祀廳)
㉕ 동 월 랑 (東月廊)
㉖ 서 월 랑 (西月廊)

성균관 안내 그림

잘 모르는 경우가 있다. 성균관대학교라는 이름 자체가 성균관에서 온 것으로, 원래 이 학교는 유교 재단에서 세운 학교이었지만 지금은 이 재단과 아무 관계가 없다.

성균관을 찾아가려면 앞에서 말한 것처럼 성균관대학을 찾아가면 된다. 성균관은 이 대학의 정문을 들어서자마자 오른쪽에 있다. 성균관은 크게 볼 때 두 부분으로 되어 있는데, 사진의 도면에서 보는 것처럼 전면에 있는 영역이 공자께 제사를 드리는 사당 영역이고, 뒤에 붙어 있는 부분이 공부하는 교육 영역이다. 보통 때 가면 사당 영역은 잠겨 있어 볼 수 없다. 이곳은 공식적으로는 일 년에 2번 제사를 지낼 때에만 공개한다. 그러나 미리 공문을 보내면 열어줄 뿐만 아니라 친절한 설명까지 해

김홍도의 '평생도' 가운데 과거시험 장면

준다. 이에 비해 뒤에 공부하는 영역은 항상 공개되어 있다. 우리는 먼저 성균관에서 가장 중요한 지역인 공자 사당으로 들어가자.

사당을 본격적으로 돌아보기 전에 우리는 이런 의문을 가질 수 있다. 교육기관인 국립대학에 왜 선현들을 제사지내는 사당이 있는가 하고 말이다. 이것을 지금의 상황에 적용해 보면 현재 국립대학 가운데 수장 격에 해당되는 서울대학교 안에 선배 학자들의 사당이 있는 것과 마찬가지니, 지금 입장에서 보면 아주 생경하다. 그러나 성균관의 사당은 그저 장식으로만 있던 게 아니다. 성균관의 학생들은 한 달에 두 번씩 꼭 배향을 했다. 지금 서울대 학생들이 교내에 있는 사당에 한 달에 두 번씩 간단하게 제를 올린다는 것은 상상할 수도 없는 일 아닌가?

이렇게 제례와 교육을 동시에 이행하던 것은 성균관에서만 이루어진 일이 아니다. 앞에서 보았던 향교와 서원 등에서도 교육과 제례라는 두 가지 일을 동시에 했다. 그런데 정확히 말하면 향교나 서원은 성균관과 그 구조가 조금 달랐다. 성균관의 경우에는 공자를 모신 사당을 높인다는 의미에서 이것을 전면에 내세웠지만, 향교나 서원은 공자의 사당을 뒤에 놓았다.

여기서 질문을 하나 던져보자. 조선(그리고 중국)의 학생들은 왜 공부하면서 선현의 혼을 모시는 제사를 병행했을까? 이것은 유교의 교육 이념과 직결된다. 유교에서 말하는 학문은 그저 책만 보는 것이 아니다. 진정한 책은 바로 선현(의 말과 행동)이다. 그들은 인생의 여러 국면에서 학생들이 따라야 하는 삶의 규범을 제시했기 때문에, 학생들은 그들의 언행을 따라가면 된다. 다시 말해 학생들은 무언가 새로운 것을 주창하기보다 선현을 모방하기만 하면 그들의 학문 목표가 완성되는 것이다. 그들의 문제는 선현을 철저하게 모방하지 못한다는 데에 있지, 새로운 학설을 내지 못한다는 데에 있지 않았다.

이러한 교육관은 어떻게 보면 매우 보수적으로 보일 수 있지만, 사실 교육이란 게 좋은 스승만 있다면 별 게 아닐지도 모른다. 교육에는 여러 가지 목표가 있지만 그 가운데 가장 중요한 것은 '진정한 인간되기'라고 하는 데에 반대할 사람은 별로 없을 것이다. 진정한 인간이 되는 길 가운데 가장 좋은 것은 최고의 스승을 따르는 것이다. 스승은 진정한 인간이기에 그만 따르면 학생도 진정한 인간이 될 수 있기 때문이다.

유교의 교육관은 대체로 이런 생각에 입각해 있다. 공자가 말하는 진정한 교육은 우선 사람의 도리를 다하는 것이었다. 학문은 그 다음이다. 이것은 그의 생각에서도 잘 드러난다. 그는 이렇게 말했다. "사람은 우선 집에서 부모에게 효를 다하고, 나가서 사람들을 공경한 다음, 그래도 시간이 남으면 학문을 해야 한다"라고 말이다. 학문은 사람이 (유교의 입장에서) 해야 할 도리를 다한 다음에나 하는 것이지 인간됨을 제쳐놓고 하는 일이 아니라는 것이다.

유교적인 교육기관에서 정기적으로 과거의 선현들을 배향하게 한 이유가 바로 여기에 있다. 학생들에게 선현이란 영원한 멘토mentor이자 그들의 삶이 지향해야 할 종착점이다. 그런데 그들은 모두 타계해서 현재 여기에는 없다. 따라서 그들을 생각할 수 있는 방법은 정기적으로 제사를 지내는 것이다. 학생들은 적어도 한 달에 두 번씩은 선현께 제사지내면서 그들을 배우고 그들과 똑같이 살겠다고 굳은 다짐을 한다.

이것은 대단히 뛰어난 교육론임에 틀림없다. 선현 앞에서 그들을 다시 생각함으로써 자신을 반성하고, 그렇게 다짐한 것을 뒤에 있는 학문 공간에서 연마하는 것이다. 모방과 학습을 동시에 하는 것이니, 이것이야말로 가장 좋은 교육제도가 아닌가 싶다. 현대의 교육은 바로 이 모방에 대한 부분이 약하다. 멘토 역할을 할 수 있는 사람을 거의 발견할 수 없는 게 현대 교육의 맹점이라면 맹점이다. 요즈음은 이런 것을 생각하는 교육자도 그리 많지 않은데, 나는 이곳에 올 때마다 진정한 교육이란 무엇인가를 거듭 생각하게 된다.

학문을 완성한 스승에게 드리는 의례

성균관을 제대로 보려면 성균관의 정문부터 들어가는 것이 가장 좋을 법한데 이것은 원천적으로 불가능한 일이다. 정문은 신문神門이기 때문에 사당에 모셔져 있는 신만이 드나들 수 있다. 그래서 이 문은 일 년에 두 번씩 제사지낼 때에만 개방한다. 임금조차 이 문으로는 출입할 수 없었고, 앞에서 본 것처럼 동쪽에 있는 문으로만 출입했다. 사진을 보면 이 신문부터 공자를 모신 사당까지는 '신도神道' 즉 신의 길이 놓여 있음을 알 수 있다. 이 길은 신의 길인지라 인간이 건너가서는 안 되는데 어쩔 수 없이 건너가야 할 경우에는 마음으로 고한 다음에야 건너갈 수 있다.

어쨌든 우리는 정문으로는 갈 수 없으니 옆문으로 들어가 보자. 옆문으로 들어가면 사실은 공부하는 공간이 나오는데, 이 공간은 조금 뒤에 보기로 하자. 사당의 영역으로 들어가면 아주 단출한 것을 알 수 있다.

이 영역의 주요 건물은 공자를 모시는 사당 하나와 여기를 둘러싼 회랑 뿐이기 때문이다. 사당은 매우 장중한 건물로 종묘처럼 장식도 없고 단청도 없는 아주 단순한 건물이다. 사당이기 때문에 쓸데없는 장식은 모두 피했다. 이 건물이 바로 대성전大成殿으로서, 공자를 모신 사당은 어느 나라나 다 이 이름을 쓴다.

공자의 고향은 잘 알려진 것처럼 중국 산동의 곡부이다. 곡부에도 똑같은 이름의 공자의 사당이 있는데, 그곳의 규모는 서울의 성균관에 있는 대성전과 상대가 되지 않는다. 흡사 궁궐처럼 지었기 때문에 그 영역이 엄청나게 넓을 뿐만 아니라, 건물이나 문도 수십 개가 된다. 그곳이 공자의 고향이라 그렇게 크게 지었을 테지만, 그에 비하면 조선인은 매우 소박했음을 알 수 있다. 서울의 대성전은 곡부의 그것과 비교해 보면

중국 곡부 공자묘의 대성전

단출하기 짝이 없다.

그런데 재미있는 것은 십 몇 년 전 중국인들이 한국의 대성전에서 행하는 제사를 배우러 왔다는 것이다. 그때 중국의 관계자들은 성균관에서 행하는 모든 의례를 기록하고 영상으로 담아갔다. 물론 그들에게도 자기식의 제사가 있었지만, 사회주의와 문화혁명을 거치면서 모두 잃어버리고 말았다. 반면 우리는 조선 초에 의례가 생긴 이래 변형되지 않고 원형 그대로 이어져 온 터라 중국인들이 그것을 배우러 온 것이다. 그런데 내가 잘은 몰라도 우리와 중국의 공자 제사는 매우 다를 텐데, 중국인들이 우리 것을 가져다 얼마나 참고했는지 궁금하다.

대성전은 아주 훌륭한 건물이다. 그래서 당연히 보물로 지정되어 있다. 원래 것은 600년이 넘었는데, 임진왜란 때 불탄 것을 다시 지었으니

성균관 대성전의 신도

지금 있는 건물은 약 400년 전에 지은 것이다. 이 건물은 평소엔 굳게 닫혀 있어 그 안에 무엇이 있는지 모르는 사람이 많은데 안은 생각보다 간소하다. 공자를 필두로 그동안 우리나라와 중국에 있었던 대학자들의 신위만 있기 때문이다. 신위라는 것은 나무에 그 사람의 (시호와) 이름만 적어 놓은 것으로 아주 단출하기 짝이 없다. 그리고 보통 때에는 나무 상자로 덮어 놓았다가 제사 때에만 상자를 치워 신위가 드러나도록 한다. 이것은 종묘에서도 마찬가지라 종묘 정전의 각 실에는 왕과 왕비의 이름이 써 있는 신위만 있다.

이런 것을 통해 보면, (조선의)유교는 성현을 모신 건물을 치장하는 데에는 전혀 관심이 없음을 알 수 있다. 공자라면 유교의 교주인데 그를 모신 사당이 이렇게 단출하니 말이다. 만일 이것이 불교나 기독교라면 상황은 완전히 달라졌을 것이다. 불교나 기독교는 자신들의 교주를 모신 건물을 가능한 한 찬란하게 장식하기 때문이다. 반면 유교는 밖으로 화려하게 보이는 것을 극력 꺼렸다. 대신 마음을 살펴서 털끝만큼의 사심이라도 생기는 것을 막는 데에 전심을 기울였다.

유교에 따르면 우리의 마음은 천성적으로 착한데, 이 착한 마음을 따르지 않고 자기의 이익을 찾으면 사심이 생긴다고 한다. 한번은 어떤 제자가 공자에게 유교의 최고 경전의 하나인 『시경』의 정신이 무엇이냐고 물었다. 그러자 공자는 "생각함에 사악함이 없는 것이다(思無邪)"라고 답했다는 것은 유명한 이야기다. 자신이 속한 공동체의 이익보다 자신의 이익을 더 내세운다면 그게 바로 사심이 되는 것이다. 이곳에 오면 이런 유교의 정신을 읽어야지 건물만 보는 것은 아무 의미도 없다. 이렇게 유교의 속내를 따지지 않고 그저 건물만 보고 온다면 그것은 아무 것도 보지 않은 것과 같다.

그러나 그렇다고 해서 정신만 읽고 말자는 것은 아니다. 정신이 밖으로 표현된 모습도 보아야 하기 때문이다. 이 대성전 안에는 39명에 달하는 대학자들의 신위가 있는데, 일단 공자를 비롯한 그의 직제자 15명의 신위가 있다. 그리고 그 옆으로는 주자를 비롯해서 송나라 때 일어났던 신유학인 성리학의 대가 6명의 신위가 있다. 여기까지가 중국의 성현들이고, 그 다음부터 우리나라의 대표적인 성리학자 18명의 신위가 있다. 공자의 신위가 중앙 가장 깊숙한 곳에 놓여 있고, 그 다음으로는 안연을 비롯한 그의 대표 제자 4명의 신위가 있다. 그리고 이런 식의 위계로 양옆에 다른 성현들의 신위가 나열되어 있다.

석전제를 올리는 헌관들의 모습

앞에서 평소에는 이 사당의 문이 굳게 닫혀 있다고 했는데, 문의 가운데 부분의 아귀가 잘 맞지 않아 사이가 조금 떠 있는 것을 볼 수 있다. 처음에는 나무가 오래되어 뒤틀려 그렇게 된 것이라고 생각했는데 사실은 그게 아니었다. 문을 달아 놓을 때부터 문 사이에 틈을 만들어 놓은 것인데, 그것은 이 사당 안에 있는 성현들의 혼이 들락날락할 수 있게 배려한 것이란다. 한편으로는 조상의 혼령을 배려하려는 마음을 읽을 수 있지만, 다른 한편으로는 사람의 혼을 인정하지 않는 유교가 그 본부에서조차 교리와 맞지 않는 행동을 하는 것 같아 재미있다.

이곳에서는 성균관의 학생들이 한 달에 두 번씩 성현들에게 간단한 제사를 올렸다. 이때에는 아마도 향 같은 것만 피우면서 간소하게 지냈을 것이다. 그러나 일 년에 두 번(음력 2월과 8월)은 아주 성대하게 제를 올리는데, 석전제釋奠祭라 불리는 게 그것이다. 이때에는 많은 음식을 바치고, 종묘 제례 때와 같이 국립국악원의 정악 연주단이 출동한다. 물론 64명이나 되는 무용단이 동원되는 것도 마찬가지다. 공자도 황제와 같은 급이기 때문에 황제 앞에서 하는 것과 같은 수준의 제례를 행하는 것이다. 이 제례는 '문묘 제례'라 불린다. 이것은 공자가 '문성왕文成王'이라는 이름으로 불리는 데에서 알 수 있듯이, 그가 학문을 완성했다고 여겨졌기 때문에 붙여진 이름이다. 따라서 문묘 제례라는 단어를 풀면 '(학)문을 완성한 분의 사당에서 드리는 의례'라 할 수 있다.

이 제사의 자세한 모습을 묘사하는 건 생략하기로 한다. 그 절차가 종묘 제례와 거의 같기 때문이다. 혼을 부른 다음 그 혼들에게 정성스럽게 술을 세 번 바치고 축문을 읽는 순서는 다를 게 없다. 이 술을 바치는 동안 음악이 연주되고 춤을 추는 것도 종묘에서와 마찬가지다. 다만 다른게 있다면 음악이 조금 다르다. 이런 음악에 익숙하지 않은 사람은 종묘의 그것과 어떤 차이가 나는지 정확히 알기가 어렵다.

그러면 이 제사에서 핵심 역할을 하는 사람은 누구일까? 언뜻 드는 생각에 성균관의 수장이라고 생각하기 쉽다. 하지만 그럴 수 없는 것이, 공자가 누구인가? 공자는 유교 국가에서 가장 중요하고 높은 인물 아닌가? 사실 공자는 황제급에 속하기 때문에 왕보다도 높은 위치에 있다. 따라서 제례를 할 때에는 당연히 왕이 와서 술을 올려야 한다. 왕이 진행자가되어야 한다는 것이다. 그래서 이곳에는 임금의 가마를 놓는 곳까지 마련해 놓았다. 이를테면 주차장인 셈이다. 또 임금이 참석하는 제례이니만큼 모든 것을 최고급으로 쓴다. 최고의 제기, 음식, 의상, 악기 등등 당시 조선에서 최고인 것을 동원했다.

이뿐만 아니라 이곳의 의례는 원형을 잘 보전해 중국에서는 사라진 춤과 음악을 제대로 전승했기에, 일찍이 정부에서 무형문화재로 지정했다. 그런데 이상스럽게도 성균관의 문묘제례악은 유네스코의 세계유산으로는 등재되지 않았는데 그 속사정은 잘 모르겠다. 아마도 의례 절차가 종묘의 것과 비슷해서 한 나라의 것 가운데 같거나 비슷한 문화재를 동시에 등재하지 않는 유네스코의 방침 때문이 아닐까 한다.

대성전 경내에는 나무가 몇 그루 있다. 이 가운데 가장 주목해야 할 나무는 대성전 바로 앞에 있는 두 그루의 나무다. 이것은 측백나무인데, 유교에서는 소나무와 함께 군자를 상징하는 나무로 여겨졌다. 그것은 이 나무가 사계절 내내 푸름을 잃지 않는 상록수인지라, 그 모습이 유교의

삼강오륜목

이상적인 인간인 군자가 지닌 '사무사' 정신, 또는 올곧음을 잊지 않는 정신과 부합한다고 생각한 데에서 나온 상징이다. 그런 까닭에 임금의 묘에도 이 나무를 많이 심었다고 한다.

그런데 이 나무를 자세히 보니 그 생김새가 좀 이상하다. 두 나무의 가지에서 심상치 않은 점이 보이기 때문이다. 자세히 보면 대성전을 바라보고 오른쪽에 있는 나무는 가지가 세 개인데 반해, 왼쪽 것은 가지가 다섯 개다. 이것은 말할 것도 없이 유교에서 가장 중요한 덕목인 삼강오륜을 상징하는 것이다. 여기서 말하는 삼강은 유교에서 가장 중요한 인간관계인 아버지와 아들, 왕과 신하, 남편과 아내의 관계를 말한다.

이보다 더 구체적인 것은 오륜에서 발견된다. 오륜에는 이 세 가지를 포함해서 윗사람과 아랫사람의 관계와 친구 사이의 관계가 더 들어간다. 이 다섯 가지의 관계를 구체적으로 보면, 아들은 아버지에게 효를 바쳐야 하고, 신하와 임금 사이에는 의로움이 있어야 하고, 부부 사이에는 다름이 있어야 하고, 위와 아랫사람 사이에는 서열이 있어야 하고, 친구 사이에는 믿음이 있어야 한다는 것이다. 오륜은 맹자가 제정한 것인데, 그 이후 유교에서 가장 중요한 교리가 되었다. 이 가운데 첫 번째 효孝와 네 번째 서恕는 유교 윤리의 근간을 이루는 두 개의 기둥이라고 할 수 있다. 이 점에 대해서는 필자가 다른 책에서 누누이 밝혔기 때문에 여기서는 자세히 언급하지 않겠다.

유교는 가정을 중요시하는 가르침인데, 그 가운데 아버지와 아들의 관계를 가장 중요하게 생각했다. 그리고 나이를 따져서 위아래를 결정하는 것도 매우 중요한 일이었다. 현대 우리 사회를 보면 아직도 이 두 덕목이 엄청난 영향력을 행사하고 있음을 알 수 있다. 아직도 우리가 가부장권이 강한 사회인 것이나 부모를 극진히 생각하는 것은 바로 '효'에서 파급된 영향이다.

그런가 하면 온 국민이 어릴 때부터 체득하는 나이 따지는 버릇은 '서'에서 파생된 영향이다. 우리는 처음 만나면 반드시 서로 나이를 따져 관계를 결정한다. 학교에서도 학생들은 상급생을 형이나 언니라는 가족의 칭호로 부른다. 이렇게 함으로써 위아래의 서열을 확실하게 하는 것이다. 이런 사회적 관습이 있기 때문에 외국인들은 한국에 와서 "How old are you?"라는 질문을 가장 많이 받는다. 거개의 외국인들은 나이에 거의 관심이 없지만, 우리는 처음 만났을 때 서로 나이를 확인하지 않으면 불안해서 참지를 못한다. 나이를 비교해서 누가 위고 아래인지 확정해야 마음이 놓인다. 그런가 하면 신문 기사에 나오는 사람의 이름 옆에 나이를 꼭 적는 것을 볼 수 있는데, 이런 관행은 아마 우리나라밖에 없을 것이다.

이와 같은 유교의 덕목이 갖고 있는 문제는 지나치게 아랫사람의 의무만 강조한다는 데에 있다. 부자 사이에는 아들의 의무를, 위아래의 관계에서는 아랫사람의 의무를 지나치게 강조한다. 그래서 아랫사람으로 하여금 윗사람에게 무조건 복종하게 한다. 그러나 그렇다고 해서 유교가 윗사람이 해야 할 일에 대해 전혀 말하지 않은 것은 아니다. 아버지는 자애로써, 윗사람은 배려로써 자식과 아랫사람을 보살펴야 한다. 이렇게 쌍방이 서로를 위해 노력한다면 유교의 가르침은 아름답겠다는 생각을 해본다.

이 안에는 이 나무처럼 의미심장한 나무만 있는 게 아니다. 대성전을 등지고 오른쪽 앞을 보면 큰 소나무가 있는데, 이 나무는 재미있는 일화가 있다. 성균관에서 공부하던 한 학생이 어쩌다 이 나무 밑에서 잠을 잤던 모양이다. 그런데 마침 과거에 붙는 꿈을 꾸었고, 그 영향인지 모르지만 실제로도 과거에 붙었다. 이 소문이 퍼지자 학생들이 너도나도 이 나무 밑에 와서 잠을 청했다는 이야기가 전한다. 나무 밑에서 잠만 자도 과거에 합격한다면 어느 누구인들 그렇게 안 하겠는가?

다시 그 옆을 보면 비각이 하나 있음을 알 수 있다. 이 안에 있는 비는 600년이나 된 것인데, 여기에는 성균관이 어떤 절차를 거쳐 세워졌는지를 새긴 글이 있다. 비 받침인 거북이의 조각 솜씨가 좋아 한 번 들여다 볼 만하다.

이제 대성전 내부는 대강 본 셈이다. 우리가 다음으로 갈 곳은 뒤의 공간인 명륜당이다. 작은 쪽문을 나오면 바로 명륜당과 앞마당을 만나는데, 사실 이 마당은 우리가 대성전을 들어갈 때 이미 지나간 곳이다. 임금이 드나들던 문은 닫아 놓기 때문에 이 쪽문을 통해 들어올 수밖에 없었던 것이다.

조선 대학생들의 하루 일과

명륜당 지역은 아주 단순하다. 강당인 명륜당이 중심이고, 그 좌우로 기숙사가 두 동 있을 뿐이다. 그리고 뜰에는 큰 은행나무와 회화나무 몇 그루가 있다. 성균관뿐만 아니라 지방 학교인 향교를 가보면 늘 은행나무가 있는 것을 발견할 수 있는데, 이것은 공자가 이 나무 밑에서 학생을 가르쳤다는 고사가 전해지기 때문이다. 여기 있는 나무도 나이가 500년이 넘는데, 지방 향교에 있는 은행나무도 다 이 정도의 나이를 자랑하고 있다. 이렇게 이 나무들의 나이가 많은 것은, 조선 초에 이러한 교육 기관을 만들면서 심어 놓았기 때문일 것이다. 성균관에 있는 것은 워낙 나이가 많아 그 가지들이 밑으로 처지는 것을 막고자 철재를 받쳐 놓았다. 그래서 세월의 연륜이 훨씬 더 짙게 느껴진다.

강당 양쪽 앞에 기숙사를 두는 것은 조선시대의 교육기관에서 공통적으로 보이는 구조다. 명륜당 건물은 사진에서 본 바와 같이 아주 단순한 건물이다. 가운데 건물은 공부하는 강당으로 썼고, 양 옆의 방은 관장이나 교사가 썼다. 이를테면 교무실인 셈이다. 명륜당 건물 역시 400년 이

명륜당 앞마당의 은행나무

상 된 건물이라 나라의 보물로 지정되어 있다.

　이 건물보다 우리의 주의를 끄는 것은 동서에 있는 기숙사다. 양쪽을 다 합해서 방이 30개가 채 안 되는데, 먼저 궁금한 것은 여기에서 어떻게 200명에 달하는 학생들이 모두 기숙했는지 하는 것이다. 이 방을 보면 아주 작다. 두 명이 자기에도 작은 방인데 몇 명이나 잘 수 있었는지 궁금하다.

　한번은 미국인 은사님을 모시고 가서 그 방을 보여주었더니 이렇게 작은 데에서 사람이 어떻게 잘 수 있느냐고 못내 궁금해 했다. 덩치가 큰 미국인에게서 능히 나올 수 있는 의문이었다. 그래서 나는 당시 한국인의 평균 키가 160㎝ 정도이기 때문에 생활하는 데에 문제가 없었을 것이라고 대답했다. 그렇지만 이 방에 아무리 사람을 '때려 넣어도' 3~4명밖에 못 들어갈 것 같은데, 어떻게 200명에 달하는 학생들을 다 집어넣었는지 여전히 궁금하다. 자는 것은 가능하다 해도 공부는 어떻게 했을까? 그 많은 학생들이 어디서 경전을 펴고 공부했을지 여간 궁금한 게 아니다. 당시 상황을 확실히 모르니 적절한 답이 나오지 않는다. 그래도 이 성균관의 기숙사는 당시 조선에서 가장 큰 기숙사였다.

　의문은 뒤로 하고 여기서 생활하는 학생들의 하루 일과에 대해서 보자. 이 기숙사 영역은 꽤 넓기 때문에 보통 북으로 신호를 알렸다. 우선 해가 뜨기 전에 북을 치면 일어나 아침 공부를 한다. 그러다 북이 세 번 울리면 즐거운 식사 시간이다. 이때 치던 북과 비슷한 북이 지금도 동쪽 기숙사에 달려 있고 식당은 바로 옆에 있는데, 지금도 행사가 있을 때는 이 식당을 쓴다.

재미있는 것은 밥을 먹으러 식당에 들어가기 전에 출석부에 있는 자기 이름 밑에다 점을 찍는다는 것이다. 아침과 저녁에 한 번씩 점을 찍으면 그게 1점으로 계산된단다. 그리고 이 점수가 300점 이상이 되어야 비로소 과거에 응시할 수 있는 자격을 갖는다고 한다. 이것은 출석 일수를 계산해 그 학생의 성실성을 점검하려는 의도일 것이다. 지금의 대학에서도 몇 번 이상 결석하면 학점을 주지 않는 것과 같은 맥락에서 이해하면 되겠다.

그런데 여기서도 의문이 생기는 것을 피할 수 없는데, 그것은 학생들이 이곳에서 생활하는 한 이 식당에서만 밥을 먹었을 터인데 왜 식당에서 출석을 불렀냐는 것이다. 전하는 이야기에 따르면, 원생들은 한 달에 이틀밖에는 외출이 허락되지 않았다고 한다. 그렇다면 밥은 모두 이곳에

기숙사의 내부

있는 식당에서 해결했을 텐데, 왜 뻔한 데에서 출석을 불렀는지 모를 일이다. 게다가 돈을 내고 먹는 것도 아닌데 굳이 이 식당을 마다하고 밖에 나가서 사 먹을 필요가 있었을까 하는 생각도 든다.

외출이 금지되었다고는 하지만 여기도 사람 사는 곳이라 예외적인 경우가 있었던 모양이다. 나중에 큰 학자가 되는 어떤 학생은 걸핏하면 성균관 담을 넘어 인근에 있는 술집에서 술을 마시고, 어떤 때는 며칠씩 돌아오지 않았던 모양이다. 그것을 보다 못한 왕이 친히 편지를 써서 돌아오게 했다는 이야기가 전해진다. 아마 이 학생은 장래가 매우 촉망되어 왕도 그를 알고 있었던 모양이다. 그래서 편지를 보내 돌아오기를 강권한 것이리라.

나는 이 이야기를 처음 들었을 때 재미있으면서도 참으로 아름다운 이야기라는 생각에 감동했다. 너무 엄격한 생활이 싫은 나머지 담을 넘어 술집까지 간 그 학생의 배포나 풍류 정신이 우선 마음에 들었다. 그런가 하면 그것을 무리하게 죄로 다스리지 않고 한 나라의 임금이 직접 회유 편지를 써서 학생이 돌아오게 한 그 자상한 정신도 흐뭇했다. 서로를 아끼는 마음이 엿보여 좋았다. 이렇듯 나라에서는 이곳 성균관의 학생들을 매우 아꼈다고 한다. 그래서 임금이 가장 두려워하는 일의 하나가 성균관 학생들이 항의하는 것이었다고 한다.

이 항의에는 여러 수준이 있었는데, 가장 극단적인 것은 권당捲堂이라고 불리는 동맹휴학이었다. 조선조 초와 중엽에는 몇몇 임금이 불교에 우호적인 정책을 폈는데, 불교는 성리학자들이 아주 싫어하는 종교였다. 유교와 불교가 갈등을 일으켰던 대표적인 사건은 명종 때 있었다.

명종의 모후母后인 문정대비文定大妃는 불교를 아주 좋아했다. 그녀는 자신의 신앙을 선양하고자 당대의 승려 보우普雨와 함께 승과僧科처럼 오래전에 폐지된 불교의 제도를 부활시켰다. 그런데 이때에는 대비가 살아 있었던지라 조정 안의 반불교도들이 별 소리를 내지 못하다가, 대비가 죽자마자 보우를 처단하라고 소리를 높였다. 이런 상황에서 가만히 있을 성균관생들이 아니었다. 이들은 권당을 벌였고, 그 탓에 보우는 제주도로 유배를 당한다. 명종도 성균관 유생들의 항의가 부담스러웠던 모양이다. 이밖에도 여러 사건이 있었지만, 이런 일화들을 통해 나는 성균관의 전체 분위기에서 인재를 아끼는 조선의 풍토가 느껴져 좋다.

아침밥을 먹고 나면 명륜당에서 공부가 시작된다. 공부는 일단 학생들이 배웠던 것을 외우고 그 뜻을 설명하는 순서로 진행된다. 그리고 교사와 그것을 논의하고 질문을 하는데, 이 과정은 주로 개인적으로 이루어진다. 오후나 저녁에는 이렇게 배운 것을 복습하고 외우는 일을 반복한다. 성균관에서는 이렇게 공부만 시키는 것이 아니라, 시험을 자주 봐서 학생들을 들들 볶았다고 한다. 그럴 수밖에 없는 게 모든 것을 다 대주고 공부만 시키는데 나태해지게 내버려 둘 수 없었을 것이다.

수시로 보는 이 시험들을 다 합하면 한 달에 30회가 넘었다고 한다. 이 시험과 관련해서 재미있는 것은 명륜당을 바라보고 오른쪽 나무 밑에 있는 돌에 관한 것이다. 학생들과 이곳에 답사를 올 때마다 나는 학생들에게 이 돌의 용도에 대해 물어보는데 답은 시원하게 나오지 않는다. 이 돌은 학생이 스스로에게 회초리를 칠 때 올라가는 곳이다. 시험을 쳐서 하위에 처한 학생은 이 돌 위에 올라가 자신의 종아리를 때리는 것이다.

이것은 아마도 학생들이 앞으로 큰 정치인이 될 터이니 스스로를 규제할 수 있는 힘을 기르도록 한 제도인 것 같다. 모든 것을 스스로 처리할 수 있는 힘을 기르는 것이 교육이라고 한다면, 이렇게 자가 징벌하는 제도는 대단히 교육적인 것이 틀림없다.

그럼 이 학생들은 언제 졸업하는 것일까? 따로 졸업하는 날짜가 정해진 것은 아니다. 이곳에서 모든 과정을 다 이수하려면 약 3년 반 정도의 시간이 걸린다고 하는데, 이 시간이 지나도 과거에 급제하지 못하면 졸업할 수 없다. 그러니까 과거에 급제하는 것이 바로 졸업하는 것이 된다. 그러나 과거에 계속 낙방한다고 해서 무한정 이곳에 있을 수는 없었던 모양이다. 너무 오래 있는 학생에게는 퇴교 명령이 떨어지기도 했다는데, 학생이 얼마나 오래 머물러야 그런 명령이 떨어졌는지는 잘 모르

회초리 바위. 성적이 안 좋은 학생은 이 바위에 올라 스스로를 벌한다.

겠다.

명륜당 앞뜰이 넓은 것은 이곳에서 가끔 과거를 보는 일이 있었기 때문이다. 앞에서 말한 것처럼 왕은 공자에게 제사를 드리는 날 세자와 함께 와서 제를 지낸 다음, 이 명륜당 앞뜰에서 교사와 학생들과 모임을 갖는다. 이것은 앞으로 정부의 유능한 관리가 될 사람들을 격려하는 것이리라. 그때 왕은 교사와 학생들에게 술을 하사해서 마시게 했는데, 왕이 내리는 술이니만큼 그들에게는 대단한 영광이었을 것이다. 이렇게 왕이 이곳에서 친히 행사를 갖는 것은, 그만큼 조선이 성균관을 중시했다는 것을 의미한다.

왕은 그렇게 학생들과 회합을 갖다 가끔씩 이곳에서 비정기적으로 과거를 보기도 했다. 그래서 이 공간을 비워 놓은 것이다. 지금은 물론 이런 전통은 다 없어지고 그 대신 결혼하는 사람에게 이 마당을 빌려주어 수입을 올리고 있다. 성균관 옆에는 우리나라 유교의 총본부인 유림회관이 있다. 이 회관 건물은 그리 크지 않은데, 조선조의 막강했던 유교의 힘에 비할 때 미약할 수밖에 없는 현대 한국 유교의 모습이 느껴진다.

요즘 우리나라 사람들에게 자신의 종교가 무엇이냐고 물어보면 유교라고 대답하는 사람은 2%도 안 된다. 그러나 질문을 바꾸어 효와 같은 유교의 덕목을 중시하느냐고 물어보면, 90% 이상이 그렇다고 대답한다. 종교로서의 유교는 그 효능이 매우 퇴색했지만, 유교적인 가치관은 여전히 맹위를 떨치고 있는 것이다. 그래서 나는 한국인은 모두가 잠정적인 유교도라고 주장한다. 그럴 수밖에 없는 것이 아직도 세계에서 제사를 가장 열심히 지내고, 종친회 조직을 갖고 있으며, 족보에 지대한 관심을 가진 사람은 한국인이 거의 유일하기 때문이다. 그래서 이 유교 기관에서 간부로 일하는 유교인들은 유교가 아직도 살아 있다고 생각하고 희망을 갖고 있는 것처럼 보인다. 그러나 현실은 그리 밝지만은 않은 것 같다.

몇 년 전에 유교를 사정없이 질타한 『공자가 죽어야 나라가 산다』라는 책이 나와 베스트셀러가 된 적이 있다. 많은 사람들은 유교라는 단어를 고루하고 시대에 뒤떨어진 것과 연관해 생각하는 경향이 있다. 특히 유교가 가부장 제도를 너무 강하게 주장해 여성에 대한 배려가 약하다는 게 그러하다. 과연 현대의 유교도들이 이런 좋지 않은 현실을 어떻게 헤쳐나갈 수 있을지 여간 궁금한 게 아니다. 그러나 상황이 어떻든, 우리는 유교를 떠나서 살 수 없다. 한국인과 유교의 관계는 물고기와 물의 관계와 비슷하다. 그리고 유교에도 훌륭한 사상이 많다. 다만 유교가 근대화에 그리 성공하지 못했을 뿐이다.

군자의 길은 책에만 있지 않으니

이 정도면 성균관의 주요 부분은 다 본 셈이다. 아직 보지 못한 건물은 나가면서 살짝 들여다보면 된다. 명륜당 뒤에는 작은 건물이 한두 개 있는데, 그 가운데 바로 뒤에 있는 건물은 이 학교의 도서관이다. 이 건물은 존경각이라고 하는데, 학문을 숭상하는 조선의 국립대학 도서관치고는 너무 작다. 학생이 200명이나 되었다는데 저 정도 규모로 학생들의 욕구를 맞출 수 있었을까 하는 의구심이 든다.

내 개인적인 추측이지만 도서관이 이렇게 작은 것은 당시의 교육 방법

존경각. 성균관의 도서관.　　　　　　　　　　　　육일각. 활과 화살을 보관하던 곳.

과 연관이 있을 것 같다. 과거의 교육법 가운데 가장 중요한 것은 주요 경전을 외우는 것이었다. 유교는 주요 경전이 그다지 많지 않다. 10개 정도에 불과하다. 그리고 그에 대한 주석집이 몇 개가 있다. 학생들이 할 일은 이러한 경전과 주석집을 달달 외는 것이었다. 그래서 학생들이 공부하는 데에는 그렇게 많은 책이 필요하지 않았다. 그런 까닭에 도서관이 클 필요가 없지 않았을까 하는 추측을 해 본다.

　도서관 옆에는 육일각六一閣이라고 부르는 작은 건물이 있는데, 이곳은 활과 화살을 보관하는 곳이다. 대학교에 웬 활과 화살이냐고 반문할 수 있을 텐데 이를 이해하려면 유교의 근본이념을 알아야 한다. 흔히 유교는 학문만 강조한다고 생각하기 쉽지만 반드시 그런 것만은 아니다. 유교는 중용을 중시하기 때문에 한쪽으로 쏠리는 것을 극력 경계한다. 유교가 학문을 중시한 것은 사실이지만 다른 수련에 관심이 없었던 것은 아니다. 지나치게 학문으로만 치우치는 것을 막고자 음악, 말 타기, 산

술, 서예, 활쏘기 등의 기예에도 능해야 된다고 가르쳤다. 그래야 이상적인 인격을 소유한 군자가 될 수 있다는 것이다.

이곳에 활과 화살을 보관해 놓은 것은 학생들이 학문에만 기우는 것을 경계한 것이다. 문文도 중요하지만 무武도 중요하다는 중용적인 사고에서 활을 비치한 것이다. 활쏘기를 통해 체력을 단련하는 것도 잊지 말라고 하는 것이다. 이렇게 보면 유교는 대단히 탄력적인 가르침인 것 같은데 실제 생활에서는 그렇게 유연한 것 같지 않다.

유교에 대한 많은 생각을 남기며 우리는 성균관을 빠져나오자. 경내에는 우리가 본 건물 말고도 많은 건물이 있다. 하지만 그것들은 그리 중요한 건물이 아니니 그냥 휙 둘러보고 나오는 것으로 만족하자. 이제 우리가 보러 갈 곳은 성균관에서 그리 멀지 않은 조계사라는 절이다. 불교는 비록 조선조 때 심한 박해를 받았지만 우리의 종교 문화가 형성되는 데에 엄청난 영향을 끼쳤다. 특히 불교는 다수의 종교 유적을 남겼다. 한국문화를 이해하려 할 때 불교를 몰라서는 안 된다는 말이 그래서 나오는 것이다. 자, 이제 우리는 우리 문화에 대해 더 심층적으로 이해하기 위해 조계사로 떠난다.

한국 불교의 본산

종교적인 시각에서 우리 문화를 이해하려면 몇 가지 관점을 갖는 것이 필수적이다. 예를 들어 한국인의 의식구조를 이해하고 싶으면 유교와 무교적인 시각에서 접근해야 한다. 이 가운데 유교는 우리의 사회적 성격을 결정하는 데에 결정적인 영향을 주었고, 무교는 기본적인 기질을 형성하는 데에 영향을 끼쳤다. 이에 비해 같은 주제에서 불교의 영향은 거의 보이지 않는다. 이것은 어쩔 수 없는 것이, 마지막 왕조인 조선의 국교가 유교였기 때문이다.

그러나 현재까지 남아 있는 종교 유적을 보면 상황은 완전히 달라진다. 현재 우리나라에 있는 과거의 유물 가운데 약 70%는 불교와 관계된 것이다. 불교는 1600년이라는 장구한 세월 동안 한반도에서 융성했기 때문에 이렇게 풍부한 유물을 남겼다. 그러므로 우리나라의 종교 문화를 이해하려면 반드시 불교를 알아야 한다. 이번 장에서는 서울의 중심부에 있는 조계사를 답사하면서 우리의 불교문화를 살펴보자.

조계사는 우리가 방금 본 성균관에서 그리 멀지 않고, 곧 가려고 하는 인사동과 붙어 있다. 이 절에는 우리나라 불교 종단 가운데 가장 큰 종파인 조계종의 본부가 있다. 현재 우리나라에는 불교 종단이 수십 개가 있는데, 그 가운데 조계종은 가장 클 뿐만 아니라 불교의 대표 주자와 같은 역할을 하고 있다. 수십 년 동안 이 조계사를 둘러싸고 여러 파벌이 본부 건물 점령하고자 물리적인 폭력을 쓰면서 각축을 벌인 적이 있는데, 이제 그런 일은 사라졌다. 우리나라 불교가 그만큼 성숙해진 것이다. 이런 불미스러운 일이 벌어진 데에는 여러 이유가 있지만, 이는 우리 불교가 지난 600년 동안 지나온 역사와 무관하지 않다. 이 역사는 오늘날의 불교를 이해하려면 반드시 알아야 할 사항이기도 하다.

여기서 조계종이란 이름의 출처를 알아둘 필요가 있다. 조계曹溪란 중국의 선종사禪宗史에서 가장 중요한 인물이라 할 수 있는 육조 혜능慧能대사와 관계가 있다. 선종은 인도 승려였던 보리달마가 시조라고 하는데, 혜능은 실질적인 의미에서 중국 선종의 초조라 할 수 있다. 그런데 그 혜능이 있던 절의 뒷산이 조계산이었다. 한국의 조계종이 이 산의 이름을 따서 종파 이름으로 삼았다는 것은 다음과 같은 사실을 의미한다. 곧 '조계종은 선종 중심이며, 그 가운데 혜능의 법맥을 이었다'는 것이 그것이다. 우리나라 불교는 경전 학습을 중요시하는 교종을 배척하지는 않지만, '문자를 떠나서 갑자기 깨치는 것'을 중시하는 선종을 더 우월하다고 생각했다. 그래서 종파 이름을 조계종이라 지은 것이다.

　한국 불교는 4세기 말 중국에서 불교를 받아들인 뒤 14세기 말까지 국교로서 그 지위를 누렸다. 그러나 15세기 조선이 들어서면서 유교가 국교로 채택되자 불교를 혐오하는 유교도로부터 거센 박해를 받기 시작한다. 이때 받은 많은 억압 가운데 승려의 신분이 최상에서 최하인 천민 수준으로 강등된 것만 보아도 당시 불교가 어떤 대접을 받았는지 알 수 있다.

　그런 상태에서 20세기 초 조선은 일본의 식민지가 되었다. 이때부터 불교는 금압에서 풀려나긴 했지만, 이번에는 일본 불교에 종속되면서 한국 불교의 특색이 대거 사라졌다. 그 변화 가운데 대표적인 것을 뽑으라면 한국 승려의 거개가 일본 불교의 관습을 따라 결혼하게 된 것이라 할 수 있다. 그러다 제2차 세계대전의 종말과 함께 일제에게서 벗어나 해방을 맞이한다.

　그러나 해방이 되었다고 해서 한국 불교에 햇빛이 든 것은 아니었다. 한국의 초대 대통령인 이승만은 불교에 대해 이해나 애정을 거의 갖고 있지 않던 기독교 신자였다. 그런 그가 본의였는지 아니었는지는 확실히 알 수 없지만, 불교에 대해 이해할 수 없는 발언을 한다. 모호한 어투로 당시로서는 극히 소수였던 결혼하지 않은 비구승을 두둔하는 것 같은 발언을 하면서 이미 결혼을 한 거개의 대처승과 분쟁을 야기한 것이다. 이때부터 수십 년 동안 한국 불교의 주된 역사는 비구승이 대처승의 절을 뺏는 땅따먹기 싸움으로 점철된다. 이때 대처승들은 수비로 일관하다 결국은 많은 절을 비구승에게 양보하고 갈등은 봉합된다.

그러나 이것 역시 분쟁의 끝은 아니었다. 승리자인 비구승들 사이에서 다시 종단의 주도권을 둘러싸고 싸움이 시작됐기 때문이다. 그런데 재미있는 것은 이 분쟁에서 이기려면 어떤 쪽이든 조계사를 점령해야만 했다는 것이다. 그래서 조계사는 그 뒤 난동의 현장으로 바뀐 적이 한두 번이 아니었다. 독자들도 그런 모습을 텔레비전에서 한두 번은 보았을 것으로 생각된다. 그러나 이제 그런 일은 더 이상 없다. 조계종이 중심을 잡은 것이다.

우리나라 불교를 잘 모르는 외국인은 한국에는 조계종만 있다고 생각하기 쉽다. 그러나 사실 우리나라에 불교는 조계종 말고도 70여 개의 종파가 더 있다고 한다. 이 가운데 조계종은 가장 큰 종파이고, 그 다음으로 큰 종파는 일제강점기에 결혼하는 전통을 이어 받은 태고종이 있다. 이 밖의 종파들에 대한 설명은 다소 전문적이라 여기서는 생략하겠다.

여기서 하나 언급하고 싶은 것은 원불교라는 종파다. 이 불교 종파는 현재 우리 사회에 큰 영향력을 갖고 있는데, 이 종파는 한국인이 창도한 신종교이다. 원래는 불교와 관계없이 태동되었으나 교조인 소태산이 불교와 연관시키면서 불교의 모습을 띠게 되었다. 그래서 나는 이 종파를 한국형 불교라고 부른다. 이 종교에 대해서는 다른 기회에 언급하기로 하고, 여기서는 조계종만 보자. 조계종을 이해하면 한국 불교가 보일 것이다.

우리는 불교문화를 이해하려고 조계사를 방문하지만, 솔직히 말하면 조계사는 우리나라의 아름다운 전통 사찰의 모습을 띠고 있지는 않다. 정말로 아름다운 절을 보려면 지방으로 가야 한다. 서울에는 변변한 절이 없다. 좋은 절이 서울 시내에서 사라진 것도 위에서 본 불교의 역사와 관계가 있다. 우리나라 불교는 조선조 때 불교를 염오한 유교적인 정치인들 때문에 수도에는 절을 지을 수 없었다. 당시에는 승려가 수도 안으로 들어오는 것이 금지되었던 터라 절을 짓는 것은 생각할 수도 없는 일이었다. 그래서 지금도 서울 안에는 좋은 절이 별로 눈에 띄지 않는다. 조계사는 세조 때 세운 원각사 이후로 사대문 안에 세워진 첫 번째 절일 것이다.

현재 조계사에 가보면 그 영역이 좁지 않음을 볼 수 있는데, 원래는 이렇게 크지 않았다. 원래 조계사는 법당 건물 하나와 조계종 본부 건물, 그밖에 약간의 부속 건물이 있는 아주 작은 규모였다. 이런 규모로 지속되다 극히 최근인 10여 년 전부터 근처의 땅을 사들여 영역을 넓혀 나가면서 건물을 짓기 시작해 지금의 규모가 되었다. 이 확장은 지금도 계속되고 있어 어디까지 확장될지는 미지수다. 이것은 한국 불교가 자신감을 회복하면서 발전하는 징표로 보인다. 조계사가 전통 사찰의 모습을 제대로 띠고 있지 않아 아쉽기는 하지만, 서울 시내에서 쉽게 갈 수 있는 곳이라 이곳을 통해 우리의 불교문화를 이해해보자.

속세와 가까이 있는 부처

우리나라의 절은 일주문부터 시작된다. 조계사도 입구에 보면 큰 일주문이 있다. 이 일주문은 그 이유는 잘 모르겠지만 중국이나 일본의 절에서는 볼 수 없는 것이다. 일주문의 일차적인 기능은 절의 영역을 나타낸다. 이 문부터가 절인 것이다. 그래서 이 문을 지나면 속세를 떠나는 셈

조계사 일주문

이다. 그렇다고 붓다의 세계로 완전히 들어간 것은 아니다. 지방에 있는 절에서는 보통 일주문에서 법당까지 가는데 수백 미터를 더 가야 한다.

일주문은 기둥을 양쪽에 하나만 쓰기 때문에 붙여진 이름이다. 그 이유에 대해서는 여러 이론이 있지만, 불교에서 가장 중요시하는 일심一心을 형상화한 것이라는 해석이 마음에 든다. 불교는 우주의 모든 것이 바로 이 한 마음에서 비롯됐다고 주장한다. 이 일심을 현대적인 용어로 바꾼다면 아마도 우주 의식cosmic consciousness이 가장 적합하지 않을까 한다.

일주문을 지나 붓다가 있는 법당으로 가는 길에 우리는 붓다를 맞이할 마음의 준비를 해야 한다. 마음의 준비란 다른 것이 아니다. 욕심으로 가

사천왕

서울 문화 순례

득 찬 속세의 때를 서서히 벗겨내는 것이다. 우리나라의 절은 보통 일주문부터 법당까지 가는 길 옆으로 시내가 흐른다. 우리의 마음속에 가득한 번뇌를 이 시내에 실어 보내고 깨끗한 마음으로 붓다의 세계로 가라는 뜻일 게다.

그래서 보통 이 문은 본 절에서 꽤 떨어진 곳에 있다. 그런데 조계사의 일주문은 절 바로 앞에 있다. 절이 도심에 있기 때문에 영역을 확보하지 못한 탓이다. 그래서 운치가 없다. 이것보다 더 마음에 걸리는 것은 문이 너무 크다는 점이다. 절의 영역은 그다지 넓지 않은데 문이 너무 크다. 원래 조계사로 들어가는 길은 차도 다니기 힘들 정도로 좁았는데 그것을 확장해 이렇게 큰 문을 세워 놓았다. 문 자체는 괜찮지만 뒤에 있는 건물들과 비례가 안 맞는 느낌이다.

어떻든 이 문을 통해 경내로 들어가면 바로 법당을 만날 수 있다. 그것도 법당의 옆을 만나게 된다. 이런 구도는 전통 절에서는 결코 발견할 수 없다. 조계사에는 없지만 사실 일주문에서 법당까지 가려면 일반적인 절에서는 두세 개의 문을 더 거쳐야 한다. 그 가운데 가장 먼저 만나는 문은 천왕문인데, 이 문에 들어서면 우람한 체격의 네 사람이 서 있는 것을 볼 수 있다.

이들은 불교를 보호하는 장수들로 알려져 있는데, 원래는 힌두교의 신령이다. 불교가 이들을 빌려온 것이다. 보통 이 장군들은 발밑에 악동을 밟고 있는데, 불교를 훼방하면 이렇게 되니 조심하라고 겁을 주려고 만들어 놓은 것 같다. 그래도 그렇지 자비를 가장 중요하게 여기는 불교에서 이렇게 중생들에게 굴욕을 주는 것은 좀 이상하다. 간혹 절에 왔다가 이 상들 때문에 겁을 먹었다는 어린아이의 이야기를 들으면 더욱더 그런 생각이 든다.

천왕문을 지나면 또 하나의 문이 있다. 우리는 이 문을 지나야 붓다의 세계로 들어갈 수 있다. 이른바 불국토로 들어가는 것이다. 보통 이 문은 불이문不二門이라고 하는데, 이름이 매우 철학적이다. 그래서 설명하기가 쉽지 않다. '불이'란 '둘이 아니다'라는 뜻인데, 불교에서는 사물을 둘로 보는 것이 모든 악과 고통의 근원이라고 한다. 나와 너를 가르고, 인간과 자연을 가르고, 천국과 지옥을 가르고, 불계와 중생계를 가르는 것 등이 모두 우리의 분별심에서 나오는 것이라는 것이다. 일심의 입장에서 보면 모든 것이 하나인데, 우리 중생은 자꾸 분별심을 내어 '저것은 나쁘고 이것은 좋고' 하는 식으로 구분을 한다. 이것은 전체의 입장에서 보지 못하

조계사 앞마당의 탑과 대웅전

고 자신(의 욕심)의 시각에서만 보는 것으로서, 그 때문에 우리 중생은 괴로운 것이다.

이런 계산적인 마음을 넘어야 붓다의 세계로 들어갈 수 있다. 붓다의 세계란 더 이상 괴로움이 없는 세계다. 나고 늙고 병들고 죽는 게 더 이상 없는 세계다. 다시 말해 이 세상에 더 이상 태어날 필요가 없다. 태어나면 온갖 고통만 겪다가 말년에는 죽음의 공포 속에서 떨며 속절없이 죽어야 한다. 이 괴로움은 상상을 절한다. 그래서 이 문을 지나면 이론적으로는 그런 괴로움이 사라져야 한다. 붓다가 주석하고 있는 법당 안마당, 곧 부처님의 나라로 들어왔기 때문이다. 조계사에는 이 문들이 모두 생략되어 일주문을 지나면 바로 붓다의 세계로 들어간다.

조 계 사   뜰 에 서   석 가 탑 을   생 각 하 다

일주문을 들어서면 조계사 법당의 옆면이 보이고, 법당 앞에는 작은 탑이 있는 것을 볼 수 있다. 법당 앞에는 보통 탑을 세워 놓기 때문에 그 양식을 따른 것인데, 법당에 비해서 탑이 너무 작다. 그리고 잘 만든 탑도 아니다. 아마 별 생각 없이 세워 놓은 것 같다. 현대의 한국인들은 미의식이 하도 떨어져 무엇이 아름다운지 잘 모른다. 그래서 자신이 사는 곳을 아름답게 꾸미는 데에 그다지 능하지 못하다. 절도 예외가 아니다. 조계사도 그런 미학적인 면에서는 기대하지 말아야 한다. 단지 우리가 여기서 주목해야 할 것은 법당 앞에는 탑을 세운다는 사실이다.

그럼 탑이란 무엇일까? 탑은 붓다의 몸을 화장하고 난 다음에 나온 사리를 보관하는 곳이다. 그래서 탑을 붓다의 무덤이라고 한다. 붓다는 자신의 상을 만들지 말라고 했기 때문에, 초기 불교도는 붓다의 사리가 들어 있는 탑을 붓다라고 생각하고 경배했다. 그러나 불상이 생기고 그 불상을 모시는 법당이 생기면서 불교도들의 예배 중심은 탑에서 법당으로 옮겨졌다.

자세한 불교사는 생략하겠지만, 초기에는 탑이 매우 컸다. 그러나 불상 숭배가 발전하면서 법당이 탑보다 훨씬 커졌다. 불교가 전래된 초기에는 탑을 하나만 법당 앞 한가운데에 놓았는데, 탑이 법당에 눌려 서서히 작아지면서 양쪽에 두 개를 놓는 형태로 바뀌었다. 가장 대표적인 예가 경주의 불국사다. 불국사 앞마당에 있는 석가탑과 다보탑처럼 우리나라의 절에서는 이와 같은 식의 탑 배치가 유행했다. 이런 사정이 있어서 조계사에서도 그 구색을 맞추느라 법당 앞에 작은 탑이라도 세워 놓은 것이리라.

탑 이야기가 나와서 말인데, 우리나라는 탑 전통에서도 다른 불교 국가와는 구별되는 독자적인 양식을 갖고 있다. 물론 탑을 만드는 전통은 인도에서 들어왔지만 중국과 한국, 일본은 탑과 관련하여 각기 다른 전통을 만들어냈다. 삼국의 탑은 서로 모양은 비슷한데 재질이 다르다. 중국은 벽돌로 탑을 만들길 좋아했다면, 우리나라는 돌로 만들길 좋아했다. 우리나라의 불탑은 주로 한반도에서 가장 흔한 화강암으로 만들었는데, 화강암은 아주 단단해서 섬세하게 조각하기가 힘들다고 한다. 반면 일본은 나무로 탑을 만들었다. 이렇게 탑의 재질은 달랐지만 모두 집 모양으로 탑을 만들었다는 점은 똑같다. 쉽게 이야기해서 부처님이 사는 집을 만든 것이 바로 탑이다.

그럼 우리 고유의 탑 양식 가운데 가장 모범이 되는 탑은 어떤 것일까? 그러니까 우리나라의 탑 가운데 으뜸이 어떤 것이냐는 것이다. 우리나라에서는 이런 최고의 탑이 상당히 고대에 생겼다. 불국사에 있는 석가탑이 그것이다. 신라에 불교가 들어온 것이 6세기 중엽인데 석가탑이 8세기 중엽에 만들어졌으니 200년 만에 최고의 석탑이 나온 것이다. 불국사는 유네스코가 지정한 세계문화유산인데, 선정된 이유 가운데 하나가 한국 최고의 석탑인 석가탑이 불국사 뜰 안에 있기 때문이다.

불국사 뜰 안에는 석가탑 말고 다보탑도 있다. 다보탑은 한국의 탑 가운데 매우 화려한 탑으로 꼽힌다. 그래서 이곳에 처음 온 사람은 다보탑으로 몰려간다. 반면 석가탑은 미니멀리즘을 대표하는 듯 단순 그 자체다. 아무 장식이 없이 비례로써 완전함을 표현했다. 그래서 이 탑은 덜어낼 것도, 더할 것도 없는 완벽 그 자체다. 원래 가장 간단한 것을 만드는 게 가장 어려운 법이다. 그래서 이 탑은 암만 보아도 질리지 않는다.

석가탑 이후 한국 불교에는 이 탑을 능가하는 것이 없었다. 그래서 우리는 앞으로 절에서 어떤 탑을 보든지 석가탑과 비교해서 보면 된다. 최고와 비교하면 그 탑의 수준이 한눈에 들어오기 마련이다. 그런 관점에서 보면 조계사 경내에 있는 탑은 예술미가 많이 떨어진다. 물론 이 탑은 석가탑의 양식은 아니다. 전언에 따르면, 이 탑은 일제강점기 때인 1930년대에 세워진 것이라고 한다. 그래서 그런지 일본풍이 다소 짙다. 조계사에서는 현재 이 탑을 한국식 탑으로 바꾸려는 계획을 시행 중에 있다.

탑은 그 정도만 보고 본전인 법당을 보자. 법당 오른쪽에는 색깔이 하얀 소나무가 한 그루가 있어 우리의 주목을 끈다. 이 나무는 천연기념물

로 지정됐을 정도로 희귀한 나무인데, 그것은 줄기의 색깔이 하얗기 때문이다. 이것은 세월이 지나면서 껍질이 벗겨져 하얗게 변한 것으로, 이런 나무는 흔하지 않아 국가기념물로 지정된 것이다. 이 나무를 보는 이유는 법당에 들어가려면 나무 앞을 지나가야 하기 때문이다. 일반 신도가 들어가는 문은 항상 옆문이다. 반면 승려는 정문으로 들어가는데, 절에 올 때마다 나는 이런 모습이 조금 이상하다는 생각을 한다. 원래 대승불교는 출가승과 신도의 위계를 인정하지 않는 평등주의를 신조로 삼았는데, 요즘은 절에 가면 승려와 신도 사이에 엄격한 구분이 많아 이상하다는 것이다. 그러나 승려들은 절의 주인이 자신이라고 생각하니 손님인 우리가 무엇이라고 할 수도 없는 노릇이다.

욕 망 의   몸 을   풀 어   정 신 을   세 우 다

법당이란 말 그대로 예배 공간이다. 절에서는 하루에 세 번 불상 앞에서 붓다를 경배한다. 이때 불단에는 곡식이나 밥, 과일을 놓는데, 원래는 차를 중요한 공물로 바쳤다. 그러나 조선조가 되면서 차보다는 깨끗한 물을 선호하게 된다. 물론 육류는 절대 금물이다. 승려들이 예불할 때 하는 행동은 염불과 절하는 것이 주종을 이룬다. 그들은 예불하면서 붓다가 이 우주에 있는 모든 생령의 스승이라는 것을 고백하고, 어떠한 일이 있더라도 깨닫겠다는 맹세를 한다. 그리고 대승불교의 강령처럼 되어 있는 중생 구제에도 진력하겠다고 다짐한다. 이것은 대승불교의 가장 기본 강령, 즉 "위로는 지혜를 구하고 아래로는 중생을 구하겠다"는 각오를 날마다 다지는 것이다.

그리고 마지막에는 대승불교의 사상을 가장 함축적으로 정리한 『반야심경』을 외운다. 이 경은 260자에 불과한 매우 짧은 경인데, 이 안에는 그 유명한 구절인 "색즉시공, 공즉시색(있는 게 없는 것이고, 없는 게 있는 것이다)"이 나온다. 이 구절은 하도 유명해 영화 제목으로도 쓰였는데, 그 뜻이 보통 심오한 게 아니라 예서는 설명하기 쉽지 않다. 그저 우주의 실상을 알려주는 정도로만 이해하면 될 것 같다. 그리고 이 경은 '저 피안(깨달음)의 세계로 어서 가자'는 문구로 끝나는데, 이 경이 다른 의식 때에도 단골로 등장하는 걸 보면 한국의 승려들이 가장 좋아하는 경전이라 할 수 있다.

이렇게 염불하면서 승려들은 연신 불상을 향해 절을 한다. 이 절 하는 모습을 두고 기독교를 위시한 셈족Semitic 종교에서는 그다지 좋아하는 것 같지 않다. 기독교인들은 절하는 관습이 그네들의 종교에서 말하는 우상숭배에 해당하기 때문에 극력 피해야 한다고 주장한다. 십계명 가운데 첫 번째인 '나 이외 다른 신을 섬기지 말라'에 위배된다는 것이다. 그러나 절의 참뜻을 알면 이 종교 행위가 우상숭배가 아니라는 것을 알 수 있다. 불교에서는 불상 앞에서 통상 세 번 절하는데, 그것은 불교에서 가장 중요한 세 가지 보물, 곧 붓다, 경전, 승려와 신도(佛法僧)에게 각각 한 번씩 하는 것이다.

동양의 종교에서 절이란 자기 자신을 온전히 바친다는 뜻이다. 그리고 자기 자신을 한정 없이 낮추는 것이다. 다시 말해 오만한 자아를 겸손하게 만드는 것이다. 그러려면 인간에게 가장 중요한 것이라 할 수 있는 머리를 숙여야 한다. 불교도들은 절할 때 머리를 숙이는 것 말고도 두 손을 드는데, 이것은 붓다의 발을 바치겠다는 표현이다. 이것은 붓다의 발밑에 처하겠다는 것으로, 스승에 대한 예우를 다하는 것이다. 이른바 오체투지이다.

절은 수행의 한 방법이기도 하다. 절은 실제로 해보면 쉽지 않은 것을 알 수 있다. 불교도들은 이런 절을 수백 번에서 수천 번을 한다. 이렇게 절을 많이 하는 이유는 욕망의 근원인 몸을 규제하고 정신을 집중하려는 의도로 해석된다. 어떻든 항상 문제가 되는 것은 우리의 자아이다. 이 자아를 넘어서면 깨달음에 도달하는데, 이 일은 인간의 일 가운데 가장 어려운 일일 것이다. 절은 이 목적을 이루는 좋은 방법 가운데 하나다.

우리나라 승려는 예불할 때 목탁이라는 대단히 독특한 기구를 쓴다. 목탁은 물론 중국에서 들어온 것이지만, 우리나라에서만 예불할 때 목탁을 들고 두드린다고 한다. 이 기구의 연원에 대해서는 확실하게 알려진 게 없다. 지금까지 알려진 바에 따르면, 목탁은 물고기의 형상을 본뜬 것이라고 한다. 그럼 왜 물고기일까? 불교도들의 통념에 따르자면, 물고기는 눈을 감고 자지 않기 때문에 그처럼 늘 깨어서 수행하라는 의미에서 물고기를 썼다고 한다. 그 연원이 어떻든 목탁은 예불이 잘 진행되도록 도와주는 기물임에 틀림없다. 염불만 하면 지루할 수 있을 터인데 목탁으로 박자를 맞추어 주면 본인에게도 자극이 되고 다른 사람과 보조를 맞출 수 있기 때문에 목탁은 매우 유용한 기물이다.

조계사도 그렇지만 불교도는 거개가 주부나 할머니들이다. 조계사 법당을 가득 채운 신도도 예외는 아니라 법당 안에 있는 남자 불교도는 손가락으로 꼽을 수 있을 정도다. 최근 종교인들의 교육 정도를 조사한 통

탱화

계 결과를 보면, 개신교는 40% 이상이 대학 졸업인 데에 비해 불교는 비슷한 숫자가 초등학교 졸업이라고 한다. 이것은 불교가 아직도 우리 사회의 중심부에 들어가지 못한 것을 의미한다. 그래서 우리나라 불교는 아줌마 또는 할머니 불교라는 자조 어린 이야기가 나오기도 한다. 아울러 복만 구하는 종교라는 비판도 있다. 그러나 종교 가운데 구복을 하지 않는 종교가 어디 하나라도 있는가? 그러므로 불교만 구복을 한다고 할 수는 없을 게다.

법당 정면에는 큰 불상 세 위가 모셔져 있다. 원래는 작은 불상이 모셔져 있었는데 우리나라 사람들이 워낙 큰 것을 좋아해 2006년에 이것으로 바꾸었다. 하지만 법당 크기에 비해 조금 크지 않은가 하는 생각이 든다. 어떻든 이 세 불상은 과거와 현재와 미래의 붓다라는 의미로 모셨다고 한다. 불상에 대해서도 많은 이야기가 필요하지만, 이런 불상 양식이 약 2000년 전 인도의 서북부 지방, 지금으로 하면 아프가니스탄에 있었던 간다라 지역에서 비롯되었다는 것만 이야기하자. 당시 이 지역은 그리스 계통의 문화를 지닌 나라가 지배하고 있었는데, 불교도들은 그리스의 신상에서 영감을 얻어 불상을 만들기 시작했다. 이러한 불상이 중앙아시아를 거쳐 중국으로 들어왔고, 다시 점차 변형되어 한국과 일본에 전해졌다. 이 조계사의 것은 별 특징 없는 그렇고 그런 불상처럼 보인다. 과거의 것을 그대로 전승해 가장 일반적인 형태로 만든 것으로 생각된다.

그리고 불상 뒤에는 보통 탱화라는 그림을 걸어 놓는데 이 그림은 붓다가 설법하고 많은 제자들이 듣고 있는 모습을 묘사하고 있다. 불상 뒤에 이런 그림을 걸어 놓는 것은 동북아 삼국 가운데 우리나라가 유일하다고 한다. 그리고 천장에는 연꽃 모양을 한 등이 많이 달려 있는 것을 볼 수 있다. 이것은 신도들이 가족의 이름을 써 복을 빈 것이다. 절에서는 연등이 좋은 수입원인데, 등이 클수록 값은 더 비싸진다.

33개의 하늘, 33번의 종소리

이렇게 실내를 한 번 죽 돌아보고 법당 밖으로 나오자. 법당에 들어갈 때 건물을 꼼꼼히 보지 않았는데, 사실 이 건물은 불교 법당으로 지은 것은 아니었다. 이는 일반인은 잘 모르는 사실인데, 일제강점기에 큰 세력을 가지고 있던 보천교의 교주인 차경석이 자신을 황제라 믿고 등극하면

천정에 달려 있는 연등들

서 궁궐의 정전正殿으로 지은 건물이다. 그러니까 경복궁으로 치면 근정
전과 같은 건물이다. 그의 종교가 와해되면서 그가 세운 궁궐 건물들이
사방으로 팔려 나갔는데 그 가운데 정전이 조계사까지 와 대웅전이 된
것이다.

그러나 절 건물이라는 게 원래 궁궐 건물을 흉내 내어 만든 것이라 둘
은 크게 다르지는 않다. 하지만 세부적인 부분을 보면 궁궐 냄새가 난다.
특히 지붕과 기둥 사이의 결구는 궁궐의 것과 하나도 다르지 않다. 우리
나라 절에서는 이렇게 화려한 결구를 잘 쓰지 않는 데에 비해 이 건물의
것은 궁궐처럼 아주 화려하다.

법당은 그런 외모를 보는 것도 중요하지만 벽에 그린 그림을 보는 재
미도 쏠쏠하다. 우리나라의 법당 벽에는 그림을 그려 놓는데, 이 역시 중

조계사 법당 벽에 그려져 있는 붓다의 일생도

국이나 일본의 절에서는 잘 볼 수 없다. 이 그림의 주제를 보면 보통 붓다의 일생에 대해 그린 것이 많다. 이 그림에서는 붓다의 일생을 보통 8단계로 나누어 그리는 경우가 일반적인데, 조계사에서는 훨씬 더 세분해 30단계로 나누어 놓았다.

주된 장면을 보면, 붓다가 태어나서 인생무상을 느끼고 출가하여, 고된 수행 끝에 깨달음을 얻어 승단을 만든 다음, 교세를 확장시키다 열반에 드는 내용이다. 이 그림들이 법당을 빙 돌아가며 있기 때문에 하나하나 보면서 걸으면 훌륭한 불교 공부가 될 수 있다. 그런데 이곳에는 설명이 없으면 이해하기 어려운 그림이 많아 제대로 보려면 안내소에 가서 해설을 부탁하는 게 좋다.

이렇게 법당을 한 바퀴 돌면 주위에 있는 다른 건물이 눈에 들어온다.

맨 구석에 있는 것은 범종각이라는 건물로 이것도 우리나라에만 있는 것으로 알려져 있다. 이 안에는 불교의 사물四物이라고 하는 네 가지 물건이 있는데, 하나하나가 매우 상징성이 풍부하고 불교의 크나큰 자비 정신을 알게 해준다. 이 네 물건은 새벽(약 3시쯤)과 저녁(약 6시쯤)에 예불할 때 친다. 북, 운판, 목어, 종의 순서로 치는데, 그 소리를 듣는 대상이 조금씩 다르기도 하고 겹치기도 한다.

먼저 북은 지상에 있는 모든 생령에게 불교의 복음을 알리는 것이다. 이 소리를 듣고 어서 붓다의 품으로 와 깨달으라는 것이다. 이때 말하는 생령이란 생명을 가진 생물 가운데 식물을 제외한 모든 것을 말한다. 그러니까 아무리 작은 것일지라도 생명이 있고 움직인다면 모두 이 안에 포함된다. 예를 들어 개미도 포함되고, 식물에 붙어사는 진드기도 여기에 들어간다. 불교에서는 이런 생령이 모두 불성을 갖고 있기 때문에 붓다가 될 수 있고, 그래서 귀중하다고 주장한다. 불교에서 육식을 금하는 것은 그런 까닭이다. 붓다가 될 수 있는 존재를 죽이는 것은 우주의 법칙에 반하기 때문이다. 그런데 식물에 관해서는 정확한 언급을 하지 않는다. 어떻든 북을 치는 것은 이런 생령들이 북소리를 듣고 자신들의 진화를 위해 더 노력하라고 독려하는 것이라고 할 수 있다.

그 다음에는 구름처럼 생긴 판을 두드린다. 이 판을 운판雲版이라고 하는데, 이것은 허공에 사는 생령을 대상으로 친다. 허공에 사는 생령이란 새 종류를 말함이겠다. 그러니까 날짐승이다. 앞에서는 땅 위에 사는 생령을 대상으로 했다면, 이번에는 공중에 사는 생령이 그 대상이다.

다음은 목어木魚, 곧 나무로 만든 물고기 순서이다. 이것은 물고기 형태로 만들어졌는데, 배 부분을 도려내어 그 안을 막대기로 치게 되어 있다. 그 대상은 물론 물에 사는 어류들이다. 사실 강이나 바다에 사는 고기가 얼마나 많은가? 이 고기들이 이 소리를 듣고 안식을 얻으라는 것이다.

마지막은 종이다. 종은 지하에 사는 생령을 위해 친다. 지하에도 말할 수 없이 많은 생물이 살고 있으니 이들도 구제 대상에서 제외될 수 없다. 이렇게 보면 이 세상의 모든 생령이 불교의 구제 대상이다. 불교의 이런 정신은 다른 종교와 대비된다. 가령 기독교나 이슬람의 경우는 처음부터 끝까지 인간에 대한 구제만 생각한다. 이 종교에서 동물의 구원까지 이야기하는 것은 아직까지 들어보지 못했다. 동물은 타자에 불과한 것 같다. 조계사에서 이런 별 것 아닌 것 같은 불교의 사물을 보아도 우리는 불교가 얼마나 큰 종교인지 알 수 있다.

그런데 이 사물은 큰 절에만 있는 것이고 작은 절에는 종 하나만 놓는 게 보통이다. 종은 앞서 말한 대로 새벽과 저녁 예불을 할 때 친다. 종 치는 횟수는 33번인데, 이 숫자에도

위 부터 북, 운판, 목어, 범종

국립경주박물관의 예일레종

불교의 깊은 뜻이 숨어 있다. 불교에 따르면 이 세계는 33개의 하늘로 구성되어 있다. 여기서 말하는 이 세계는 지구상의 나라처럼 물질세계에 있는 나라를 가리키는 것이 아니라, 영의 상태로 사는 세계를 지칭한다. 이 가운데 가장 꼭대기에 있는 세계는 붓다가 사는 불계이다. 불교에서 말하는 또 다른 붓다들, 곧 아미타 붓다나 미륵 붓다는 이런 하늘 가운데 하나에서 주석하면서 중생을 구제하고 있다고 한다. 불교의 세계관은 아주 복잡해서 한번에 이해하는 게 쉽지 않다. 어떻든 이 종과 관련해서 주목해야 할 것은, 종을 33번 침으로써 33개의 하늘에 사는 생령 모두를 일깨운다는 점이다. 한 하늘에 종을 한 번씩 치는 것이다.

종에 대한 이야기가 나와서 말인데 불교의 종은 다른 종교의 종과 사뭇 다르다. 보통 종은 종 안에 추가 있고 그것을 흔들어 소리를 내지만, 불교의 종은 바깥에서 가격해서 소리를 낸다. 그래서 그런지 불교의 종은 소리가 깊다. 산속에서 종소리가 울리면 몇 km 바깥까지도 들린다. 이런 우리나라의 범종 소리는 세계가 알아준다. 동북아 삼국 가운데 우리의 종은 웅후하고 가장 아름다운 소리를 낸다는 평가를 받는다.

우리나라의 범종에는 최상의 소리를 내기 위해 다른 나라에는 없는 장치가 설치되어 있다. 그 가운데 대표적인 것이 종 위에 설치해 놓은 음통音筒이다. 음통은 난로의 굴뚝처럼 생겼는데, 이것은 소리가 양쪽으로 울려 퍼지게 하고 잡음을 제거하는 기능을 한다. 그런가 하면 종 아래에는 항아리를 묻거나 땅을 파는데, 이것을 명동鳴洞이라고 한다. 명동 역시 종소리가 멀리 퍼져 나가도록 하는 기능을 한다. 이런 장치를 갖춘 여러 종 가운데 속칭 에밀레종이라고 하는 종은 세계에서 가장 아름다운 소리를 내는 종이라는 정평을 얻고 있다. 이 종은 현재 국립 경주박물관 뜰에 걸려 있는데, 이 소리를 녹음한 테이프를 기념품 가게에서 파니 그것으로 감상하면 좋겠다.

범종각 옆을 보면 극락전이 있다. 극락은 불교의 천당을 말한다. 이곳을 관할하고 있는 붓다는 아미타 붓다이다. 불교의 교리에 따르면, 누구든지 '나무아미타불'이라고 단 10번만 외면 죽어서 무조건 극락에서 태어난다고 한다. 여기서 '나무'란 귀의한다는 뜻이다. 이 주문을 외는 당사자가 어떤 종교를 믿든 관계없이 무조건 극락에서 태어난단다. 극락은 말 그대로 '가 없는 복락ultimate pleasure'을 뜻하니 즐거움만 있는 곳이다.

그런데 이 건물의 안으로 들어가 보면 여러 상들이 모셔져 있는 것을 볼 수 있다. 중국식 관복을 입고 있는 10명의 관리(시왕十王)가 서 있는데, 이들은 죽은 영혼이 영계에 오면 그들이 생전에 했던 일을 판결해 그에 맞는 영계로 보내는 사람이다. 영계의 심판관인 셈이다. 이 사람에 대해서는 그 정도만 알려져 있고 어떻게 판결하는지 등에 대해서는 확실하게 고지된 바가 없다.

이곳이 조계종의 본부인만큼 어딘가 본부 건물이 있어야 한다. 본부 건물은 바로 법당 뒤에 있다. 원래 이 건물은 매우 낙후된 것이었는데 최근 새 건물로 다시 지었다. 이것 역시 뻗어 나가는 한국 불교의 힘을 보여준다. 아마 앞으로는 이 건물을 점령하려고 승려들이 폭력을 쓰는 일이 다시는 없을 것이다. 우리나라 불교도 그만큼 중심을 잡았기 때문이다. 이 건물 바로 앞에는 불교박물관이 있는데 한 번 돌아보기에 좋은 곳이다. 좋은 불상이 많이 전시되어 있어 관심 있는 사람에게는 관람하기를 권한다.

승려는 어떤 사람일까?

이제 이 정도면 조계사 경내를 돌면서 한국 불교에 대한 설명은 대충한 셈이다. 그런데 중요한 설명이 하나 빠진 감이 든다. 그게 무엇일까? 절의 주인공인 승려에 대한 것이다. 과연 그들은 누구일까? 왜 그들은 우리와 사뭇 다른 모습을 하고 사는 걸까? 그리고 그들은 하루를 어떻게 살고 있을까 하는 등의 질문이 끊이지 않는다.

우선 그들을 정의하자면, 불교의 승려는 기독교의 사제와는 조금 다르다. 기독교나 유대교의 성직자는 신과 인간을 연결하는 사제의 역할이 강하지만, 불교의 승려는 그런 기능이 약하다. 대신 수도자의 기능이 훨씬 더 강하다. 물론 승려도 사제 역할을 하지 않는 것은 아니다. 그러나 승려의 원래 역할은 수도를 해서 그 결과를 신자들과 나누는 것이지, 종교 의례를 행해서 그것으로 먹고 사는 것이 아니다. 그런데 요즘은 사제 역할이 더 강해진 것 같다. 신도들이 승려에게 구복 행위를 요구하고 승려들이 그에 맞추다 보니 그렇게 된 것이리라.

그들은 머리를 깎는다. 머리카락은 동서양을 막론하고 욕정을 상징하는 것처럼 되어 있다. 그래서 그런지 천주교의 수녀도 머리만큼은 기를 쓰고 가린다. 유대교의 성서에 나오는 것처럼 머리카락을 잘린 삼손이 힘을 쓰지 못했다는 것 역시 머리카락이 힘을 상징하기 때문에 나온 이야기일 것이다. 다 그런 것은 아니겠지만 머리카락을 몽땅 잘라버리면 그 사람의 성적인 매력은 두드러지게 감소한다. 특히 여성은 머리를 어떻게 다듬느냐에 따라서 인상이 완전히 바뀌어 버린다. 이런 머리카락은 수도하는 데에 성가시기만 하지 도움이 될 게 없다. 게다가 머리를 건사하려면 보통 신경이 쓰이는 게 아니다. 그러니 이런 것은 초장에 없애버려야 한다는 것이 인도인들의 생각이었나 보다. 석가도 수도하고자 궁성을 탈출한 다음 처음 한 일이 머리를 자르는 것이었다. 마음속의 번뇌를 사전에 차단하겠다는 의지를 보인 것이다.

그리고 승려는 채색된 옷이 아니라 회색 옷을 입는다. 회색은 하얀 색과 검은 색의 중간이다. 회색에 대해서는 다양한 해석이 있겠지만, 승려란 속세에 속한 사람이 아니라는 것을 상징하는 것으로 볼 수 있다. 회색은 중간에 위치하기 때문이다. 불교의 계율에 따르면, 승려는 원래 자신만을 위해 만든 옷은 입을 수 없다. 대신 버려진 옷을 가져다 그것으로 만든 옷을 입어야 했다. 심지어 시체를 싼 천을 가져다 옷을 만들어 입는 승려도 있었다. 대단한 청빈 정신이다. 또한 승려는 아예 돈을 소지할 수도 없을 뿐만 아니라, 소유할 수 있는 품목도 밥그릇처럼 가장 기본적인 것에만 국한되었다. 지금 우리나라의 승려들 가운데 이런 계율을 다 지키는 사람이 얼마나 될지는 미지수이다.

그런데 승려의 옷을 보면, 평소에는 회색 옷을 입고 다니다가 예식을 할 때면 고동색으로 된 천을 몸에 감는다. 이것은 무슨 의미일까? 가사袈裟라 불리는 이 고동색 천은 바로 인도에서 수행자들이 입던 옷이 변형된 것이다. 지금도 인도의 수행자는 오렌지색의 간단한 수행복을 몸에 두르는 경우가 있다. 인도는 춥지 않기 때문에 이렇게 천만 둘러도 지내는 데

애불을 하러 가는 불교 승려

문제가 없다. 그러나 가을과 겨울이 있는 중국이나 한국에서는 이렇게만 입어서는 생활할 수가 없다. 그래서 이 나라의 승려들은 원래 그들이 일상적으로 입던 두꺼운 옷을 입고 그 위에 인도 승려의 수행복을 걸쳤다. 그러다가 아마도 그 수행복이 계속 작아져 현재는 흔적만 남은 것 같다.

우리와 전혀 다른 삶을 사는 것처럼 보이는 승려들은 과연 어떤 삶을 살까? 그들이 결혼하지 않는다는 것은 누구나 다 아는 일이다. 결혼해서 자식을 낳고 사는 것보다 훨씬 더 중요한 일이 있다고 생각하기 때문에 결혼을 하지 않은 걸 게다. 그리고, 그들은 출가를 했다. 인도나 중국이나 승려는 결혼하는 법이 없었다. 우리도 그 전통을 따랐다. 이에 비해 일본은 승려들에게 결혼을 승낙했다. 따라서 일본은 예외에 속한다. 그렇다고 일본이 비정통적인 불교를 신봉하고 있다고 말할 수는 없다. 일본 승려들은 수행보다 의례에 더 신경을 쓴 것이리라.

한편 우리나라의 승려는 이웃나라인 중국이나 일본과 비교할 때 독특한 점이 있다. 일본은 불교가 워낙 세속화되어 깨달음을 얻겠다고 출가하는 승려가 거의 없는 것으로 알려져 있다. 한편 중국은 사회주의를 거치면서 종교 전통이 매우 약화되었다. 그 결과 지금은 옛날 방식으로 수행하는 승려를 찾아보기가 힘들다. 앞에서 본 것처럼 중국은 유교 의례가 다 사라져 우리의 것을 참조하는 판국이니, 불교 전통은 더 하다고 보아야 할 것이다.

이에 비해 우리나라는 중국에서 만들어진 동북아시아의 불교 전통을 가장 원형에 가깝게 갖고 있다. 예를 들어 한국의 불교 전통에서는 당나라 때 절에서 승려가 설법하던 모습의 편린을 찾아볼 수 있다. 그 흔적을 보려면 조계사 법당에 가면 된다. 법당에 있는 불상 앞에는 설법하는 대臺 혹은 좌座가 있는데 법회하는 날이면 승려가 이 자리에 올라가 앉아서 설법을 한다. 이런 모습은 당나라 때 나온 선불교 관련 책을 보면 쉽게 접할 수 있는데, 같은 모습은 중국이나 일본에서는 더 이상 찾아볼수 없다.

그러면 승려들은 과연 어떻게 하루를 보낼까? 이 주제는 요즘 유행하는 템플스테이와 연관되니 잠깐 보자. 템플스테이란 짧은 기간 절에 머물며 승려와 같은 생활을 하는 것으로, 우리나라의 불교를 제대로 체험할 수 있어 외국인에게 꽤 인기가 있다고 한다. 승려는 보통 새벽 3시 반이면 일어난다. 그리고 씻은 다음 곧장 법당으로 가서 약 30분 동안 예불을 한다. 그 다음은 아침 먹을 때까지 공부한다. 이때 말하는 공부는 경전 공부일 수도 있고 참선을 하는 공부일 수도 있다. 그러다 6시쯤 아침을 먹는다.

　여기서 불교의 청빈 정신이 잘 드러나기 때문에 승려들이 밥 먹는 방법을 소개할 필요가 있다. 승려는 모두 자기 자신의 밥그릇을 갖고 있는데, 이것은 네 개의 그릇으로 구성되어 있다. 그들은 각각의 그릇에 밥과 국, 반찬, 물을 자기가 먹을 만큼만 담아서 먹는다. 이때 반드시 지켜야 할 규칙은 쌀 한 톨이라도 남겨서는 안 됨은 물론이고, 어떤 반찬도 남겨서는 안 된다는 것이다. 그리고 다 먹으면 숭늉을 부어 그릇을 깨끗이 씻은 다음 그 물을 마신다. 그릇에 붙어 있는 미량의 음식마저 먹어버리는 것이다. 그리곤 마지막에는 찬물을 부어 그릇을 깨끗이 씻고 그 물은 한데 모아 버린다.

　그런데 이 마지막 물에 고춧가루 같은 것이 하나라도 나오면 그 승려

템플스테이에 참가한 외국인들의 발우공양

309

는 경고를 받는다. 귀중한 음식을 남기는 것을 원천적으로 봉쇄하는 것이다. 이런 식사법은 아마 세계 어디에도 없을 것이다. 이것은 불교가 얼마나 청빈을 강조하고 환경을 생각하는지 일깨워준다. 불교의 교리를 공부하는 것보다 이런 식으로 밥을 먹어보면 불교를 더 확실하게 이해할 수 있다. 그런데 외국인의 경우에는 이런 식사법이 부담된다는 후문도 들린다.

밥을 먹고 나면 승려들은 자기 일을 한다. 일에는 다양한 것이 있다. 절을 관리하는 일도 있고, 스승에게 강의를 받을 수도 있고, 불보살의 이름을 외우면서 기도할 수도 있고, 참선을 할 수도 있다. 그렇게 각자 일하다 11시가 조금 넘으면 아까와 같은 방법으로 점심을 먹는다. 점심을 먹은 다음에도 비슷한 일을 하다 6시 정도에 저녁을 먹는다.

지금은 이와 같이 세 끼를 먹지만 붓다 당시에는 하루에 한 끼만 먹었다고 한다. 그것도 12시 전에만 먹을 수 있고 오후부터 잘 때까지는 아무것도 먹을 수 없었다. 이는 물론 수행을 위해서다. 금욕을 하고 모든 관심과 기운을 수행하는 데에만 집중하고자 이런 혹독한 관습을 유지하는 것이다. 그런데 만일 요즘에 이렇게 하면 출가하는 사람이 하나도 없을 것 같다. 현대인들이 견뎌내기에는 너무 힘들기 때문이다.

승려들은 밥도 일반인과 다르게 먹지만 잠도 다르게 잔다. 그들은 9시가 조금 넘으면 잠자리에 들어야 한다. 승려는 왜 이렇게 빨리 잘까? 이것 역시 수행과 관계된다. 밤이란 수행하는 데에 그리 좋은 시간이 아니다. 밤이란 아무래도 놀고먹는 등 욕망에 충실한 시간이다. 이때 우리는 술을 마시고 성에 탐닉한다. 따라서 수행하는 사람에게 밤이란 그리 좋은 시간이 아니다. 그런 밤은 잠으로 보내고 새벽녘에 일찍 깨어나 맑은 머리로 수행에 전념해야 한다. 그런데 실제로 이렇게 생활해 보면 이게 인간에게 아주 이로운 생활 방식이라는 걸 깨닫는다. 그래서 그런지 템플스테이를 한 사람들은 이구동성으로 이렇게 살아보니 아주 좋았다는 이야기를 한다.

하루를 이렇게 보내면 일 년은 어떻게 보낼까? 승려들의 1년은 학교에서 생활하는 것과 비슷하다. 그들은 여름과 겨울에 3개월씩 절에서 공부하고, 그 사이 3개월은 돌아다니며 그동안 자기가 배운 것을 다른 스승을 방문하여 점검하는 일을 한다. 이때 절에서 공부하는 것을 안거安居라하고, 돌아다니는 것은 운수행각雲水行脚이라고 한다.

절에 있는 기간에는 절대로 절 밖을 나서면 안 된다. 그게 경전 공부가 됐든 참선 수행이 됐든 3개월은 공부에만 전념해야 한다. 이 관습은 인도에서 유래했지만 중국에 와서 정착되었고, 우리도 이 전통을 이어받았다. 그런데 이 전통을 아직 고수하고 있는 나라는 우리뿐이다. 지금도 전국에 있는 선원에서는 깨닫고자 가부좌를 틀고 참선에 정진하는 승려가 많다. 우리나라 불교는 경전 공부보다 선 수행을 높이 치기에, 승려들이 참선에만 매달리는 경향이 있다. 우리의 이러한 모습에 대해서는 미국인이 쓴 책에 자세하게 나와 있다. 로버트 버스웰 2세Robert Buswell Jr. 교수가 쓴 『파란 눈 스님의 한국 선 수행기The Zen Monastic Experience』라는 책이 그것이다. 버스웰 교수는 우리나라에서 직접 승려 생활을 했던 사람이라 더욱더 생생한 한국 불교의 모습을 전달하고 있다.

이렇게 조계사 경내를 돌아보고 나오면 절 근처에 불교 타운 같은 것이 형성되어 있는 것을 볼 수 있다. 조계사 정문을 중심으로 양 옆과 길 건너에는 많은 불교 관련 상점이 있다. 상점에서는 불교와 관련된 물건을 없는 것 없이 다 판다. 한국 책부터 향, 불상, 종, 옷 등 그 품목이 하도 많아 다 적을 수가 없을 정도이다. 한국 불교를 기억하고 싶으면 이들 상점에 가서 간단한 기념품을 사면 된다. 꼭 사지 않더라도 구경할 거리가 많기 때문에 한 번 방문하는 것도 좋은 체험이 될 것이다.

대체로 이 정도면 한국 불교의 대강은 본 셈이다. 경복궁부터 시작해서 지금까지 우리는 전통 문화에 대해 보았는데, 이제 공부는 그만하고 좋은 음식을 먹으면서 쉬는 시간을 가져야겠다. 또 이렇게 시내 답사를 하다 보면 시간도 많이 지나고 시장기도 느끼기 마련이다. 이럴 때 갈 수 있는 곳이 조계사 바로 옆에 있는 인사동이다. 인사동은 비교적 외국인

조계사 주변의 불교용품점

에게 많이 알려진 곳이고, 지금도 많은 외국인이 찾고 있다. 게다가 인사동에는 음식을 파는 곳이 많아 쉬면서 다양한 음식을 즐길 수 있어 좋다. 인사동 거리는 조계사 길 건너에 있기에 접근성도 아주 뛰어나다. 이제 그곳으로 가자.

옛 것과 새 것의 교차로

인사동
홍대앞

전통과 현대의 사이길

　서울은 안타깝게도 궁궐을 빼놓고는 조선시대의 모습이 남아 있는 곳
이 별로 없다. 이것은 어쩔 수 없는 것이 앞에서 많이 거론한 대로 일제
강점기부터 훼손되기 시작해 한국전쟁 때 서울이 거의 다 파괴되었기 때
문이다. 그래서 말은 서울이 600년 고도古都라 하지만 옛 모습을 찾으려
면 여간 힘든 게 아니다. 서울을 찾은 외국인들도 비슷한 하소연을 한다.
'서울이 오래된 도시라 해서 기대하고 왔더니 아파트밖에 없더라'고 말
이다.

　그런데 그나마 전통의 편린을 느낄 수 있는 데가 있으니, 인사동 지역
이 바로 그곳이다. 인사동 지역이 좋은 것은 전통도 느낄 수 있지만 푸짐
한 먹을거리를 팔기 때문이다. 한정식을 파는 식당이 이렇게 많은 곳은
서울은 말할 것도 없고, 한반도 전역에서 이곳 인사동밖에 없을 것이다.
그런데 인사동 지역도 이전과 비교해 많이 변했다. 1980년대 이전에는

고서점과 골동품 상점이 즐비하고 노인들이 점령한 다방도 있는 등 전통을 꽤 느낄 수 있었는데, 지금은 현대식으로 지은 음식점이나 커피숍이 더 많은 상황이다. 그럼에도 불구하고 부분적이나마 전통을 느낄 수 있고 우리의 음식을 먹을 수 있기에 사람들은 아직도 인사동을 찾는다.

북촌 양반의 몰락으로 시작된 골동품 거리

영어를 쓰는 외국인은 인사동을 일컬어 메리의 골목Mary's alley이라고 부른다는데, 왜 갑자기 메리라는 이름이 나왔는지 확실히 알려진 바는 없다. 아마 'many'가 잘못 변형되어 'mary'로 된 것은 아닐까 하는 추측이 있는데, 그렇다면 이 이름은 골목이 많다는 뜻으로 해석할 수 있다. 실제로 인사동에는 골목이 많다. 과거에 비하면 많이 없어졌지만 지금도 얼마간은 남아 있다. 과거에는 골목이 많았기 때문에 전통적인 냄새가 물씬 났다.

이곳에서 보이는 골목길은 우리가 한참 앞에서 보았던 북촌의 것과 같은 형상이다. 더 이상 길이 없을 것 같지만 따라가면 '꼬불꼬불' 계속 길이 이어지는 모습이 그렇다. 그리고 골목 곳곳에는 조선 말기의 양반가를 위시해서 좋은 한옥들이 있었고, 거리에서는 수많은 골동품이 거래되어 이곳에 오면 조금이나마 조선을 느낄 수 있었다. 그러나 지금은 앞서 언급한 대로 과거의 색이 많이 퇴색해, 이곳을 찾는 사람은 실제 과거를 본다기보다 그 분위기를 즐기려고 온다는 것이 정확한 표현일 것이다. 그러나 아직도 12세기 무렵에 만들어진 고려 도자기부터 1970년대에 유행한 물품까지 팔고 있으니, 전통과 현대가 혼합되어 있는 곳이 인사동이라 하겠다.

　인사동에는 고서점이나 필방, 화랑 등이 많은데, 이것은 조선조에 형성된 전통과 관계가 있다. 조선조 때 이곳에는 도화원이라는 그림이나 글씨를 취급하는 관청이 있었다. 따라서 당시에 이 지역에서는 자연스럽게 그림이나 글씨가 유통되었을 것이다. 그런 인연으로 지금도 인사동에서는 종이나 붓, 묵 등과 같이 그림을 그리고 글씨를 쓸 때 필요한 물품이 많이 거래되고 있다.

　그러나 골동품 상점은 경우가 조금 다르다. 20세기 초가 되어서야 이곳에 들어왔기 때문이다. 1910년 조선이 망하자 북촌에 살던 양반들도 같이 몰락했는데, 그때 이들이 갖고 있던 가구 등이 인사동으로 나오기

인사동 거리

시작했다. 가문이 망했으니 귀중품을 팔고 다른 곳으로 가려고 했던 것일 것이다. 이렇게 나온 물건을 사려고 한 사람은 당시 조선에 들어오기 시작한 일본인이었다. 그 결과 자연스럽게 인사동에는 시장이 형성돼 골동품 상점이 들어서게 되었다. 그러다 1945년 일본이 전쟁에서 지자 이번에는 정반대의 현상이 일어났다. 일본인이 조선을 떠나면서 그동안 갖고 있었던 골동품을 팔기 시작한 것이다. 이 때문에 인사동의 골동품 시장은 더 커졌는데, 당시 주요 고객은 한국에 들어오기 시작한 미군이었다고 한다.

당시 이곳에서는 정말로 많은 골동품이 팔렸다고 하는데 웃기는 대목이 하나 있어 소개해야겠다. 골동품에는 옛날 책도 포함되는데, 당시는 우리가 전통 문화에 무관심하던 때라 고서들이 마구 팔려나가는 데 별 신경을 쓰지 않았다. 그런데 고서를 팔 때에도 책 한 권 한 권을 감정해서 팔았던 게 아니라 저울로 달아 그 무게만큼 돈을 지불했다고 한다. 책을 내용으로 본 게 아니라 단지 종이 더미로만 대한 것이다.

물론 이런 일은 요즘에는 더 이상 볼 수 없는 현상이 되어버렸다. 지금은 그런 고가가 되는 책이나 골동품들이 잘 거래되지 않는다. 그렇게 된 데에는 두 가지 정도의 이유가 있다. 우선 그동안 워낙 많은 거래가 이루어져 더 이상 좋은 게 나오지 않는다는 점을 들 수 있다. 그리고 전통 문화를 보는 우리의 눈이 이전과는 비교도 안 되게 긍정적으로 바뀌어, 옛 물건을 소중히 생각하게 된 것도 그 이유가 될 수 있겠다.

그런가 하면 이곳에 있던 골동품상이 이전보다 훨씬 줄어든 것도 그 이유가 될 수 있다. 골동품상들이 줄어든 이유는 1970년 대 중반부터 정부가 강하게 견제했기 때문이다. 이것은 골동품을 거래하는 과정에서 세금을 횡령하거나 모조품을 만드는 등 불법적인 일이 관행적으로 생겨 취한 조치다. 그때에는 선진화된 조세 체계가 갖추어지지 않아 항상 세금 문제가 터졌다. 투명하지 못한 거래 때문에 심지어는 살인 사건까지 생기는 등 여러 부작용이 잇달아 정부에서 골동품상의 목을 조인 것이다. 그러자 이들은 대거 인사동을 떠나 서울의 동부 지역(장안동)으로 가 둥지를 틀었다. 장안동에서는 지금도 많은 거래가 이루어지고 있다니 관심 있는 사람은 방문해 봐도 좋을 것이다.

차 , 붓 , 책 , 옷 , 그림 , 도자기 , 떡

지금 우리가 인사동을 방문하면 어떤 가게들이 있을까? 이곳에는 현재 500개가 넘는 가게가 있는데 이 가운데 30% 이상이 음식점이나 찻집이다. 거개가 한식과 전통 차를 파는 집인데, 아마도 전통 찻집이 이렇게 밀집되어 있는 곳은 서울에서, 아니 전국에서도 여기밖에 없을 것이다. 전통 차에는 여러 가지가 있지만 가장 대표적인 것은 아무래도 녹차다.

차 문화는 이웃나라인 중국이나 일본에서는 매우 발달했지만 우리는 그다지 발달하지 못했다. 그 이유는 간단하다. 차라는 것은 원래 불교와 관련이 깊다. 승려들이 수행하면서 머리를 맑게 하거나 동료와 환담을 즐길 때 마시던 것이기 때문이다. 승려들이 술을 마실 수는 없지 않은가?

우리도 14세기 말까지는 불교가 국교였기에 매우 발달한 차 문화가 있었다. 그러던 것이 조선이 유교를 국교로 정하면서 이런 불교의 관습을 멀리하게 되었다. 사대부들은 일상생활뿐만 아니라 의례를 행할 때 차보다는 술을 선호했다. 그 결과 19세기 말이 되면 차 문화가 아주 일부의 승려들 사이에서만 전승될 뿐, 보통 사람들의 일상적 삶에서는 거의 자취를 감추었다. 그랬던 것이 20세기 후반 일본의 발달된 차 문화를 접하면서 그에 눈을 돌리게 된다. 그때부터 서서히 전통 차를 마시는 관습이 생겨나 인사동 같은 지역에 다수의 찻집이 생긴 것이다.

우리의 다도는 매우 단순하다. 그저 뜨거운 물로 찻잔을 데우고 계속 부어 마시면 되기 때문이다. 이에 비해 일본의 다도는 매우 번쇄하고 복잡하다. 꿇어앉거나 찻잔을 돌려야 하는 등 지켜야 할 법도가 많다. 그런 일본의 다도에 대해 한국인은 차란 누워서 마시지만 않으면 되지 그렇게 복잡하게 마실 필요가 없다고 주장한다. 다시금 우리의 자유분방함이 돋보인다. 그러나 그렇다고 해서 일본의 다도가 우리보다 열등하다는 것은 결코 아니다. 두 방법이 단지 다를 뿐이다.

우리 음식에 대해서도 할 말이 많지만 다른 책에서 이미 상세하게 논했기에 여기서는 지나쳐야겠다. 단지 하고 싶은 말이 있다면, 지금 인사동에서 진정한 전통 음식을 접하기가 쉽지 않다는 것이다. 그 이유는, 먼저 원래 조선의 양반들이 먹던 음식은 아주 정교하기 때문에 그것을 그대로 재현하면 수지 타산을 맞출 수 없다는 점을 들 수 있겠다. 양반 음식은 손이 너무 많이 가서 오늘날의 대중에게는 적합하지 않다. 또 다른 이유는 이러한 음식 문화가 제대로 전승되지 않은 상태에서 무분별하게 일본과 서양 음식의 전통을 한식에 섞어서 무엇이 한식인지 모르게 되었다는 점이다.

음식 자체도 문제가 많지만 이와 함께 음식을 시중하는 방법도 조악하기 짝이 없다. 어떤 때는 너무 형식적인가 하면, 어떤 때는 무례한 모습이 보인다. 예를 들어 먼저 나온 음식을 다 먹지 않은 상태에서 새 음식이 나오면 보통 조금 남은 음식을 새 접시에 아무렇게나 놓는 경우가 흔하다. 그런데 이것은 실로 음식의 기본을 모르는 일이다. 어떻게 새 음식과 헌(?) 음식을 섞어 놓겠다고 하는 것인지 그 발상이 신이할 뿐이다.

이런 일이 저렴한 식당에서 이루어진다면 그래도 이해가 되지만, 아주 비싼 한정식 집에서도 버젓이 행해지고 있으니 한심하다. 이것은 그동안 우리가 오랫동안 일본의 식민지 지배를 받고 서양 문화를 무분별하게 받아들이는 과정에서, 자신의 문화를 망각한 나머지 생겨난 현상으로 생각된다. 이런 사정이 있어 나는 인사동에 가면 비싼 한정식보다는 그렇지 않은 집에 가서 먹는 경우가 다반사이다. 차라리 이런 집에서 한국의 정

인사동에서 가장 오래된 책방, 통문관

서울 문화 순례

취를 느낄 수 있기 때문이다.

음식점 말고 가장 많은 상점은 화랑이나 골동품 가게, 고서점, 필방 등이다. 특히 화랑은 그 숫자가 80개 남짓해서 서울에서 화랑이 이 지역보다 더 많은 동네가 없다고 한다. 서울 전역에 있는 화랑 가운데 약 40%가 이곳에 있다고 하니 말이다. 고서점은 예전보다는 많이 줄었지만 그래도 통문관 같은 곳이 있다. 이 서점은 80년 이상의 역사를 갖고 있어, 책방으로는 서울 시내에서 가장 오래된 것이라고 한다. 서울에서 가장 오래되었다는 것은 한국에서 가장 오래된 책방이라는 것을 뜻하기도 할 것이다.

책방과 더불어 종이나 붓을 파는 필방도 많은데, 서울에 있는 필방 가운데 약 90%가 이곳에 있다고 한다. 이렇게 필방이 운집해 있는 것은 이곳에 조선조 때 그림을 관리하던 관청이 있었던 탓일 게다. 이 필방에는 몇 년 전 영국 여왕이 다녀간 곳도 있다. 그만큼 필방은 인사동을 대표하는 가게다. 또 자수라든가 손뜨개, 청동 제품, 천연염색한 옷들, 탈 등과 같은 다양한 공예품을 파는 곳도 꽤 된다.

공예품에서 도자기를 빼놓을 수는 없는 일이다. 요즈음은 값나가는 도자기가 별로 없지만 이전에는 12~13세기에 만들어진 고려청자처럼 아주 고가의 도자기가 심심치 않게 매매되곤 했다. 지금은 그 대신 현대적인 감각으로 만들어진 도자기가 많이 팔리고 있다. 사실 도자기 제작으로 치면 한국은 과거 중국과 더불어 세계 1위였다. 고려와 조선에 걸친 시기, 즉 11~12세기부터 16세기까지 우리는 중국과 더불어 세계에서 가장 좋은 그릇을 만들던 나라였다. 그 가운데 고려청자와 조선백자는 단

영국 여왕이 방문한 필방

연 으뜸이었다. 이 두 그릇 중에도 청자는 중국에서도 천하일품으로 칭송하던 그릇이다.

유럽에서는 이런 자기를 18세기 초에 가서야 간신히 독일의 작센 지방에서 만드는 데에 성공한다. 그러던 게 지금은 유럽이 세계에서 가장 좋은 그릇을 만들고 있다. 물론 일본도 이 대열에 낀다. 조선은 16세기 말 일본의 침략을 받은 뒤 국력이 쇠약해지면서 더 이상 도자기 만드는 기술을 발전시키지 못한다. 그 이후에는 일본이 도자기 제작 기술을 비약적으로 발전시킨다. 물론 여기에는 임진왜란 때 납치된 조선의 도자기 기술자들이 공헌한 바도 적지 않을 것이다.

공예품 가게와 함께 한복을 파는 집도 간간히 눈에 띈다. 우리는 근대에 들어와 서양 문물의 영향으로 전통적인 생활 문화를 대폭 변형시켰다. 이전에 살던 집에서 살지 않고, 이전에 입던 옷을 더 이상 입지 않는다. 그런데 음식은 이전의 것을 고수하고 있다. 아직도 밥과 국, 김치와 장을 중심으로 먹기 때문이다. 원래 식습관은 보수적인 것이라 송두리째 바꾸기가 힘들다. 그리고 집도 대다수는 서양의 가옥인 아파트에 살고 있지만, 전통적인 난방 체제인 온돌을 고수하고 있다는 점에서 어느 정도는 전통을 지키고 있는 것으로 보아야 한다.

그런데 옷의 경우는 영 다르다. 우리는 역사가 시작된 이래 처음으로 자신의 옷을 완전히 벗고 다른 문화권에서 온 옷을 입기 시작했다. 온 세계가 서양화되는 데에 발맞추어 서양 옷을 입기 시작한 것이다. 그래도 1980년대까지는 간간히 한복을 입는 사람이 눈에 띄었다. 특히 명절 때에는 으레 한복을 입는 것으로 알고 그때만이라도 한복을 입는 사람이 꽤 됐다. 그래서 당시 한복을 '민속복'이라고 부르기까지 했다. 그러나 이 상황도 1990년대 말로 가면서 바뀌기 시작해, 이제는 명절에도 한복을 입은 사람을 보는 일이 어렵게 되었다. 요즘에 명절 때 한복 입은 사람을 보려면 텔레비전에 나오는 연예인 말고는 찾아볼 수 없는 기현상이 일어났다. 우리는 스스로 자기의 옷을 철저하게 소외시켰다.

이러한 한복 거부 현상에 대항해서 한복을 개량(?)해 새로운 한복으로 만들어 입자는 운동이 일어났다. 옛날 옷은 아무래도 서양식 생활에는 거추장스러운 면이 있다. 바지나 소매 폭이 넓다거나 옷 입는 게 번거로운 것 등이 그것이다. 예를 들어 한복을 입고 운전하는 것은 상상만 해도 불편할 것 같다. 그래서 몇몇 한복 디자이너들이 이런 불편을 고쳐서 새로운 한복을 만들기 시작했다. 지금 인사동에서 볼 수 있는 한복은 이런 노력의 소산이다. 옛 한복의 아름다움은 살리되 활동하기에 편하게 고친 것이다.

하지만 이런 노력에도 불구하고 새로운 한복은 한국인들에게 그다지 환영받지 못했다. 정부에서는 국민들로 하여금 한복을 입게 하려고 한복을 입으면 궁궐 등을 무료로 입장할 수 있게 하는 정책을 썼지만 그것도 별 효과를 거두지 못했다. 이러한 사회적 현상을 통해 보면 우리는 아직도 전통 문화에 대한 자신감을 완전하게 회복한 것 같지 않다. 그런데 재미있는 것은 한국인 자신들은 한복을 입지 않으면서 우리나라를 상징하는 물품에는 반드시 한복을 넣는다는 점이다. 그리고 학교에서도 한복은 매우 아름다운 옷이라고 가르친다. 이런 면에서 우리는 머리와 몸이 따로 노는 것 같다. 머리로는 한복이 아름답다는 것을 아는데 몸에는 서양 옷만 걸치니 말이다. 어쨌든 인사동에 오면 꽤 멋있는 한복을 만날 수 있어 좋은 구경거리가 된다.

그런가 하면 인사동과 그 인근에는 의외로 떡집이 많다. 쌀로 만든 음식인 떡은 우리 음식 가운데 특별한 위치를 차지한다. 쌀로 이런 식의 먹을거리를 만드는 나라는 흔치 않다. 중국이나 일본에서도 쌀로 과자를 만들지만 우리의 떡과는 다르다. 떡은 밥과 관련해서 보면 그 정체성이 드러난다. 밥이 일상 음식이라면 떡은 축제나 제례 때 사용하는 비일상적인 음식이라 할 수 있다. 평상시에는 떡을 잘 먹지 않지만 잔치를 하거나 제례를 올릴 때에는 떡을 만들기 때문이다. 그래서 떡은 별미라 했다. 떡에는 여러 종류가 있지만 쌀을 가루로 만들어 그것을 증기로 쪄서 먹는 것이 가장 대표적이다.

왜 인사동에 떡집이 많은 걸까? 우리는 앞에서 서울은 북촌과 남촌으로 나뉜다고 했다. 청계천을 중심으로 두 마을이 갈린 것이다. 그런데 북촌은 떡이 유명하고, 남촌은 술이 유명했다고 한다. 북촌에 떡이 유명해진 것은 궁궐에 살던 상궁 가운데 음식을 만들던 사람이 이곳에 터전을 잡고 떡을 만들어 팔기 시작해 그렇게 됐다고 한다. 그래서 그런지 이곳에 있는 떡집들의 역사는 꽤 길다. 전통 문화를 체험하는 방법으로 떡을 맛보는 것도 꽤 괜찮다. 떡은 그리 비싸지도 않으니 인사동에 간 김에 조금이라도 먹어보면 좋겠다.

인 사 동 을 즐 기 는 방 법

이 정도면 인사동에 있는 집들은 대개 다 보았는데, 마지막으로 골목길을 다녀 보라고 권하고 싶다. 골목 곳곳에는 재미있는 곳들이 많은데, 그 가운데 전통 문화와는 별 관계가 없지만 가볼 만한 곳을 소개한다면 우선 '나이프 박물관'을 들고 싶다. 이곳은 말 그대로 칼 박물관인데 칼만 5,000여 점이 전시되어 있어, 이런 종류로는 세계에서 가장 크다고 한다. 한국, 일본, 중국의 다양한 칼이 있는 것은 말할 것도 없고, '반지의 제왕'이나 '람보' 같은 영화에 나온 칼도 전시되어 있어 재미를 더한다.

그런가 하면 우리 민속을 이해할 수 있는 좋은 박물관이 있어 소개하고 싶다. 목인木人(나무사람)박물관이라는 곳인데, 여기에는 민간에서 나무로 작은 사람을 만들어 장신구로 썼던 것만을 모아 전시하고 있다. 특히 상여喪輿에 장식되어 있던 목인이 많다. 목인 수집광이었던 김의광 관장

담쟁이덩굴이 뒤덮인

담쟁이덩굴로 뒤덮여 있는 인사동 스타벅스

은 평생을 사업만 하던 분이었는데 은퇴 이후 인사동에 이 박물관을 연 아주 이채로운 이력의 소유자다. 이 박물관에 있는 작품을 통해 우리 민속을 이해할 수 있는 점도 좋지만, 더 좋은 것은 박물관의 옥상에서 인사동 전경을 볼 수 있다는 점이다. 옥상에는 차를 마실 수 있는 탁자도 있어 경치를 즐기며 정담을 나눌 수 있다.

인사동에는 전통 차만 파는 것이 아니라 커피 파는 집도 만만치 않게 많다. 유명한 것으로 커피빈과 스타벅스가 있는데, 이런 커피숍이 들어설 때 말이 많았지만 인사동은 상업지역이라 별 무리 없이 입점했다. 그런데 여기 있는 스타벅스는 우리의 주의를 요한다. 사진을 보면 스타벅스 간판이 한글로 되어 있는 것이 보이는데, 이렇게 현지어로 간판을 쓴 것은 여기가 세계에서 유일하다는 소문이 있다. 인사동이 아무래도 한국의 전통 문화를 대표하는 지역이다 보니 그 전통을 중시해 내부 규율을 깨고 한글로 간판을 썼다는 것이다. 그런데 한글의 디자인은 영 수준에 못 미친다. 좀 더 좋은 글씨체를 써야 했다는 생각이다(그런데 중국 북경에 가보니 그곳에도 한자로 스타벅스라고 쓴 것을 볼 수 있었다).

인사동 끝 쪽을 보면 탑골공원이라는 공원이 하나 있는데, 이 공원은 서울에서 가장 먼저 만들어진 시민 공원으로 알려져 있다. 역사는 한 100년 정도인데, 당시 국정고문으로 있던 영국인이 건의하여 만들었다고 한다. 그런데 이 공원에는 볼 만한 탑이 하나 있다. 이 탑은 10층 석탑으로 15세기에 만들어진 것이다. 원래 이곳은 15세기에 원각사라는 절이 있던 곳이라 이런 탑이 남은 것이다.

이 탑은 당시 조선의 뛰어난 조형미를 보여주는데, 찬찬히 뜯어보면

탑골 공원 안에 있는 원각사탑

실제로 아주 잘 만든 탑임을 알 수 있다. 그래서 국보(2호)로 지정되어 있다. 조선 초에는 새롭고 신선한 문화가 기틀을 잡던 때라 이렇게 훌륭한 조형물이 나올 수 있었을 것이다. 그런데 현장에 가보면 다소 실망스러울 수 있다. 산성비의 피해를 막는다고 유리로 덮개를 만들어 놓았기 때문이다. 그래서 그 뛰어난 자태를 멀리서는 볼 수가 없다. 그러나 불교문화에 관심 있는 사람이라면 반드시 이 탑을 보아야 한다. 서울 지역에는 국보로 지정되어 있는 탑이 거의 없기 때문이다.

그 근처에는 피마골이라는 이름의 골목이 있다. 여기서 피마避馬란 '말을 피한다'는 뜻으로, 이때 말은 조선시대의 고급 관리가 타고 다니던 것이다. 아침에 고급 관리가 말을 타고 출근하면 하급 관리나 평민은 그가 지나갈 때까지 머리를 숙이고 있어야 했다. 이런 게 번거로운 나머지 하급 관리는 골목길로 다니기 시작했는데 그때부터 피마골로 불렸다. 당시 이 길에는 서민이 즐길 수 있는 주점이 많았다고 하는데, 지금도 그 전통을 이어받아 서민적인 음식점이 즐비하다. 너무 서민적이다 보니 다소 지저분한 곳도 있는데, 그래도 대도시의 뒷골목 풍경을 감상하려면 여기보다 좋은 곳이 없다. 이 길로 들어서면 한 20년은 옛날로 돌아간 것 같다(그런데 이 골목도 도심 재개발 사업에 밀려 없어질 것이라고 한다).

인사동을 즐기는 방법에는 여러 가지가 있겠지만 주말에 가는 것도 좋은 방법이다. 토요일은 오후 2시부터 10시까지, 일요일은 오전 10시부터 오후 10시까지 차량 통행이 금지되기 때문이다. 특히 일요일에는 '문화 장터'라는 이름의 작은 장이 서기 때문에 볼거리가 많아 좋다. 전통 악기를 연주하는 사람도 있고, 그 자리에서 붓글씨를 써서 파는 사람도 있다.

피맛골(혹은 피맛길)

또 길 위에 여러 짝퉁 골동품을 놓고 파는 사람도 있는데 눈요기로는 괜찮다. 그런데 일요일에는 사람이 너무 많아 길을 다니는 데에 걸리적거리는 단점이 있다.

인사동이 전통과 관계해서 즐길 수 있는 공간이라면, 전통과는 그리 관계없지만 문화가 살아 숨 쉬는 공간이 또 하나 있다. 홍대 앞에 있는 공간이 바로 그곳으로, 인사동이 40대 이상의 사람이 가는 곳이라면 홍대 앞은 대학생을 비롯한 젊은 사람이 많이 찾는 곳이다. 홍대 앞의 거리는 서울은 말할 것도 없고 우리나라 어디에서도 찾아볼 수 없는 아주 독특한 문화를 만들어냈다. 이제 우리는 홍대 앞으로 간다.

젊음은 잔잔할 수 없다 — 홍대 앞

지금까지 우리는 전통과 관계된 지역만 돌아보았다. 그런데 그것만 보고 서울 답사를 끝내기엔 아쉬운 구석이 있다. 서울의 현대적인 젊은 모습이 빠졌기 때문이다. 앞에서처럼 전통적인 것만 설명하면 서울은 흡사 고대 도시처럼 보일지도 모른다. 그런데 서울은 말할 수 없이 역동적인 도시다. 특히 강남을 가보면 그것을 잘 느낄 수 있다. 그러나 강남은 주로 상업지역이기 때문에 우리가 그곳까지 논의할 필요는 없다.

그러면 서울의 젊은 문화를 느끼려면 어디로 가야 할까? 서울에서 젊은 문화를 느낄 수 있는 곳은 대체로 대학로와 신촌 주변, 그리고 홍대 앞을 꼽는다. 이태원 같은 이국적인 곳도 있지만 그곳은 젊은 사람만이 가는 곳이 아니라 제외했다. 나는 이 가운데 홍대 앞이 가장 독특한 젊은 문화를 갖고 있다고 생각한다. 왜 그럴까? 대학로나 신촌 주변은 문화적인 면에서 홍대 앞에 비해 떨어지기 때문이다. 이 두 지역은 먹고 마시는 유흥 문화만 발달한 인상이다. 오죽 하면 신촌 지역에 있는 연대 앞거리를 '먹자 골목'이라고 하겠는가?

우선 대학로를 보자. 이 지역은 잘 알려진 것처럼 서울대학의 문리대가 있었던 까닭에 대학로라는 이름으로 불렸다. 그러나 지금은 다 이전했기 때문에 대학과는 아무 관계가 없다. 이 지역의 주인공은 20대의 젊은 친구들이다. 이 지역에는 서울의 어느 곳보다도 작은 극장이 많다. 대학로에는 상업화되어 가는 현실 속에서도 연극을 되살리려고 하는 뜻있는 사람들이 모인다. 이들은 임대료가 비싼 곳을 피해 변두리 지역에 소극장을 만들었다. 그러나 이런 이들은 소수라 제대로 된 연극이나 뮤지컬을 하는 곳은 몇 곳이 안 된다.

그리고 이런 좋은 극장들은 수많은 음식점과 술집에 가려 어디에 있는지도 잘 보이지 않는다. 그저 보이는 건 술집 간판뿐이다. 이는 이 지역의 주인공인 20대가 문화에 관심이 적어 나타나는 현상일 것이다. 아무래도 20대는 문화보다는 먹고 마시는 데에 열을 올리기 쉽지 않겠는가? 신촌 지역은 이보다 더 열악하다. 신촌 지역에는 이런 문화적인 일이 거의 없다. 이 지역은 아예 먹고 마시기만 하자는 판이다. 대학로는 그래도 나름대로 문화가 있는데, 신촌 지역은 그야말로 원초적인 본능만 만족시키는 곳처럼 보인다.

이화여대 앞을 보면, 여기는 '입자 골목'이라는 별명이 무색할 정도로 옷가게와 미장원이 즐비하다. 전철역을 나와 이대로 가려면 이 길을 따라 가야 하는데, 이런 길 끝에 대학이 있으리라고는 상상하기 힘들다. 너무나 장바닥 같기 때문이다. 여대로서는 세계에서 가장 크다는 이화여대 앞에 왜 옷가게나 미장원이 많아졌는지 아직 명확한 답이 없지만 아주

화려한 홍대 술집 모습

이상한 현상임에는 틀림없다. 이런 가게가 많다 보니 이 거리는 외국인 관광객, 그 중에서도 중국인 관광객이 주로 들르는 필수 코스가 되기까지 했다.

연세대 앞거리는 이화여대 앞과는 달리 술집과 음식점이 판을 친다. 문화적인 공간은 거의 없고 온갖 술집이 다 모여 있다. 이 지역의 하루 유동 인구가 십만이 넘는다고 하는데 대부분 먹고 마시는 사람들이다. 세계 어느 대학 앞에 이렇게 거대한 유흥 단지가 있을까? 우리나라는 대개의 경우 대학 앞에 이런 거대한 유흥 단지가 있는데, 그 중에서도 가장 큰 게 연대 앞거리이다. 이런 게 있다는 것은 대학생들이 술 마시는 것을 매우 좋아한다는 것을 뜻한다. 한참 앞에서 이야기했지만 음주가무는 세계에서 우리나라가 단연 톱이다. 학생들도 한국인인지라 지지 않고 술을 마시고 노래방에 가는 것이다.

그런데 여기에는 술집만 있는 게 아니다. 러브호텔이 모여 있는 곳도 이곳이다. 다 세어 보지는 않았지만 연대와 이대 사이에는 수십 개의 러브호텔이 있다. 술 마시고 노래하다 러브호텔로 가는 아주 세속적인 일이 세속을 넘어서 있어야 하는 대학 앞에 있다. 이런 현실을 우리는 어떻게 설명할 수 있을까? 대체로 이런 이유 때문에 대학로와 신촌 지역은 이번 책에서 제외한 것이다. 그러나 홍대는 조금 다르다. 이제 홍대 앞으로 가자.

젊은 예술가들의 둥지

홍대 앞이란 이름이 붙은 것은 물론 이 거리가 홍대 앞에 있기 때문이다. 그런데 왜 홍대일까? 홍대 하면 예술 분야에서 뛰어난 대학이라는 정평이 있다. 그래서 홍대 미대라고 하면 브랜드 가치가 있을 정도로 예술계에서 인정을 받는 대학이다. 사정이 그러니까 홍대 주위에 미술을 전공하는 학생들이 자연스럽게 작업실을 차렸고, 이 사람들을 중심으로 예술가들이 모여들어 그들만의 독특한 문화를 형성했다. 이들이 추구한 예술은 기성 미술에 비해 아주 실험적이고 자유로웠다. 한마디로 주류에 대항하는 비주류 미술이라고 할 수 있다.

이들이 추구하는 정신이 반counter기성 또는 반문화적이었던 탓에, 반드시 미술이 아니더라도 다른 장르의 예술가들도 비슷한 성향을 갖고 있으면 홍대 앞으로 몰려들기 시작했다. 그 중에서 가장 대표적인 게 이른바 언더그라운드 밴드라 불리는 사람들이다. 그들은 주로 미국의 록 음악 계통을 연주하는 젊은이들인데, 이들은 대중에게 영합하고 방송에 나가는 것만 추구하는 상업적인 밴드에 맞서 자신이 진정으로 원하는 음악을 하겠다고 선언했다. 이 밴드들의 이름을 보면 재미있다 못해 기괴하기까지 하다. 예를 들어 '허벅지 밴드' 라느니 '크라잉 넛' 이 그것이다. 심지어 어떤 밴드는 여배우의 이름을 따서 '황신혜 밴드' 라고도 이름을 지었는데, 미국의 상황에 대입하면 '샤론스톤 밴드' 라고 하는 것과 비슷하다.

그런데 이건 벌써 10여 년 전 이야기이고, 요 근래에는 상업 자본이 홍대 앞을 가만 놓아두지 않았다. 기성 자본가의 돈이 홍대 앞에 침투한 것이다. 이것은 어쩔 수 없는 일이다. 인사동에서도 진즉에 같은 일이 벌어졌는데, 우리나라처럼 자본주의가 성한 나라에서 돈이 될 만한 곳에 투자하지 않을 리가 없기 때문이다. 따라서 지금은 초기에 이 지역에서 특유의 문화가 일어날 때 그 문화가 지녔던 순수함이나 독창성이 퇴색한 면이 엿보인다.

그러나 홍대 앞 문화에 관심이 많은 비평가들은 이 지역의 문화가 가진 고유함이 불씨까지 꺼지진 않았다고 주장한다. 어떤 비평가의 다음과 같은 설명은 폐부를 찌른다. "홍대 주변은 줄기세포 같다. 정확히 '어디'라고 말할 수는 없지만, 무한한 문화적 가능성과 잠재력을 품은 원천 기술이 골목 곳곳에 숨어 있기 때문이다." 아직 인간의 의학이 발전하지 못해 줄기세포의 어떤 부분이 몸의 어떤 부분을 만드는지 모르는 것처럼, 홍대 앞도 앞으로 어디서 어떤 문화가 피어날지 모르겠다는 말이다. 이 점에서 홍대 앞은 아직도 실험 중이라 하겠다.

길 위 의 그 림 , 길 위 의 음 악

홍대 앞 거리 문화의 특징은 여러 가지로 표현할 수 있겠지만, 그래도 젊고 대안적인 문화라는 표현이 가장 잘 어울린다. 이런 예는 수도 없이 들 수 있는데 그걸 다 볼 수는 없고, '루프'라는 이름의 대안 공간이나 쌈지 스페이스 정도만 보기로 하자. 이 공간들은 비록 공간이라고는 했지만 화랑으로 보면 된다. 그 중에서 전위적인 뉘앙스가 조금 강한 화랑이다.

지하철역에서 내려 루프를 향해 가고 있으면 길에서 아주 재미있는 가게들이 눈에 띈다. 가게 하나하나가 개성이 넘치는데 다른 곳에서는 좀처럼 볼 수 없는 앙증맞은 것들이 많다. 예를 들어 어릴 때 학교에서 쓰던 작은 책상이나 걸상, 아주 예쁜 장신구 같은 것이 그것인데, 그래서 그런지 이 가게들은 그냥 지나치기가 힘들다. 아주 친근하고 귀여운 물건들이 가득하기 때문이다. 중년인 나도 흥미가 당겨 들어가 보고 싶은데 20대 젊은이들은 오죽하겠는가 하는 생각이 든다.

　이곳에서 파는 것들 역시 주류에 반하는 대안적인 것이다. 가게도 위압감이 들지 않을 뿐만 아니라 실내 디자인도 주인이 직접 한 느낌이 들 정도로 친근하다. 그리고 가게의 주인이 직접 만들어 파는 것도 많아 다른 가게에서는 결코 볼 수 없는 물건을 만날 수 있어 좋다. 물건 값이 비싸지는 않지만, 그렇다고 물품의 질이 떨어지는 것은 아니다. 학생들과 이곳에 답사를 왔을 때에도 여학생이라 그런지 떠날 생각을 안 해 어서 가자고 채근했던 기억이 새롭다.

걷고 싶은 거리

이 가게들도 나름대로의 콘셉트가 있지만 여기보다 더 대안적으로 물건을 소통하는 곳이 있다. 방금 전에 본 가게들은 일방적으로 주인이 물건을 가져다 파는 까닭에, 이런 면에서 아직 주류적인 사고에서 벗어나지 못했다고도 할 수 있다. 이른바 쌍방의 소통이 없는 것이다. 이런 물건의 나눔은 아무나 참여할 수 있는 게 아니라 가게 주인만 할 수 있기 때문이다.

홍대 앞에는 누구든지 참가하여 자기가 만든 작품을 팔 수 있는 곳이 있다. 홍대 정문 바로 앞에 있는 어린이 공원이 바로 그곳이다. 이곳은 오히려 외국인들에게 많이 알려져 있다는데, 자기가 직접 만든 작품을 가지고 나와 파는 곳이다. 이름하여 프리마켓free market이라고 하는데, 관계자들은 벼룩시장flea market과 혼동해서는 안 된다고 누누이 강조한다.

이 장은 3월부터 11월까지 매주 토요일마다 오후 1시부터 6시까지 열린다. 이 시간이 되면 전혀 알려지지 않은 시민 작가들이 자신이 만든 공예품을 갖고 나온다. 그런데 이때 가지고 나오는 물건은 반드시 창작품이어야 한다. 그렇지 않고 다른 사람의 것을 복제하면 참가할 수 없다고 한다. 그러면 아무나 물건을 갖고 나와 팔 수 있는 걸까? 그렇지는 않다. 그렇게 하면 질서가 잡히지 않기 때문이다. 여기에서 자신의 작품을 팔고 싶은 사람은 자신과 자신의 작품을 마켓 당국으로부터 심사를 받아야 한다. 여기에 통과한 사람만 이곳에 나올 수 있는 것이다.

여기에서도 홍대 문화의 실험 정신을 엿볼 수 있다. 자신의 작품을 선보이고 싶어도 그럴 기회가 없는 사람에게 더할 나위 없는 기회이기 때

플리(flea)마켓이 아니라 프리(free)마켓 모습

문이다. 이렇게 하면 작가와 대중의 직접적인 소통이 가능하다. 이러한 기회를 통해 미래의 작가들은 대중과 소통하고, 자신의 작품이 어떻게 받아들여지는지 알 수 있게 된다. 장이 서면 작품만 전시하고 파는 것이 아니라 밴드나 마임 같은 작은 공연도 곁들여져 보는 이의 마음을 흥겹게 한다.

이제 우리가 볼 곳은 실험 정신이 살아 있는 갤러리이다. 이 가운데 루프와 쌈지 스페이스라는 곳을 가려고 하는데, 이곳은 표방하고 있는 실험 정신에 어울리게 상업성을 지향하지 않는 비주류 작가의 작품을 주로 취급한다. 그러다 보니 아무래도 젊은 무명의 작가들이 많이 선정되는데, 그 중에서도 진취적인 실험 정신이 뛰어난 작가가 주로 물망에 오른다.

1999년에 세워진 루프는 자본에 종속된 서구의 주류 미술계를 받아들이지 않는 아시아의 현대 미술가를 위한 화랑이다. 이 화랑은 아시아의 뜻있는 젊은 미술가들이 서구의 패러다임에 흔들리지 않고 아시아 특유의 미술을 창출하고자 만든 공간이라는 정평이 있다. 이곳의 실험 정신은 꽤 앞선 터라 컴퓨터가 막 나오기 시작한 1980년대에 이미 일렉트로닉 카페라는 것을 열어 컴퓨터를 미술에 접목하는 시도를 했다고 한다.

이런 취지로 이 화랑에서는 국제교류

스페이스 루프 화랑

전이나 학술대회를 열어 아시아 작가들의 교류를 돕고 국내의 미술계에도 많은 자극을 주고 있는데, 우리가 방문한 날도 아시아 작가들의 작품이 전시되고 있었다. 우리나라와 중국, 러시아 작가들의 작품이 전시되었는데, 주요 내용은 현대 기술과 그림을 접목시키는 것이었다. 작품 하나하나를 소개하는 것은 의미가 없고, 작품을 만드는 방법만 아주 간략하게 보자.

일단 자기가 원하는 대상을 사진으로 찍은 다음 그것을 디지털 기술로 바꿔 작품을 만드는 것이다. 그래서 어떤 것은 아주 몽환적으로 나타나 사진인지 그림인지 모르는 작품처럼 보였다. 이 작품들처럼 현대미술 작품을 볼 때마다 느끼는 것이지만, 보통 고전적인 예술 작품을 볼 때 느끼는 감동보다는 '발상이 재미있구나' 하는 느낌이 더 강하게 든다. 재미있는 것은 이곳이 자본과 관계없이 전시한다고 했음에도 불구하고 전시에 드는 비용은 유명한 회사인 HP에서 후원을 받고 있다는 점이다. 자본이란 그렇게 가까이 하기도, 멀리 하기도 힘든 모양이라는 생각이 들었다.

두 번째로 간 쌈지 스페이스도 그 기본 정신은 비슷했다. 그런데 이곳을 세운 분은 대안 예술을 육성하고자 더 적극적으로 노력하고 있었다. 해마다 작가를 선정해 1년 동안 작업 공간을 제공하고, 1년이 지나면 작품을 공개하게 한다. 사실 이런 일은 상당히 많은 돈이 드는 일이라 웬만한 열의가 없으면 할 수 없을 게다.

홍대 앞을 답사하는 날 우리는 미리 연락하고 갔기 때문에 그렇게 선정된 작가 방에 가서 그와 그의 작품을 볼 수 있었다. 파리에서 활약하고 있는 젊은 작가였는데, 그가 하는 작품도 사진을 여러 가지 방법으로 가

전시 현장 디테일 모습

공하는 것이었다. 디지털 방법을 이용했기 때문에 기존의 것과는 사뭇 다른 영상이 나왔던 기억이 난다. 그의 작업실은 마치 폐품 창고 같았다. 거리를 걷다가 자신의 작품에 쓸 수 있다고 생각하면 무조건 주워 오는 바람에 고물이 많아졌다고 한다. 이 화랑에는 이렇게 작가들이 머물면서 작품을 제작할 수 있는 공간 말고도 전시 공간이 3층에 걸쳐서 있다. 이런 공간은 글로 설명해서는 알 수 없고 직접 가서 보는 수밖에 없다.

대안적인 예술 문화의 제시라는 표어에 맞추어 홍대 앞에서는 다양한 축제가 벌어지는데, 이것은 항상 하는 것이 아니라 때를 맞추지 않으면 볼 수 없다. 이 가운데 가장 대표적인 것은 해마다 8월에 개최되는 프린지fringe 페스티벌이다. 이 축제는 성격이 이미 그 이름에 나와 있다. 프린지가 가장자리를 뜻하니, 주류에 끼지 못하는 사람들의 축제라는 것을 짐작할 수 있다.

재미있는 점은 주변이라는 게 상업화된 대중문화의 주변만을 말하는 것이 아니라는 것이다. 철저하게 상업으로만 치닫는 대중문화도 거부하지만 너무 엄숙한 순수예술도 사양한다는 것이다. 그러니까 대중문화나 순수예술이 모두 주류에 속하는 것으로 보고, 그 언저리에서 이에 끼지 못하는 사람을 위한 축제가 바로 프린지 페스티벌인 것이다. 이 축제는 장르를 가리지 않기 때문에 연극, 무용, 마임, 음악, 미술 등 상당히 다양한 예술 분야가 동원된다.

축제의 세부 제목을 보면 아주 재미있다. 2007년의 것을 보면 오프닝 페스티벌, 고성방가(Music Festival), 내부공사(Visual Arts Festival), 이구동성(Performing Arts Festival), 중구난방(Street Festival), 학술 행사 등으로 되어

있는데, 고성방가나 이구동성, 중구난방 같은 이름이 재미있지 않은가?

이 지역이 홍대 앞이니 홍대생들도 방관자로 있을 수 없다. 이곳 거리 곳곳에는 '벽화 거리'라고 해서 골목 담에다 그림을 그려 놓은 것을 볼 수 있는데, 이게 바로 홍대 미대생들의 작품이다. 이들은 교내의 작업실에서 하는 활동도 중요하게 생각하지만 학교 앞에 있는 건물과 거리를 캔버스 삼아 작업실보다 훨씬 큰 규모의 미술 실험을 했다. 자신들의 열정을 거리에서 풀고, 지역의 환경을 예술적으로 만들고 싶어 한 것이다. 이런 시도는 1993년부터 하고 있으니 벌써 10년이 훌쩍 넘었다. 이렇게 해서 탄생한 게 벽화 거리인데, 이 거리는 한곳에 모여 있는 것이 아니라 여기저기 흩어져 있다.

일전에 어떤 외국인을 이 벽화 거리에 데리고 갔더니, 벽화 보는 것도 좋지만 서울의 도심에서 골목길을 다니는 게 좋다는 말을 남겼다. 그는 골목길에서 한국적인 것을 발견한 것이다. 그 말을 듣고 보니 홍대 앞은 대학로나 신촌이 갖지 못한 골목 문화도 있는 것을 알 수 있었다. 이렇게 벽화 거리를 걷다 보면 골목골목에 희한한 술집과 음식점이 있어 그것도 볼거리가 된다. 누워서 물에다 발을 담그고 술이나 차를 마실 수 있는 데도 있고, 주막처럼 꾸민 민속 주점이 있는가 하면, 드레스를 입고 사진을 찍을 수 있는 카페도 있는 등 이색적인 장소가 많다. 그런 것을 예서 다 적을 수는 없고, 직접 가서 하나하나 천천히 캐면서 돌아다니는 게 재미있을 것이다.

홍대 앞을 이야기할 때 절대로 빠지지 않는 것이 클럽이다. 솔직히 말해 나 같은 50대는 홍대 앞 문화를 향유하는 세대는 아니다. 약속 장소를 정하더라도 인사동으로 가는 경우가 많지 홍대 앞으로 가는 경우는 거의 없다. 그런 내가 홍대 앞이라는 공간이 있다는 것을 안 것은 이른바 인디 밴드 때문이었다. 인디란 인디펜던트의 약자다. 우리는 워낙 말을 줄여서 하기를 좋아하는지라, 미국에도 없는 '인디'라는 조어가 생겨났다(마찬가지 입장에서 '신디사이저'는 '신디'라고 부른다).

이 밴드들은 언더그라운드 밴드라고도 불리는데, 기성 밴드가 추구하지 못하는 매우 자유로운 스타일을 고집한다. 록음악을 좋아하는 사람끼리 모여 그저 자신들의 끼를 발산하는 것을 목적으로 아주 소규모로 음악 활동을 하던 게 시초였다. 이들은 자기들끼리만 연습하다 작은 클럽에 서게 되었는데 자신들만의 음악을 하기 때문에 표현이 매우 자유로웠다. 방송에 나가는 것은 처음부터 생각하지 않았기에 어떤 제약에도 구애받지 않고 자신들만의 감성을 있는 그대로 표현했다. 그래서 가사를 보면 추상적인 게 없고 직설적인 표현이 많다.

공연할 때에도 공간이 협소한 탓도 있겠지만 무대와 관객을 그리 명확하게 구분하지 않는다. 또 연주하는 동안도 그렇고, 연주하지 않을 때에도 격식에 구애받지 않고 관객과 자연스럽게 대화한다. 방송에 출연하는 연예인들은 일반인과 자신을 구분 짓고 자신을 특권층으로 여기는 경향이 있는데, 홍대 앞의 음악가에게서는 그런 태도를 찾을 수 없다. 홍대 앞의 클럽 문화가 성황을 이룬 것은 이런 모습이 같은 세대에 공감을 받았기 때문이다.

급기야 이 홍대 앞에서 활동하던 어떤 밴드는 팬들의 전폭적인 지지를 받아 지상파 방송에 출연하는 이적을 보이기도 했다. 그 가운데 가장 대

예술적으로 보이는 홍대 앞 골목의 벽화

표적인 밴드는 '크라잉 넛'이라는 밴드인데, 이들의 노래는 나도 몇 개 정도는 알 정도로 많은 젊은이들이 좋아한다. 이들은 대안 문화로 시작했다가 기성 문화에 편입된 사례다. 이곳에 있는 클럽은 대체로 두 부류로 구분할 수 있다. 춤만 추는 곳이 있는가 하면, 밴드의 공연도 보고 춤도 추는 곳이 그것이다. 그러나 이 둘의 구분이 반드시 명확한 것은 아니다.

이런 홍대의 클럽 문화를 만끽할 수 있는 가장 좋은 방법은 한 달에 한 번씩 있는 클럽 데이(마지막 금요일)와 사운드 데이(세 번째 주 금요일)를 활용하는 것이다. 이 지역에는 다양한 음악을 하는 클럽이 많기 때문에 하룻밤에 다 돌아보는 것은 애당초 불가능하다. 그리고 입장료를 비롯해 들어가는 돈도 만만하지 않다.

그러나 홍대가 어디인가? 독특한 대안 문화를 만들어 나가는 곳이 아닌가? 돈에 크게 구애받지 않고도 즐길 수 있어야 대안 문화 아니겠는가? 그래서 이곳에서는 한 달에 한 번씩 표 한 장만 사면 모든 클럽을 출입할 수 있는 제도를 만들었다. 내가 갔을 때에는 표 값이 만 원인가 했던 것으로 기억하는데, 요즘은 2만 원으로 오른 모양이다.

이 가운데 클럽 데이를 먼저 보면, 마지막 주 금요일 밤에 하는 행사로 표 한 장으로 10여 곳의 클럽을 돌며 춤을 출 수 있다. 각 클럽마다 추구하는 음악이 달라 자신의 취향에 맞추어 갈 수 있어 좋다. 각각의 클럽에 가면 음악적으로 비슷한 취향을 가진 사람을 만나 그들과 정보도 교환하면서 교분을 나눌 수 있다.

내가 이런 음악을 좋아하는 것은 아니지만 이 글을 쓰려고 내키지 않

크라잉 넛 공연 벽보

는 마음을 안고 클럽 데이 행사에도 동참해 보았다. 늦은 밤에 나간다는
자체부터가 그다지 마음에 들지 않았고, 클럽 안의 분위기도 나 같은 중
년의 취향은 아니었다. 물론 입장은 처음에 표를 샀기 때문에 공짜였다.
표라고 해서 따로 있는 것은 아니고, 손등에다가 도장을 찍었기 때문에
그것이 지워지지 않게 조심했던 기억이 난다. 요즘에는 임시 팔찌로 바
뀐 모양이다.

　몇몇 클럽을 전전하다 한군데 들어가 보았는데 그 안은 가관이었다.
'흐지부지'라는 이름의 클럽이었는데 영어로는 잡탕을 뜻하는
'hodgepodge'라고 되어 있었다. 아마 발음이 비슷해 그렇게 쓰는 것 같
았다. 이 클럽은 현재(2008) 다른 이름으로 바뀌었는데, 이처럼 클럽들이
명멸을 거듭하는 것 같다. 안으로 들어가니 어두운 데다가 자욱한 담배
연기에 실내는 사람으로 가득 차 다니기조차 쉽지 않았다. 사람들은 모

두 서 있었고, 별로 빠르지 않은 음악에 맞추어 지속적으로 몸을 흔들고 있었다.

내가 신기했던 것은 음악이 그리 빠르지 않은데 어떻게 춤을 추느냐는 것이었다. 미국의 대중음악에는 밝지 못해 그때 그 음악이 어떤 것이었는지는 기억할 수 없지만 단순한 리듬이 반복됐던 것으로 기억난다. 리듬이 빠르지 않아 나로서는 당최 흥이 나지 않았다. 그래서 같이 갔던 학생에게 나의 느낌을 얘기했더니, 그의 대답은 클럽의 기운을 느끼려면 새벽 6~7시까지는 있어야 한다고 하면서 외려 나의 조급함을 나무랐다. 그에 따르면 이런 빠르지 않은 리듬에 몸을 싣고 몇 시간을 흔들다 보면 기분이 고양(up)된다는 것이었다. 그러나 새벽 6시까지 그런 공기 나쁘고 시끄러운 데에 있을 수 없어, 나는 일행과 함께 맥주 한 병만 마시고 나와 다른 클럽으로 향했다.

클럽 데이가 춤(과 음악)을 주로 하는 날이라면, 사운드 데이는 다양한 밴드의 공연을 저렴한 가격으로 보는 날이라 할 수 있다. 매월 셋째 주 금요일에 열리는데, 이때에도 표 한 장만 사면 10여 개에 달하는 라이브 클럽을 모두 출입할 수 있다. 각 클럽에서는 평소에 접하기 힘든 아주 다양한 음악들이 연주된다. 재즈나 록, 펑키, 힙합, 테크노, 일렉트로닉, 크로스오버 음악 등이 그것인데, 솔직히 말해 나는 이런 미국 대중음악의 복잡한 구분을 잘 모른다. 그러나 이 글을 쓰기 위해 사운드 데이에도 가보지 않을 수 없었다.

하루 날을 잡아 학생들과 사운드 데이에 홍대 앞을 돌아다녔다. 마침 어떤 클럽에 꽤 유명한 대중 가수(성시경)가 나온다기에 무리 지어 갔더니 입구부터 사람이 들어차 안으로 들어가기 쉽지 않았다. 이 가수는 젊은 여성들이나 좋아하는 가수이지 나 같은 중년에게는 별 호소력이 없는 친구다. 역시 클럽 안은 발 디딜 틈조차 없었고, 이 때문에 가수의 얼굴도 제대로 볼 수 없었다. 그런데 노래를 들어보니 방송에서 듣던 것과 전혀 다르지 않아 한 곡을 들으니 더 이상 듣고 싶은 생각이 나지 않았다.

그래서 이번에는 정통 클럽에 가서 연주를 듣기로 했다. 에반스라는 이름의 꽤 유명한 클럽이었는데, 그곳도 복잡하기는 마찬가지라 밴드의 모습이 잘 보이는 자리를 차지하기가 힘들었다. 음악을 들어보니 록이었는데 좁은 실내에 비해 음악 소리가 너무 크지 않은가 하는 생각이 들었다. 관객들은 모두 흥에 취해 가볍게 몸을 흔들면서 탄성을 발했는데 여기서도 내 나이가 부담이 되었다. 그렇게 돌아다니다 보니 밤이 깊을수록 이곳은 내 취향이 아니구나 하는 생각만 짙어질 뿐이라 귀가하고 싶었는데, 다른 학생들은 더 돌아다니겠다고 해 그들만 남기고 나는 혼자 집으로 향했다.

집으로 가는 길에 생각해보니 이곳은 텔레비전든 라디오든 방송에서는 접할 수 없는 음악을 만날 수 있다는 것이 가장 큰 장점 같았다. 방송이란 수많은 사람이 보고 듣는 것이라 조금이라도 대중 정서에 위배되면 방송할 수 없는 약점이 있다. 그래서 방송으로는 다양한 음악을 접하기가 쉽지 않다. 하지만 이곳 홍대 앞 클럽에서는 방송이 해결해주지 못하는 것을 해소시킬 수 있었다.

그런데 이곳 역시 더 이상 '언더'에만 머물러 있는 것 같지는 않았다. 앞에서도 말했지만 이곳에서 활약하다 지상파 방송으로 나간 그룹도 있다. 대표적인 게 앞에서도 말한 크라잉 넛이라는 밴드이고, 이 친구들의 노래 가운데 몇 곡은 노래방에서도 자주 불리는 아주 대중적인 곡이다. 이들은 더 이상 언더가 아니고 '어퍼upper'가 된 것이다.

심지어 이 친구들은 군대에 갈 때 상당한 사회적인 관심을 끌기도 했다. 요즘 홍대 앞에 있는 클럽이나 공연장의 광고를 보면 이 친구들이 공연한다는 벽보를 볼 수 있는데, 나는 그 벽보를 보고서야 이들이 제대한 것을 알았다. 어떻든 사운드 데이에는 평소 방송에서는 결코 접할 수 없는 음악을 생으로 즐길 수 있다는 장점이 있다. 그것보다 더 좋은 것은 공연이 다 끝나도 늦게까지 춤추면서 음악을 즐길 수 있다는 데에 있다.

홍 대 앞 다 운 공 간 들

지금까지 본 것은 홍대 앞에서 벌어지는 주류에 대한 것들이다. 이밖에도 소소한 것들이 꽤 있다. 그 가운데 대표적인 것을 꼽으라면 주저 없이 비보이의 공연을 들고 싶다. 요즈음 우리나라에는 비보이 열풍이 불고 있는데, 이것이 당연한 게 우리나라의 비보이들이 세계에서 최고를 달리고 있기 때문이다. 앞에서 샤머니즘을 이야기할 때 잠깐 언급했지만 한국인은 세계에서 보기 드물게 춤과 노래에 강한 민족이다. 시간과 장소를 가리지 않고 아무 때나 아무 곳에서나 노래하고 춤출 수 있는 민족, 그게 한국인이다. 다른 요인도 있겠지만 우리 청년들이 비보이 세계 대회에 나가 일등을 한 것도 우리 안에 흐르고 있는 신명과 관계있을 것이다.

비보이가 우리나라에 들어온 것은 그리 오래전이 아니다. 십 몇 년 정도나 되었을까? 당시 이들의 거리 공연은 기성 공연계로부터 어떤 관심도 끌지 못했다. 그저 공부 못하고 현실에 불만 많은 문제아들이 모여서 마음을 풀려고 거리에서 추는 춤으로만 생각했다. 그랬던 게 이들이 해외 대회에서 입상하기 시작하면서 이들에 대한 인식이 달라졌다. 사람들의 주목을 끌기 시작한 것이다.

그 이후 비슷한 댄스 그룹이 많이 생겨났고, 서서히 언더그라운드에서 어퍼upper 수준으로 올라오기 시작했다. 그러다 여기저기에 비보이 전용 극장마저 생길 정도로 많은 인기를 얻었다. 이렇게 비보이라는 한 종목만 가지고 서울 시내에 몇몇의 공연장이 생겨난 것은 다른 종목에서는 상상할 수 없는 일이다. 예를 들어 전통에 뿌리를 박았지만 적절한 현대화로 큰 성공을 거둔 '난타' 같은 경우, 이와 비슷한 공연의 전용 공

'비보이를 사랑한 발레리나'의 한 장면

연장은 시내에 한두 개뿐이다. 그런데 비보이 전용관은 이미 4개를 넘어섰다. 그것도 모두 민간 기업들이 이익을 창출하고자 만든 공연장이다. 그러니 비보이가 현재 얼마나 인기가 많은지 알 수 있다. 그런 까닭에 비보이가 앞으로 새로운 한류를 몰고 올 것이라는 기대가 여기저기서 들린다.

비보이 공연 가운데 가장 유명한 게 홍대 앞에 있으니 보지 않을 수 없다. 홍대 앞의 비보이 공연은 꽤 오래된 것이다. 이 공연은 그냥 춤만 추는 게 아니라 연극처럼 각본을 짰다. 홍대 앞에서 하는 비보이 공연의 제목은 '비보이를 사랑한 발레리나'인데, 그 내용은 이렇다. 한 여성 발레리나가 이 춤에 전혀 관심이 없다가 우연히 거리에서 비보이의 브레이크 춤을 접하고 천천히 비보이 문화를 이해해 간다는 이야기다.

이야기 자체는 그다지 새로울 것이 없는데 그 상황 설정이 재미있다. 서양의 대표적인 고전 무용인 발레가 뒷골목 문화를 상징하는 브레이크 춤과 만나는 설정이 그렇다. 이렇게 비보이 춤에 이야기를 넣은 공연은 세계 어디에도 없다고 하는데, 그것도 상층 문화와 기층 문화가 같이 만나게 한 설정 자체가 뛰어나다. 발레나 브레이크 춤은 원래 우리와는 전혀 관계없는 것인데, 그게 이 땅에서 만나 이렇게 성공을 거둔 것은 대단히 이색적인 일이다.

나는 이 공연을 같은 내용으로 다른 곳에서 하는 것을 보았기에 홍대 앞의 공연은 보지 않았다. 그러나 그렇다고 홍대 앞 비보이 전용 공연장을 가보지 않을 수는 없어 시간을 내어 가보았다. 그런데 놀랍게도 이들은 아주 번듯한 건물의 지하층을 공연장으로 쓰고 있었다. 미국뿐만 아니라 우리나라에서도 언저리 문화로 취급받던 비보이 춤이 어느새 이렇게 발전한 것이다.

여기에 고정으로 출연하는 팀을 보니 우리나라의 최고 팀 중에 하나인 '익스트림 크루'였는데, 이들은 2007년 독일 비보이 월드컵에서 우승한 강팀이다. 역동적인 한국을 느끼고 싶은 사람이 있다면 나는 이 비보이 공연을 추천하고 싶다. 그들의 동작은 신기神技에 가까울 뿐만 아니라, 단원 가운데 어떤 사람은 세계에서 단 한 사람만 할 수 있다는 동작을 한다고 하니 공연을 보고 후회하는 일은 결코 없을 것이다.

홍대 앞에서 또 소개할 만한 것으로는 '사계절 드라마 전시관'을 들고 싶다. 이곳은 '겨울연가'라는 드라마로 일본에 엄청난 한류 열풍을 일으킨 윤석호 감독이 '봄의 왈츠'라는 드라마를 홍대 앞을 무대로 찍으면서

사계절 드라마 화랑

만든 전시관이다. 윤 감독은 이 두 드라마를 비롯해 '가을동화'와 '여름향기'까지 사계절을 두루 섭렵하는 드라마를 찍어 그것을 기념하는 취지에서 이 전시관을 만든 모양이다.

이 안에는 당시 드라마에서 이용한 소품이 있고 촬영한 세트장이 있다. 후문을 들어보니 이곳은 일본인이 많이 찾는 것 같다. 나처럼 윤 감독의 작품을 한 편도 제대로 본 적이 없는 사람은 이 장소가 별 의미가 없겠지만, 드라마에 열광하는 아시아 사람들에게는 좋은 볼거리가 되겠다.

'상상마당'이라는 곳도 추천할 만하다. 이곳은 홍대 앞의 대표적인 복합 문화 공간으로 꼽힌다. 이 공간은 꽤 큰 건물을 쓰고 있는데, 독립영화 같은 비주류 영화만 상영하는 영화관과 그런 공연만 하는 극장, 그리고 비주류 작가들의 수공예품을 파는 가게나 화랑 등, 각 층이 모두 대안 문화를 창출하는 사람을 위해 디자인되어 있다. 지하까지 하면 거의 10층 정도 되는 큰 건물이 모두 이런 용도로 쓰이고 있어 가볼 만하다는 것이다. 이곳은 홍대 앞의 정신과 가장 잘 어울리는 곳이라 할 수 있다.

이번에 홍대 앞을 공부하다 가장 이색적인 곳을 한군데 발견했는데, '아이스바'라는 곳이 그것이다. 홍대 앞을 설명하는 홈페이지에서 이 집을 보고 별 기대 없이 갔는데 뜻밖에도 아주 재미있는 곳이었다. 정식 이름은 서브-제로sub-zero인데, 아마 실내 온도를 영하로 맞추어 놓았기 때문에 붙인 이름이리라. 이 집은 실내를 얼음으로만 장식해 놓아 매우 춥다. 그래서 방한복도 준비해 놓고, 필요한 사람에게는 털장화까지 제공한다.

실내는 정말 기묘했다. 실내에 있는 것은 의자든 탁자든 온통 얼음이다. 그래서 실내 온도는 항상 영하 5도로 맞추어 놓는다고 한다. 흡사 북극과 같은 곳에서 술을 마시는 것이다. 이런 곳은 우리나라에서 여기밖에 없다고 하니 더 가볼 만한 곳이다. 그러나 내가 찾아간 날은 2월 초라, 밖에서 추위에 떨다가 또 추운 실내에 들어가니 그다지 흥미를 느끼지 못했다. 그래서 관리자에게 여기는 여름에 다시 와야겠다고 하니, 여름에는 줄서서 기다릴 정도로 사람이 많이 온다고 한다. 하기야 더위에 시달리다가 이 안에 들어오면 얼마나 시원할까? 이색 장소라 그런지 몰라도 사무실 벽에는 CNN이나 로이터 통신, NHK, 홍콩과 같은 중국계 방송국에서 취재해 간 기사를 볼 수 있었다. 적어도 이곳은 나에게 홍대 앞을 다녀본 가운데 가장 기억에 남는 장소였다.

이밖에도 희한한 장소는 많다. 여기서 이런 곳을 다 소개할 수 없는 것은, 너무 숫자가 많은 탓도 있지만 그보다는 이곳들이 영업소라 언제 사라질지 모르기 때문이다. 예를 들어 2007년 텔레비전에서 인기를 독차지한 드라마 가운데 '커피 프린스'라는 것이 있다. 이것 역시 홍대 앞의 한 커피숍에서 주로 촬영했다. 나도 그곳에 가보았지만 내가 그곳을 소개하지 않은 이유는 이곳이 언제 없어질지 모르기 때문이다. 드라마의 인기는 그리 오래가는 것은 아니지 않는가?

이제 우리는 마지막으로 식당을 보고 홍대 앞에 대한 설명을 마치면 좋겠다. 지금까지 이 지역은 대안적인 문화가 넘치는 곳이라고 했지만, 가장 많은 상점은 뭐니 뭐니 해도 식당이다. 사람이 많이 몰려드니 식당이 많은 것은 당연한 일이다. 굳이 이곳에 있는 식당들의 특징을 꼽는다

홍대에 가득한 외국 식당들

면 다양한 식당과 술집이 밀집되어 있다는 점이다. 미국 계통의 패스트
푸드를 파는 음식점은 말할 것도 없고, 일본과 중국, 프랑스, 이탈리아,
멕시코, 타이, 인도, 아랍 등 세계 각국의 음식을 모두 즐길 수 있다. 물론
가장 많은 음식점은 한식이다. 그 가운데 고기에 소금을 쳐서 구워 먹는
것은 이 지역이 자랑하는 음식이다. 가격도 그리 비싸지 않다.

　한식을 파는 곳 다음으로 일본식 선술집이 많다. 나도 이런 술집은
가끔 가는데, 일본식이 그런 것처럼 깔끔하면서도 소박하게 술과 음식
을 즐길 수 있어 좋다. 나는 이번에 이 지역을 돌아다니면서 일본식 선
술집이 많이 늘어난 것을 보고 적이 놀랐다. 이런 술집은 대학생이 가
기에는 가격이 부담스러울 텐데 이제는 우리도 꽤 잘 사는구나 하는 생
각과 함께, 젊은 세대가 일본 문화에 느끼는 거부감이 많이 사라졌구나
하는 생각이 들었다. 큰 간판에 일본어로 상호를 써넣는 것은 20~30년

전에는 생각도 할 수 없던 일인데 이젠 전혀 거부감 없이 받아들여지는 것 같았다.

좌우간 음식으로만 따지면 서울시 전역에서 홍대 앞이 가장 국제적일지 모른다는 생각이 들었다. 또 정확히 말해서 홍대 앞은 아니지만 이 지역 바로 옆에는 한강을 중심으로 인근을 잘 볼 수 있는 카페들이 있다. 이 카페들에서는 한강뿐만 아니라 한강 다리, 국회의사당, 63 빌딩 등이 어우러진 좋은 경치를 감상할 수 있다. 하지만 경치를 즐기기는 좋은데 커피 값이 만 원을 웃도니 좀 부담스럽다.

낮과 밤의 두 얼굴

이 정도면 홍대 앞을 대강 설명했다. 마지막으로 언급하고 싶은 것은, 홍대 앞은 낮과 밤이 아주 다른 두 얼굴이라는 것이다. 낮에는 위에서 본 것처럼 생활과 미술이 만나는 공간이다. 낮에 거리를 걸으면 골목 곳곳에 다양한 예술품이 있는 것 같은 착각을 불러일으킨다. 그래서 사람들 사이에서는 낮의 홍대 앞은 '지붕 없는 갤러리' 라고 불리기도 한다. 그러나 밤이 되어 상점마다 화려한 조명이 켜지기 시작하면, 음악과 춤의 환락 세계로 들어가려는 젊은이들이 서서히 몰려들면서 일탈과 자유의 공간이 된다. 이처럼 이 지역에는 예술과 유흥이 낮밤으로 공존하고 있다.

나 자신도 낮과 밤을 다 다녀봤지만 밤이 되면 낮에 이런 거리가 있었는가 할 정도로 홍대 앞은 완전히 다른 모습을 띤다. 이곳에 대표적인 거리로는 '걷고 싶은 거리' 와 '피카소 거리', 미술 학원이 운집해 있는 '화방 거리' 가 있다. 물론 벽화 거리도 있지만 이것은 앞에서 이미 언급했다.

'걷고 싶은 거리'는 낮에 보면 양쪽에 음식점만 있을 뿐 그다지 아름답게 보이지 않는다. 그러나 밤이 되어 조명이 켜지면 완전히 다른 모습으로 거듭난다. 그리고 이 주위에는 앞에서 본 '루프' 같은 화랑이 새로운 작품과 함께 언제나 우리를 기다리고 있어 우리의 문화적 욕구를 충족시켜준다.

'피카소 거리'도 사정은 비슷하다. 이 거리가 피카소 거리로 불리는 이유는 밤이 되면 장신구 같은 것을 파는 좌판이 끊임없이 펼쳐지기 때문이다. 장신구와 피카소는 별 관계가 없을 것 같은데 그런 이름이 붙여졌다. 이곳도 낮에는 아주 평범한 거리인데, 밤이 되면 각각의 좌판이 빛을 발해 거기에 진열되어 있는 장신구가 조명을 받아 예쁘게 보이기 때문에 작은 구경거리가 된다. 이 거리에는 또 프리 마켓이나 프린지 페스티벌이 벌어지는 작은 공원이 있어, 그때가 되면 이곳은 그야말로 예술이 넘치는 거리로 변모한다. 이렇게 보면 낮에는 품격 있는 예술 감상을 통해 우아함을 유지하고, 밤에는 본능에 빠져 환락을 추구하는 통전적인 holistic 삶을 즐길 수 있는 곳이 바로 이 홍대 앞이 아닌가 하는 생각이다.

다 이르지 못한 길

　이렇게 해서 서울의 전통적인 유적 가운데 가장 대표적인 것들을 추려 보았다. 물론 홍대 앞은 예외였지만 조선시대와 관계된 옛 문화는 대강 훑은 것이다. 이렇게 끝나는 마당에 노파심이 생기는 것은 피할 길이 없다. 또 아쉬운 감정도 남는다. 서울을 반만 본 듯한 느낌이 들기 때문이다. 그래서 하는 말인데, 마지막으로 이 책이 서울을 다 설명한 것은 아니라고 강조하고 싶다. 이번 책에서 빠진 게 꽤 많다. 물론 그것들을 다 다룰 필요는 없지만 끝나는 마당에 잠깐 그것들에 대해 언급하고 싶다.

　먼저 이 책에서는 서울의 반이 통째로 빠졌다. 그것은 말할 것도 없이 강남이다. 강남은 1970년대 이후 개발된 신도시이다. 그래서 그곳에는 문화 유적이랄 게 별로 없다. 대신 현대 문화, 그 가운데 특히 소비문화가 번뜩인다. 서울의 패션을 주름잡는 압구정동의 로데오 거리가 그렇고, 강남 전역에 즐비한 비싼 음식점과 술집이 그러하다. 그런가 하면 테

태헤란 밸리

헤란 밸리라 불리는 테헤란로도 범상치 않은 곳이다. 서울의 최첨단을 보려면 지하철 2호선 삼성역부터 강남역까지 가보면 된다. 수십 층짜리 고층 빌딩들이 연도沿道에 나열해 있다. 하지만 이 지역은 문화와는 그다지 연관이 없어 이 책에서는 전혀 언급하지 않았다.

그렇다고 강북을 다 본 것도 아니다. 조금 전에 패션을 이야기했는데, 이 주제가 나올 때 동대문 상가가 빠질 수 없다. 이곳은 그야말로 도시 속에 도시를 이루고 있다. 수십 동의 큰 건물이 있고, 가게 숫자만 수 만 개에 이르니 그럴 만하다. 우리나라의 역동성을 보고 싶으면 이곳이 가장 좋은 장소일 게다. 오전 10시쯤 시작해 새벽 5시쯤에 문을 닫는데, 특히 새벽 두세 시에 가면 그 넓은 지역이 불야성을 이루고 있어 휘황찬란輝煌燦爛의 극치를 이룬다. 이곳에 있는 사람들은 잠도 자지 않고 사는가 하는 생각이 들 정도로 부지런하다.

그래서인지 서울을 찾은 어떤 서양의 유명한 건축가는 한국에 오자마자 이곳부터 찾았다고 한다. 이곳에서 살아 있는 도시를 느낄 수 있기 때문일 게다. 이 지역에서 새벽까지 장사를 하는 이유의 하나는 지방에서 물건을 떼러 오는 상인들 때문이다. 지방 상인들은 버스를 빌려 밤늦게 이곳에 도착해 새벽까지 쇼핑한 다음 다시 자기 지역으로 돌아간다. 그리곤 아침에 그 물건을 진열해 팔기 시작한다. 이 사람들도 자지 않고 사는 사람인 모양이다. 이렇게 악착같이 사는 사람이 바로 한국인이다. 그래서 한국의 역동성을 보려면 이곳에 가라는 것이다.

이번 책을 쓰면서 내내 아쉬웠던 것은 삼청동 지역을 언급하지 못한 것이다. 이 지역은 크게 보면 북촌 지역에 포함될 수 있는데, 전통과 현대가 잘 어우러져 있는 지역이다. 여기에도 많은 화랑과 이색적인 전시관이 꽤 있다. 그리고 최근 들어서는 장신구 같은 것을 파는 작고 예쁜 가게가 계속해서 늘어나고 있다. 식당이 많은 것은 물론이다. 그래서 젊은 연인들이 이곳을 많이 찾는다. 그러나 아직 삼청동만의 문화는 형성되지 않은 것으로 판단되어 이번 책에서는 뺐다. 게다가 이 지역은 현재에도 계속 형성되고 있기 때문에 앞으로의 추이를 관망하는 게 나을 성싶다.

이런 의미에서 아쉬운 것이 또 있다. 박물관을 전혀 언급하지 않은 것이다. 적어도 국립중앙박물관과 국립민속박물관 정도는 가보는 것이 좋은데, 그곳에 가면 자세한 설명이 있기 때문에 이 책에서 설명할 필요는 없겠다는 생각에 포함시키지 않았다. 또한 미술관도 숱하게 많은데 모두 생략했다.

그밖에도 생각나는 것은 재래시장이라든가 성곽 걷기 등이다. 그런가 하면 서울의 자연을 알고자 할 때 한강은 빼놓을 수 없는 곳이다. 수백 킬로미터가 되는 길이를 자랑하는 한강에는 수많은 이야기 거리가 있다. 자연뿐만 아니라 역사와 문화가 한강과 함께 흐르고 있기 때문이다. 지금 서울의 한강은 다시 태어나고 있다. 서울시에서는 한강의 르네상스 시대가 올 것을 선포하면서 자연과 문화가 어우러진 새로운 한강을 만들겠다고 선언했다. 한강은 그 계획이 끝난 다음에 단행본으로 쓰는 게 나을 것 같다.

이태원 지역 역시 서울을 말할 때 그냥 지나칠 수 없는 곳이다. 특히 서울 안에서 다국적 문화를 즐기려면 이태원 지역이 최적이다. 쇼핑하기에도 좋지만 세계의 다양한 음식점이 있어 더욱 좋다. 그러나 이 지역 역시 거론하지 않았다.

마지막으로 한류를 주제로 서울을 돌아보는 것도 분명 재미있는 일이다. 이제 한류가 조금씩 '사그라지는' 감은 있지만 아직도 건재하다. 서울은 그 한류의 중심에 있다. 수많은 드라마가 서울에서 촬영되었다. 그래서 서울은 동아시아인들에게 "욕망하는 도시"라고 불린다. 한류 문화도 중요한 주제이지만 전통과 연계되는 것은 아니라 이 책에서는 언급하지 않았다.

이밖에도 서울에는 볼거리가 많다. 서울은 너무나 큰 도시이기 때문이다. 서울의 모든 것에 관심 있는 독자들에게 좋은 책을 하나 소개하면서 이 책을 마무리하고 싶다. 이 책은 서울시가 펴낸 것인데 내가 지금까지 본 서울 소개서 가운데 가장 좋다. 하지만 이 책은 시에서 만들었기 때문에 시판되지 않는 단점이 있다. 제목은 『테마 찾아 떠나는 서울 여행 ―
테마 관광코스 30선Refresh your soul in Seoul』이다. 제목처럼 코스 별로 서
울 기행을 잘 짜 놓았다. 그 책으로 기본 코스를 정한 다음 이 책을 꼼꼼
히 보면 서울이 일목요연하게 눈에 들어올 것이다.